新媒体
后台操作与运营

抖音+B站+小红书+
今日头条+微博+公众号

全攻略

黄文卿◎编著

人民邮电出版社
北京

U0740786

图书在版编目（CIP）数据

新媒体后台操作与运营全攻略 ：抖音+B站+小红书+
今日头条+微博+公众号 / 黄文卿编著. -- 北京 ：人民
邮电出版社，2022.8（2024.2重印）
ISBN 978-7-115-58874-6

Ⅰ. ①新… Ⅱ. ①黄… Ⅲ. ①网络营销 Ⅳ.
①F713.365.2

中国版本图书馆CIP数据核字(2022)第044112号

内 容 提 要

随着互联网的发展，自媒体行业竞争日益激烈，单一平台的内容创作与运营有局限性。为了能吸引更多用户的关注，越来越多的自媒体人选择多平台同时运营，打通不同的引流渠道，从而更好地变现。本书从时下流行的抖音、B 站、小红书、今日头条、微博、微信公众号等平台出发，为读者介绍各平台的功能特色和操作方法，力求让读者通过学习本书玩转各种自媒体平台。

全书共 6 章，每章选择一种类型的自媒体平台进行讲解，囊括了短视频、中视频、社区、内容创作等不同类型的平台共计 19 个。本书以"主要平台细致讲解，同类平台讲解功能特色"的方式介绍了不同平台的操作方法，旨在帮助读者快速掌握更多平台操作方法。

本书适合对自媒体感兴趣、希望从事自媒体行业的新人学习，还适合想在多个平台经营的店铺或企业的相关工作人员，以及新媒体相关专业的老师和学生作为参考用书。

- ◆ 编　著　黄文卿
　　责任编辑　王　冉
　　责任印制　马振武

- ◆ 人民邮电出版社出版发行　　北京市丰台区成寿寺路 11 号
　　邮编　100164　　电子邮件　315@ptpress.com.cn
　　网址　http://www.ptpress.com.cn
　　北京天宇星印刷厂印刷

- ◆ 开本：700×1000　1/16
　　印张：19.25　　　　　　　　　　2022 年 8 月第 1 版
　　字数：496 千字　　　　　　　　2024 年 2 月北京第 5 次印刷

定价：79.90 元
读者服务热线：(010)81055410　印装质量热线：(010)81055316
反盗版热线：(010)81055315
广告经营许可证：京东市监广登字 20170147 号

在互联网技术的推动下，自媒体行业得到了较快的发展，利用自媒体平台进行营销成为一种普遍的营销手段。不少人开始投身于自媒体的内容创作，意图通过经营账号、输出内容达到引流变现的目的。然而，新媒体平台层出不穷，平台间的竞争也日益激烈，创作者想要吸引粉丝关注，就需要拓宽运营渠道。因此，掌握多个平台的运营方法是十分有必要的。

本书特点

条理清晰，语言简练：本书的内容结构逻辑性强，全书以"主要平台细致讲解+同类平台讲解功能特色"为主要结构，语言简洁，通俗易懂，详略得当。

讲解细致，即学即用：本书简化了理论知识部分，将重点放在了多平台的操作与应用上，更加注重实用性，操作描述细致，帮助读者即学即用。

内容丰富，详略得当：本书选择了时下用户量较多、使用范围较广的19个自媒体平台，囊括了短视频、中视频、社区、内容创作等不同类型，可以较为全面地满足读者学习自媒体平台操作的需求。

内容框架

本书共6章，每章选择了一个平台详细讲解相关操作，又挑选了一些功能玩法相近的其他平台，重点介绍其特色功能的使用。

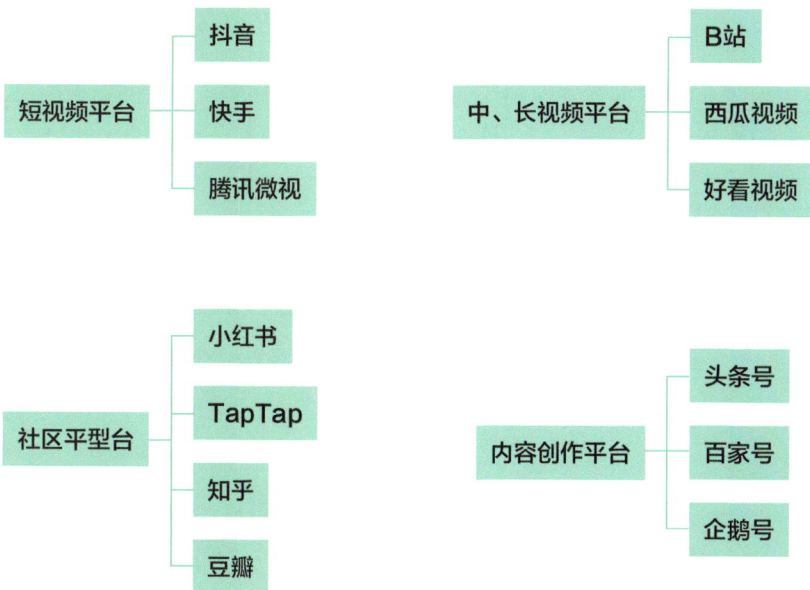

- 短视频平台
  - 抖音
  - 快手
  - 腾讯微视

- 中、长视频平台
  - B站
  - 西瓜视频
  - 好看视频

- 社区平型台
  - 小红书
  - TapTap
  - 知乎
  - 豆瓣

- 内容创作平台
  - 头条号
  - 百家号
  - 企鹅号

前言

读者对象

本书适合自媒体从业者、网络营销人员、电商销售团队和对新媒体行业感兴趣的新手及相关专业在校生等阅读。

本书在编写时涉及的主要App的版本如下表所示，操作页面与最新版本可能存在细微差异，但不影响读者参考学习。

软件名称	本书中对应的版号	软件名称	本书中对应的版号
抖音	Versin 17.0.0	豆瓣	7.13.0
剪映	5.9.0	今日头条	8.4.1
快手	V9.7.40.21435	百家号	5.14.0
腾讯微视	8.37.0.588	企鹅号	2.6.0
西瓜视频	5.9.8	新浪微博	11.8.3
好看视频	6.15.0.10	绿洲	V3.7.9
小红书	V.7.5.1.4306535	LOFTER	6.18.6
TapTap	2.14.0	微信朋友圈	8.0.11（微信）
知乎	7.27.0（6626）	视频号	8.0.11（微信）

编者

2022年5月

艺术设计教程分享

本书由"数艺设"出品，"数艺设"社区平台（www.shuyishe.com）为您提供后续服务。

"数艺设"社区平台，为艺术设计从业者提供专业的教育产品。

与我们联系

我们的联系邮箱是 szys@ptpress.com.cn。如果您对本书有任何疑问或建议，请您发邮件给我们，并请在邮件标题中注明本书书名及ISBN，以便我们更高效地做出反馈。

如果您有兴趣出版图书、录制教学课程，或者参与技术审校等工作，可以发邮件给我们。如果学校、培训机构或企业想批量购买本书或"数艺设"出版的其他图书，也可以发邮件联系我们。

如果您在网上发现针对"数艺设"出品图书的各种形式的盗版行为，包括对图书全部或部分内容的非授权传播，请您将怀疑有侵权行为的链接通过邮件发给我们。您的这一举动是对作者权益的保护，也是我们持续为您提供有价值的内容的动力之源。

关于"数艺设"

人民邮电出版社有限公司旗下品牌"数艺设"，专注于专业艺术设计类图书出版，为艺术设计从业者提供专业的图书、视频电子书、课程等教育产品。出版领域涉及平面、三维、影视、摄影与后期等数字艺术门类，字体设计、品牌设计、色彩设计等设计理论与应用门类，UI设计、电商设计、新媒体设计、游戏设计、交互设计、原型设计等互联网设计门类，环艺设计手绘、插画设计手绘、工业设计手绘等设计手绘门类。更多服务请访问"数艺设"社区平台www.shuyishe.com。我们将提供及时、准确、专业的学习服务。

目 录

第 **3** 章

标记生活的小红书

第 **4** 章

今日头条，基于数据挖掘的资讯平台

目录

关注　推荐

第 **1** 章

玩转抖音短视频

　　近年来，越来越多的人热衷于用短视频记录、分享自己的生活。本章主要围绕时下流行的抖音短视频进行讲解，详细介绍抖音App的使用方法和操作步骤。另外，本章还会推荐除抖音外的其他短视频软件，简单介绍它们的功能特色。

1.1 抖音，记录美好生活

"记录美好生活"是抖音的品牌口号，用户可以利用抖音拍摄并上传自己的短视频作品。抖音会通过分析用户的行为来推断出用户的兴趣爱好，进而将不同的短视频推送给用户。用户在抖音中只需轻轻滑动视频页面，就能观看到形形色色的短视频作品。本节将对抖音进行简单的介绍，梳理抖音账号注册、认证的具体流程，并对抖音的界面进行基础的介绍。

1.1.1 走进抖音

抖音是字节跳动旗下的一款短视频软件，于2016年正式上线，自问世以来收获了大批的忠实用户，从抖音官方给出的《2020抖音数据报告》中可以得知，抖音的日活跃用户已突破6亿。

抖音支持Android和iOS系统，其核心功能是短视频的浏览、拍摄与分享。随着版本的更新，抖音相继推出了抖音直播、抖音电商购物、抖音小游戏等诸多功能。另外，为了满足用户的不同需求，抖音推出了一系列产品供用户选择，图1-1所示是抖音的系列产品，包括抖音极速版、抖音火山版、剪映和多闪。

抖音极速版   抖音火山版

剪映   多闪

图1-1　抖音的系列产品

抖音极速版可以理解为是抖音的简化版，相较于普通版的抖音，抖音极速版不但轻量化了软件内存与安装，而且使视频播放更加流畅，还能有效节省观看视频所需的流量。另外，抖音极速版还推出了"刷视频，赢红包"等活动，鼓励用户利用抖音极速版观看更多精彩视频。

抖音火山版的前身是火山小视频。火山小视频是字节跳动旗下的另一款短视频产品，为了缓解各短视频产品间内耗严重的问题，火山小视频被归为抖音的系列产品，由此便有了抖音火山版。相较于普通的抖音，抖音火山版更针对下沉市场的用户，视频内容更贴近生活。此外，抖音火山版还开发出广场、火苗红人榜等独特的功能。

剪映是在抖音视频编辑功能的基础上独立开发的一款手机视频编辑工具。剪映可以让抖音视频的创作更加多元化，将视频剪辑、制作的难度降低，即便是没有视频制作经验的新手也能利用剪映制作出优质的短视频。

多闪是一款短视频聊天软件。多闪将短视频与社交功能相结合，除了基础的聊天功能，还具有视频滤镜、视频特效、红包视频、视频广场等多项功能。

1.1.2 抖音账号的注册与认证

想要利用抖音分享短视频作品，首先需要拥有自己的抖音账号。本节以Android系统中普通版本的抖音为例，讲解抖音账号的注册、登录和认证的操作方法。

1. 利用手机号注册并登录

　　用户可以利用手机号完成抖音账号的注册和登录，每个手机号仅能注册一个抖音账号，具体方法如下。

步骤 01 在手机应用商店中搜索抖音App并安装，如图1-2所示。

步骤 02 打开抖音App，点击右下角的"我"按钮，如图1-3所示，进入账号登录的页面。

图1-2　搜索并安装抖音App

图1-3　点击"我"按钮

步骤 03 在登录页面中输入手机号，点击"获取短信验证码"按钮，将获得的验证码填入框内，点击"登录"按钮，即可直接利用手机号完成账号的注册与登录，如图1-4所示。

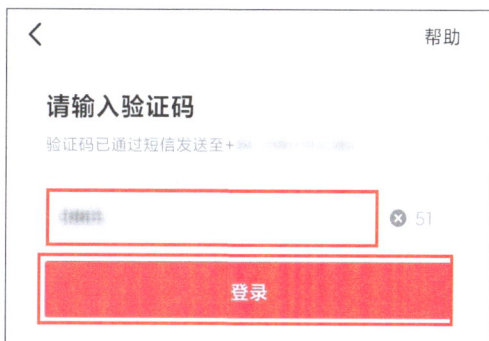

图1-4　输入手机号、获取验证码，完成账号注册与登录

2. 关联账号登录

　　除了可以使用手机号直接登录，用户还可利用其他平台的账号更加快捷地登录抖音，具体方法如下。

步骤 01 进入登录页面，点击右下方的"其他方式登录"按钮，如图1-5所示，打开关联账号的页面。

图1-5　其他方式登录

步骤 02 在页面中选择登录方式，以QQ登录为例，点击对应的按钮，如图1-6所示，进入授权页面。

步骤 03 在弹出的建议页面中，点击"继续"按钮，进入授权页面，点击页面下方的"QQ授权登录"按钮，即可使用QQ账号登录抖音App，如图1-7所示。

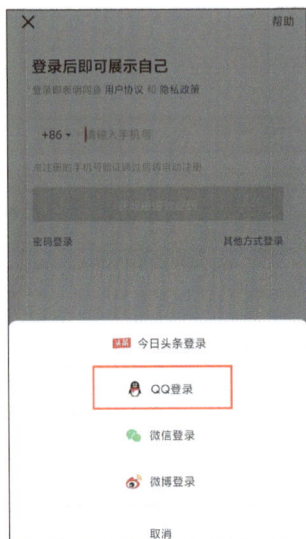

图1-6 选择登录方式   图1-7 使用QQ账号登录抖音App

3. 实名认证

完成抖音账号的注册后，还需要进行实名认证，只有完成实名认证的账号才能使用直播等功能。抖音账号实名认证的具体操作方法如下。

步骤 01 登录抖音账号后进入个人页面，在页面右上角点击功能菜单按钮 ≡，打开功能菜单，如图1-8所示。

步骤 02 在功能菜单中点击"设置"按钮，打开"设置"页面，点击"账号与安全"按钮，如图1-9所示，打开对应页面。

图1-8 点击功能菜单按钮   图1-9 打开"设置"页面

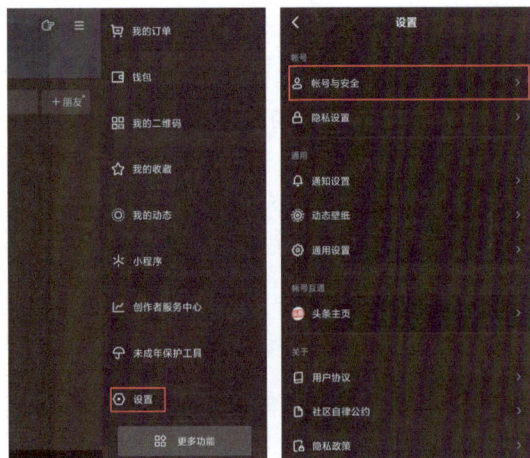

步骤03 在"账号与安全"页面中，点击"实名认证"按钮，如图1-10所示，进入"实名认证"页面。

步骤04 在页面的输入框内分别输入用户的真实姓名与身份证号，点击下方的"同意协议并认证"按钮，如图1-11所示，进入人脸识别验证的环节。

步骤05 将面部对准摄像头，按照提示的动作进行人脸识别，如图1-12所示，识别完成后即可通过个人实名认证。

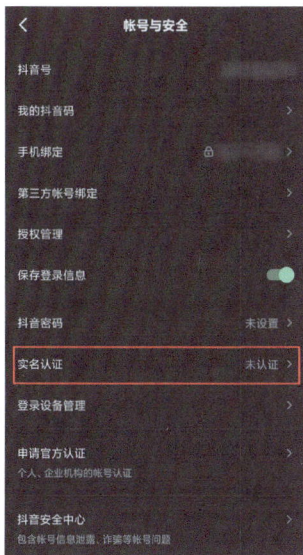

图1-10　点击"实名认证"按钮　　图1-11　填写姓名与身份证号　　图1-12　人脸识别

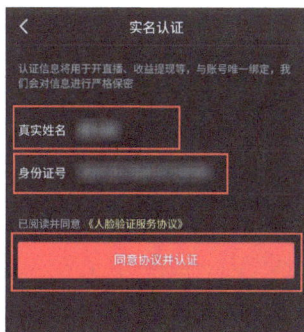

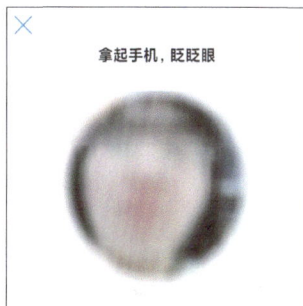

1.1.3 抖音界面的介绍

上一节讲解了抖音账号的注册与认证，本节将对抖音App的界面进行简单的介绍。打开抖音App就能直接进入抖音的首页，首页以播放短视频内容为主，用户通过上下滑动屏幕完成短视频的切换。首页上方是选择播放内容的频道入口，即直播频道、同城频道、关注频道、推荐频道和搜索功能，如图1-13所示。

点击左上角的"直播"按钮可以进入直播频道，原本的短视频内容会切换为当前正在进行的直播内容，用户可以上下滑动屏幕切换不同的直播间。

点击页面上方的"同城"按钮会进入同城频道，该频道会根据用户的位置进行同城短视频和直播的推送，用户还可以使用"同城聊天""同城KTV"等功能。

点击"关注"按钮可以进入用户的关注频道，用户仅可以观看关注的作者所发布的视频内容。

推荐频道是抖音根据用户的观看行为进行分析，推测用户的兴趣并将与之匹配的内容推送给用户。

图1-13　抖音首页

页面的下方是菜单栏，除了"首页"按钮，还可以点击其他按钮进入朋友、视频拍摄、消息和个人页面，如图1-14所示。

此外，在短视频播放时，页面右侧还有一排功能按钮，点击这些按钮，可以关注视频作者，为视频点赞，评论和分享该视频，如图1-15所示。

图1-14　抖音的菜单栏

图1-15　短视频页面右侧的功能按钮

1.1.4 个人资料的完善

在抖音中，可以个性化地设置账号名称、头像、简介等，完整的个人资料能够体现出账号的定位，还能让账号更容易被用户记住。抖音账号个人资料的编辑方法如下。

1. 头像的设置

在抖音中，作者的头像会出现在发布的短视频画面右侧，用户通过点击头像上的"+"就可以关注该短视频的作者，因此，一个清晰美观的头像必不可少。头像的上传方法如下。

步骤01 打开抖音进入个人页面，点击"编辑资料"按钮，如图1-16所示，可以对各项资料进行编辑。

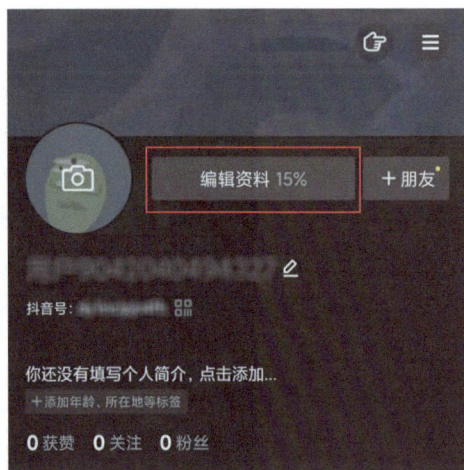

图1-16　点击"编辑资料"按钮

步骤 02 点击页面上方的头像框，在弹出的页面中点击"拍一张"或"从相册选择"按钮，可以利用拍摄或从相册选择的方式上传一张头像图片，如图1-17所示。

步骤 03 对上传的头像图片进行适当的裁剪和调整，点击页面右上角的"完成"按钮，即可完成头像的上传，如图1-18所示。

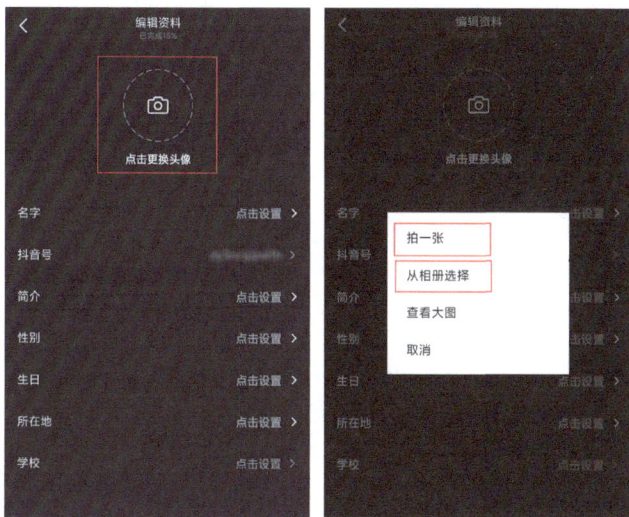

图1-17 上传头像

图1-18 完成头像的上传

2. 名字与抖音号的设置

有特点的名字和抖音号便于用户记忆与搜索。抖音的用户名最多可以设置20个字符，可以使用汉字、字母、数字、标点等，可以随时更换；抖音号最多可以设置16个字符，只允许使用字母、数字、下划线和点，并且每30天内仅可更换一次抖音号。名字与抖音号的设置方法如下。

步骤 01 进入抖音编辑资料的页面，点击"名字"一栏右侧的"点击设置"按钮，如图1-19所示，进入"修改名字"页面。

步骤 02 在输入框内填入名字，点击右上角的"保存"按钮，即可完成名字的设置，如图1-20所示。

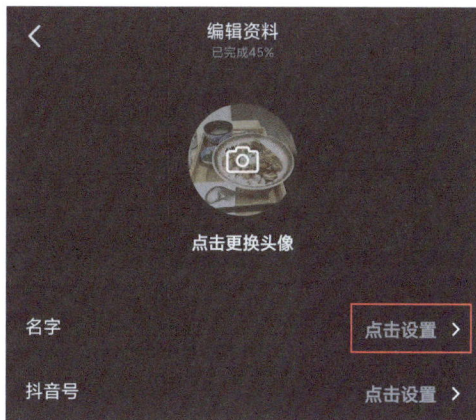

图1-19 点击"点击设置"按钮

图1-20 填入名字并保存

步骤03 回到编辑资料的页面，在"抖音号"一栏的右侧点击"点击设置"按钮，如图1-21所示，进入"修改抖音号"页面。

步骤04 在输入框内填入抖音号，点击页面右上方的"保存"按钮即可完成抖音号的修改，如图1-22所示。

图1-21 点击"点击设置"按钮

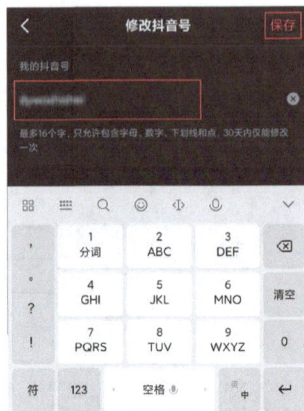

图1-22 填入抖音号并保存

3. 其他个人信息的设置

除了头像、名字、抖音号，在抖音中还可以设置更为详细的个人资料，如简介、性别、生日、所在地和学校，这些信息有助于将抖音内容更加精准地推送给特定的用户群体。这些个人资料的设置方法与名字和抖音号类似，均可在编辑资料的页面中设置，这里不再赘述。

1.2 抖音短视频的制作秘籍

除了用于观看形形色色的短视频，抖音App的另一大核心功能是短视频的拍摄和制作。本节将介绍如何利用抖音完成短视频的拍摄与制作。

1.2.1 利用抖音拍摄短视频

利用抖音拍摄短视频方便快捷。为了能让用户拍摄出更加生动有趣的短视频，抖音在视频拍摄的功能开发上可谓下足了功夫，比起其他拍摄软件，抖音内含大量的特效道具，能够使视频画面更加丰富且更有趣味性。同时，抖音的滤镜和美化功能还能让拍摄的画面更加精致美观。下面主要介绍利用抖音拍摄短视频的操作方法。

步骤01 打开抖音App，在菜单栏中点击 ✚ 按钮，如图1-23所示，进入拍摄页面。

步骤02 在页面上方点击"选择音乐"按钮，如图1-24所示，打开抖音自带的音乐库。

图1-23 点击拍摄按钮

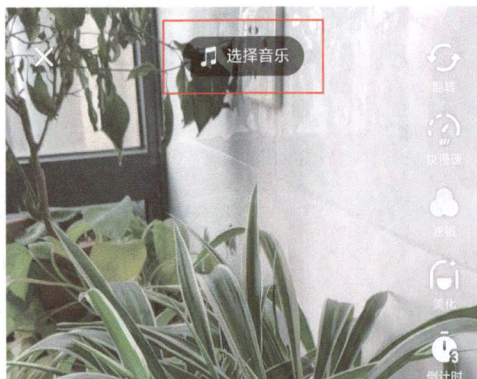

图1-24 点击"选择音乐"按钮

步骤 03　在音乐库中选择想要的音乐，播放音乐时点击音乐右侧的"使用"按钮，添加使用，如图1-25所示。

步骤 04　点击视频画面右侧的功能按钮可以调整拍摄画面的效果，或设置拍摄倒计时等，如图1-26所示。

图1-25　添加视频音乐

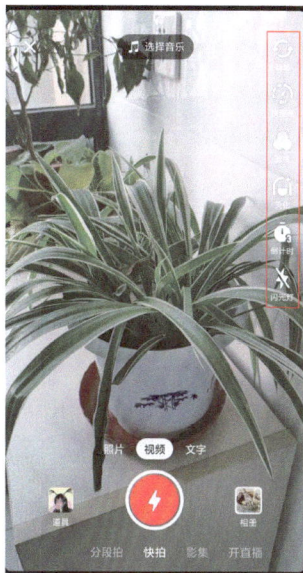

图1-26　使用功能按钮

小提示

点击"翻转"按钮，可以切换手机前后的摄像头。

点击"快慢速"按钮，可以将视频的播放速度调整为"极慢""慢""标准""快""极快"5个等级之一。

点击"滤镜"按钮，可以选择不同风格的滤镜，使视频画面呈现不同的效果。

点击"美化"按钮，可以对拍摄的人物形象进行美化，其中包含了"磨皮""瘦脸""美白"等众多美颜功能，用户可以点击这些美颜功能按钮，查看使用效果并调整数值，使视频中的人物形象更加美观。

点击"倒计时"按钮，可以设置拍摄前的倒计时。

点击"闪光灯"按钮，可以打开或关闭手机的闪光灯。

步骤 05　点击页面左下角的"道具"按钮，如图1-27所示，打开抖音的道具功能。

步骤 06　在道具库中选择适合的效果，点击右下角的"下载"按钮，下载并使用该道具，如图1-28所示。

图1-27　点击"道具"按钮

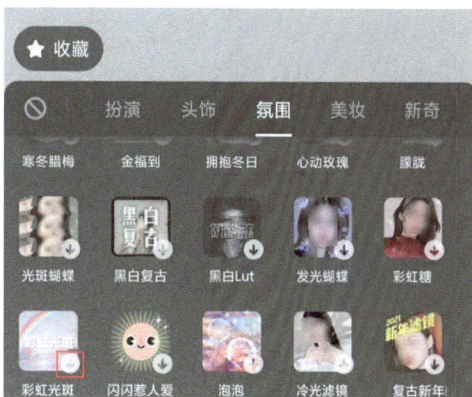

图1-28　下载道具并使用

步骤 07 在页面底部选择一种拍摄模式，以快拍为例，点击"快拍"按钮，进入快拍模式，点击拍摄按钮  即可开始拍摄视频，点击结束按钮  结束视频的拍摄，如图1-29和图1-30所示。

步骤 08 完成拍摄后，点击画面右侧的功能按钮，对拍摄好的视频进行简单的后期处理，如图1-31所示。

图1-29　选择拍摄模式

图1-30　点击结束按钮
结束拍摄

图1-31　利用功能按钮进
行后期处理

小提示

①点击"设置"按钮，可以设置视频的可见对象，并能开启视频推送的功能。

②点击"存本地"按钮，可以将编辑好的视频保存至本地相册。

③点击"文字"按钮，可以在视频中添加文字并调整文字的颜色、字体、大小等。

④点击"特效"按钮，可以在视频的不同时间添加不同的特效。

⑤点击"自动字幕"按钮，可以智能识别视频中的语音并自动转换成字幕。

⑥点击"贴纸"按钮，可以在视频中添加静态或动态的贴纸，让视频内容更加丰富。

⑦点击"剪裁"按钮，可以对拍摄好的视频进行剪裁处理。

⑧点击"滤镜"按钮，可以更换不同的滤镜，使视频画面呈现不同的效果。

⑨点击"美化"按钮，可以对人像进行美颜、美体，设置妆容效果等操作。

⑩点击"画质增强"按钮，可以增强视频的画质，使画面更加清晰。

⑪点击"变声"按钮，可以对原声和配音进行变声，使视频的声音具有不同的音色效果。

关于各类视频剪辑处理功能的具体使用方法会在1.2.4节至1.2.7节中以剪映App为例进行讲解。

步骤 09 完成短视频的剪辑处理后，点击"下一步"按钮，如图1-32所示，进入短视频发布的环节。

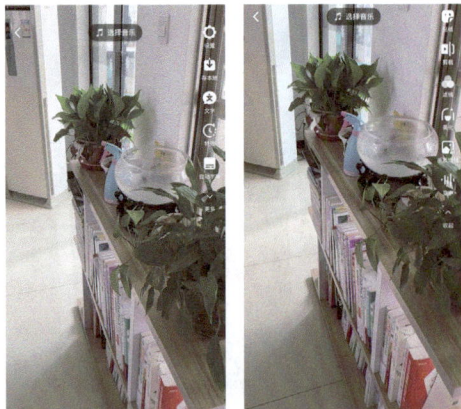

图1-32　完成剪辑处理，点击"下一步"按钮

1.2.2 关联剪映App

　　事实上，为了能让短视频的制作更加精良，只使用抖音自带的剪辑处理功能是远远不够的，要想让短视频更具吸引力，就需要对短视频进行进一步的加工制作。剪映是抖音开发的系列产品之一，用户使用手机就能轻松完成短视频的制作。剪映中多样的视频模板使得短视频的制作更加简便，多种贴纸、特效和转场效果还能让短视频更加出彩。

　　想要在剪映中进行视频处理，需要用抖音账号关联登录。下面简单介绍具体的操作步骤。

步骤 01　在手机的应用商店中找到剪映App并安装，如图1-33所示。

步骤 02　打开剪映App，点击下方菜单栏中的"我的"按钮，如图1-34所示，进入个人页面。

图1-33　搜索并安装剪映App

图1-34　点击"我的"按钮

步骤 03　点击"抖音登录"按钮，如图1-35所示，进入抖音账号授权登录的页面。

步骤 04　系统会自动检测当前登录的抖音账号并发起授权请求，点击页面下方的"同意协议并授权"按钮，即可登录剪映App，如图1-36所示。

图1-35　点击"抖音登录"按钮

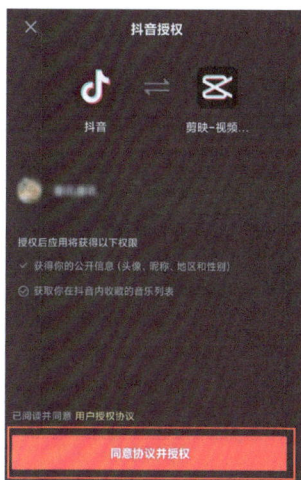

图1-36　利用抖音账号授权登录

1.2.3 剪映App的功能页面

　　剪映App首页的菜单栏中包含了5个板块，即"剪辑""剪同款""创作学院""消息""我的"。

　　"剪辑"是创作处理视频的功能。在"剪辑"中可以进行视频拍摄，同时能对各类视频素材进行处理并将其存储备用，还能通过点击一些链接入口，参与官方举办的关于视频创作、投稿的活动。图1-37所示为剪映中的"剪辑"页面。

　　"剪同款"是剪映提供的模板功能，官方或其他视频创作者的优秀短视频作品会被放在"剪同款"页面中，用户可以将同款视频效果应用在自己的视频素材中，这样既能节省视频后期处理的时间，又能让短视频作品获得更好的呈现效果。图1-38所示为剪映中的"剪同款"页面。

图1-37　剪映中的"剪辑"页面

图1-38　剪映中的"剪同款"页面

　　剪映中的"创作学院"是专为用户提供视频剪辑制作教学的板块。在"创作学院"中，有其他作者分享的视频制作技巧，也有一些专业人士提供的视频制作相关的课程，用户可根据自身需求进行学习。图1-39所示是剪映"创作学院"页面，页面将不同的教程分门别类，点击相应按钮即可切换类别，以便用户查看。

　　"消息"页面可用于浏览官方的消息推送，查看其他用户给予的评论、点赞，还能找到关注账号的粉丝信息。图1-40所示是剪映中的"消息"页面，官方会将剪映举办的各类活动信息或剪映新功能预告等推送给用户，便于用户掌握各类动态。

图1-39　剪映中的"创作学院"页面

图1-40　剪映中的"消息"页面

在剪映的菜单栏中点击"我的"按钮可以进入个人页面，如图1-41所示。除了个人信息，用户利用剪映剪辑的"同款"视频也会显示在个人页面中。同时，用户可以在其他视频模板中点击"喜欢"按钮，该模板就会显示在个人页面的"喜欢"一栏中。另外，在个人页面中，可以连接到用户的抖音主页，便于翻看模板作者的抖音作品。

图1-41　剪映中的个人页面

1.2.4 短视频的剪辑

上一节简单讲解了剪映的各大板块功能，相信大家对剪映的功能布局有了一定的了解。本节将从视频的基础剪辑操作出发，详细介绍利用剪映进行短视频剪辑的具体操作方法。

步骤01 打开并登录剪映App，在菜单栏中点击"剪辑"按钮，如图1-42所示，进入剪辑页面。

图1-42　点击"剪辑"按钮

步骤02 点击"开始创作"按钮 +，如图1-43所示，开始视频创作，选择需要剪辑的视频素材并点击右下角的"添加"按钮，如图1-44所示。

图1-43　点击按钮开始创作

图1-44　添加视频素材

步骤 03 点击上传的视频素材将其选中，向右滑动视频，将时间指针停在适当的位置，点击下方的"分割"按钮将视频分割为不同的片段，如图1-45和图1-46所示。

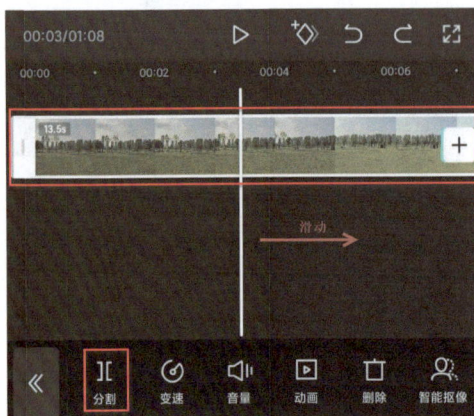

图1-45 选择视频素材进行分割

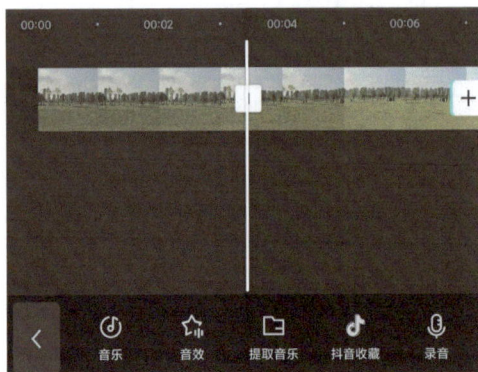

图1-46 分割后的视频素材展示

步骤 04 点击分割后的第二段素材将其选中，拖动视频素材裁剪框的两端，调整视频时长，如图1-47所示。

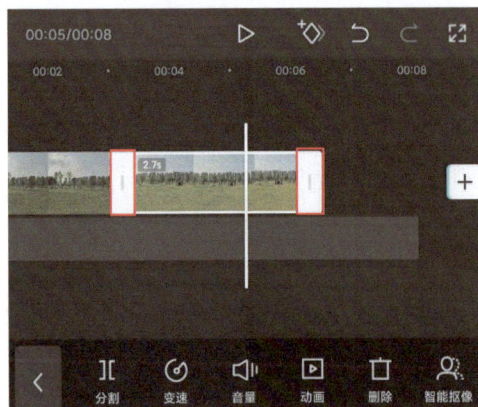

图1-47 调整视频时长

1.2.5 导入音频与音效

音频与音效是短视频不可缺少的部分，利用剪映可以完成短视频音频、音效的添加和处理。下面详细介绍具体的操作方法。

剪映中音频和音效的添加有4种途径，分别是下载使用、音频提取、本地导入和录制，下面一一讲解它们各自的操作步骤。

1. 下载使用

为了便于用户创作短视频，剪映提供了许多音频素材，用户只需在剪映中加载即可使用。音频下载和使用的方法如下。

步骤 01 打开剪映并添加一段视频，点击下方菜单栏中的"音频"按钮，如图1-48所示，打开音频工具。

图1-48 点击"音频"按钮

步骤02　点击"音乐"按钮，打开"添加音乐"页面，在需要的音乐旁点击下载按钮⬇，下载音乐，如图1-49和图1-50所示。

图1-50　下载音乐

图1-49　点击"音乐"按钮

步骤03　在完成下载的音乐下方左右拖动音频试听音乐，点击右侧的"使用"按钮，将音乐添加到视频中，如图1-51和图1-52所示。

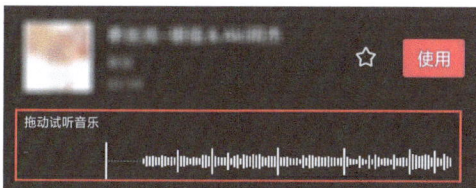

图1-51　试听音乐

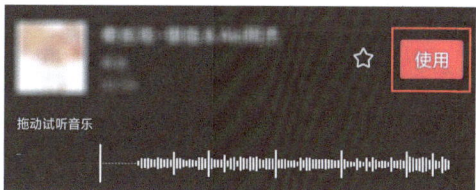

图1-52　使用音乐

步骤04　在菜单栏中打开音频工具，点击"音效"按钮，打开音效素材的页面，点击右侧的下载按钮⬇，下载需要的音效，并点击"使用"按钮使用音效，如图1-53和图1-54所示。

图1-53　点击"音效"按钮

图1-54　下载并使用音效

2. 音频提取

剪映中的音频提取是指将其他视频中的音频单独提取出来，并将其作为素材添加到当前编辑的视频中。下面主要介绍音频提取的操作方法。

步骤 01 打开剪映并添加一段视频，打开音频工具，点击"提取音乐"按钮，如图1-55所示，系统将自动识别本地存储的视频文件。

步骤 02 选中需要提取音乐的视频，并点击下方"仅导入视频的声音"按钮，即可提取视频音乐，如图1-56所示。

图1-55 点击"提取音乐"按钮

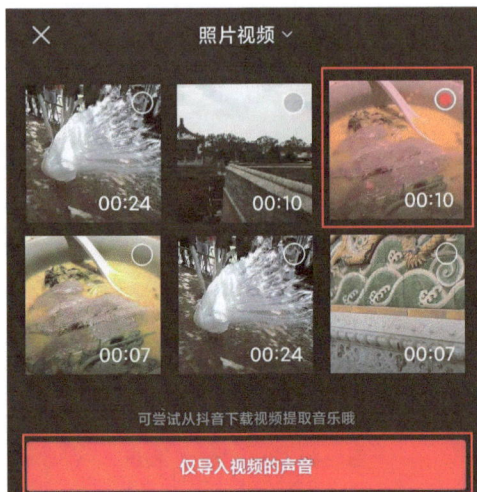

图1-56 提取视频音乐

3. 本地导入

除了从素材库中下载音乐或从其他视频中提取音乐，剪映还支持导入本地音频，具体操作方法如下。

步骤 01 打开剪映并添加一段视频，点击下方菜单栏中的"音频"按钮，打开音频工具，点击"音乐"按钮，如图1-57和图1-58所示，进入"添加音乐"页面。

图1-57 点击"音频"按钮

图1-58 点击"音乐"按钮

步骤 02 在"添加音乐"页面中点击"导入音乐"按钮，如图1-59所示，进入导入音乐的页面。

步骤 03 点击"本地音乐"按钮，从下方音乐列表中选择合适的音乐，并点击右侧的"使用"按钮，如图1-60所示，将音乐添加在视频中。

图1-59 导入音乐

图1-60 添加本地音乐

4. 录制音频

在剪映中,除了可以通过下载、提取和导入等方式添加音乐,还可以通过录制来获取音频素材。录制音频的具体操作如下。

步骤 01 打开剪映并添加一段视频,点击下方菜单栏中的"音频"按钮,如图1-61所示,打开音频工具页面。

步骤 02 在音频工具页面点击"录音"按钮,打开设备的麦克风功能,如图1-62所示。

图1-61　点击"音频"按钮　　　　　　　　图1-62　打开设备的麦克风功能

步骤 03 在弹出的页面中,点击"仅在使用中允许"按钮,让剪映在运行中可以自由使用设备的麦克风,如图1-63所示。

步骤 04 按住录音按钮🔴开始录制音频,松开按钮即可停止录制,录制完成后,点击右下角的确定按钮✓,结束音频录制,如图1-64所示。

图1-63　授权剪映对麦克风的使用　　　　图1-64　录制音频

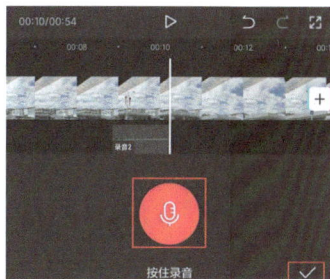

1.2.6 转场特效与字幕

一个完整的短视频除了需要注重画面效果和声音品质,还要从细节入手,提升观众的观看体验。其中,转场特效和字幕是较为重要的,恰当地使用转场特效和字幕能为视频增添光彩,还能够让观众拥有更好的观看体验。本节将主要围绕转场特效和字幕,详细讲解它们的添加方法。

1. 转场特效

转场特效是衔接不同视频片段的重要纽带,使用恰当的转场特效可以让视频过渡得更加自然流畅,减少观众在观看过程中的突兀感。下面讲解在剪映中添加转场特效的具体方法。

步骤 01 打开剪映，导入两段视频素材，点击素材衔接处的转场按钮 I ，如图1-65所示，进入转场页面。

步骤 02 在转场页面中选择合适的转场特效，点击将其选中，并拖动滑轮调整转场特效的时长，如图1-66所示。

图1-65 点击转场按钮

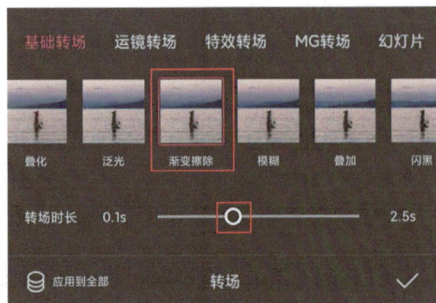

图1-66 选择转场特效并设置时长

步骤 03 点击左下角"应用到全部"按钮，可以将该转场特效应用于整个视频，点击右下角的确认按钮☑，即可完成转场特效的设置，如图1-67所示。

图1-67 完成转场特效的设置

2. 字幕

字幕常用于以文字形式显示人物之间的对话，让非画面的语言内容能够被观众理解。在短视频中，除了被用于显示标准台词和对话，字幕还常用于标注解释视频的内容，或是丰富画面内容，突出画面的表现力，为视频增添感情色彩。下面介绍剪映中添加字幕的具体方法。

步骤 01 打开剪映，导入一段视频素材，点击菜单栏中的"文字"按钮，打开文字工具，滑动视频停至需要添加字幕的位置，点击下方的"新建文本"按钮，以创建字幕文本，如图1-68所示。

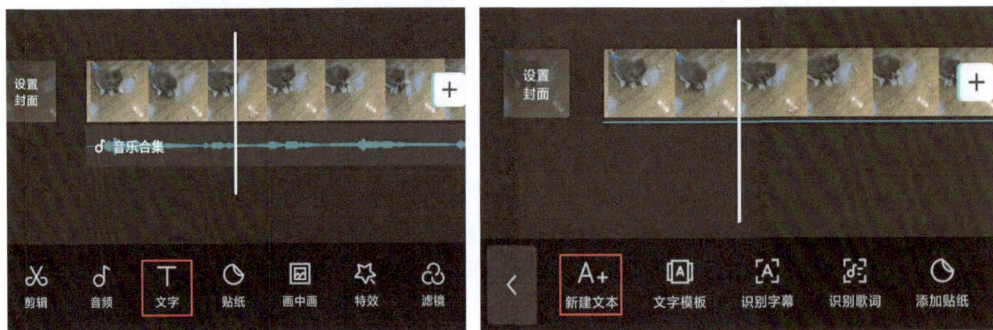

图1-68 创建字幕文本

步骤 02 在输入框内输入字幕内容，在视频画面中拖动字幕调整位置，也可利用字幕周围的按钮进行字幕的编辑、缩放、复制和删除，如图1-69所示。

图1-69　输入字幕，调整位置

步骤03 点击页面下方的"样式"按钮，可以对字幕的字体、样式、颜色等进行设置，点击确认按钮✔，即可完成字幕的创建，如图1-70所示。

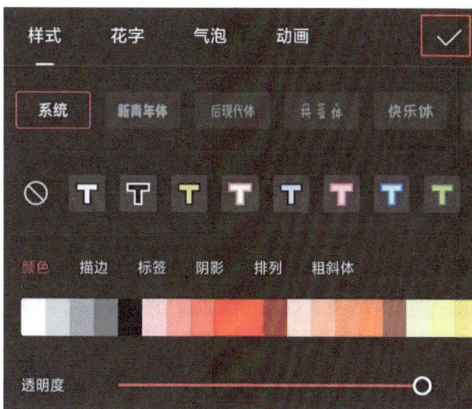

图1-70　创建字幕

　　除了手动添加字幕，剪映自带"识别字幕"功能，可以智能识别视频中的声音并转化为字幕，也可以对视频的背景音乐进行识别，将歌词转换为字幕内容显示在视频中。图1-71所示为剪映中的识别字幕和识别歌词的功能按钮。

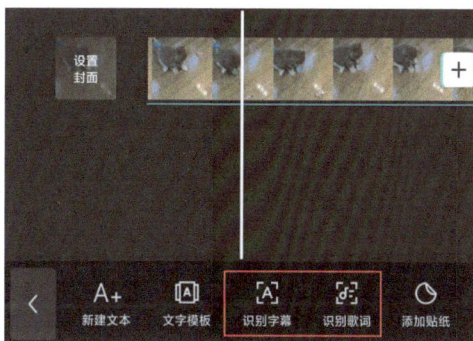

图1-71　识别字幕和识别歌词的功能按钮

1.2.7 制作功能的进阶

　　在1.2.3~1.2.6节中讲解了使用剪映制作短视频的一些基础操作，本节将更加深入地介绍剪映中其他实用的功能，通过本节的学习可以让大家对剪映的使用更加得心应手。

1. 剪辑功能

　　要想制作出一条高质量的短视频，"拍得好"很重要，但"剪得好"更重要，相同的视频素材经过不同手法的剪辑，带给观众的视觉效果截然不同。在本书的1.2.4节中介绍了短视频剪辑的基础操作，实际上，剪映还提供了很多其他实用的剪辑功能，下面逐一介绍。

变速

变速功能是指调节视频素材播放速度的功能，有常规变速和曲线变速两种类型。常规变速即调整整体素材片段的播放速度，曲线变速则是将一段视频素材视作多个部分，并可以任意调整各部分的播放速度。下面具体介绍变速功能的使用方法。

步骤 01 打开剪映，导入两段视频素材，点击菜单栏中的"剪辑"按钮，如图1-72所示，打开剪辑工具，剪映自动选择第一段视频素材，点击"变速"按钮，如图1-73所示，进入变速功能的页面。

图1-72 点击"剪辑"按钮

图1-73 点击"变速"按钮

步骤 02 点击下方的"常规变速"按钮，进行常规变速的设置，如图1-74所示。

步骤 03 拖动播放速度条上的◯按钮，调整视频播放的速度，点击右下角的确认按钮✓，即可完成视频变速，如图1-75所示。

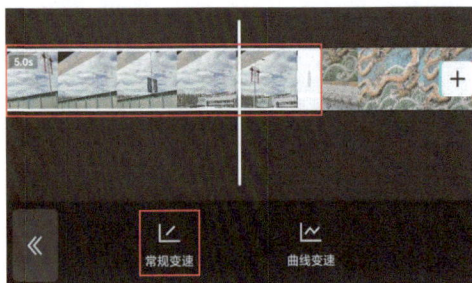

图1-74 进行常规变速的设置

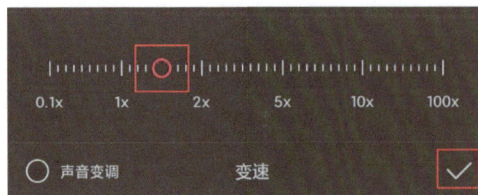

图1-75 调整播放速度并确认

步骤 04 点击选中第二段视频素材，点击下方"曲线变速"按钮，如图1-76所示，利用曲线变速功能调整视频的播放速度。

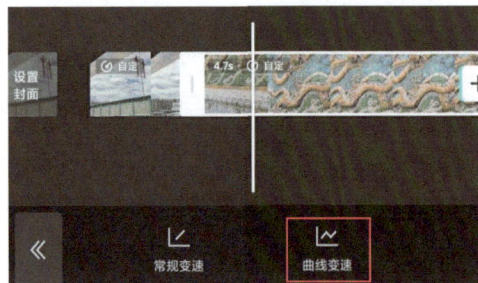

图1-76 点击"曲线变速"按钮

步骤 05 选择一种变速模式，这里以自定为例，点击"自定"按钮，选中后再点击"点击编辑"按钮，如图1-77所示，进入曲线变速的编辑页面。

步骤 06 按住并拖动曲线图上的点，调整视频的播放速度，点的位置越高代表播放速度越快，两个点间的视频播放速度会根据曲线的斜率进行变化，如图1-78所示。

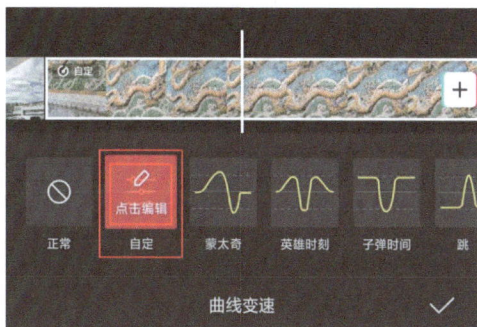

图1-77　点击"点击编辑"按钮

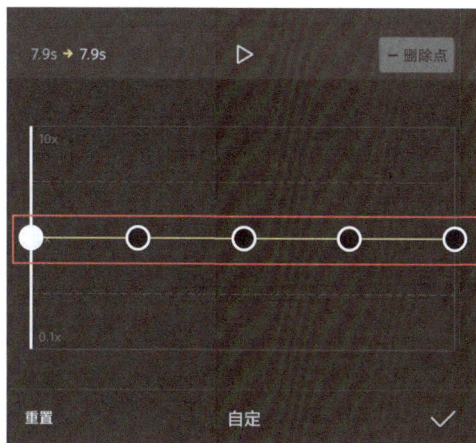

图1-78　调整播放速度

步骤 07 调整各个点的位置，如有需要可点击右上角"添加点"按钮，添加新点，也可以选中多余的点后点击右上角"删除点"按钮将其删除，点击右下角的确认按钮，即可完成视频曲线变速的相关设置，如图1-79所示。

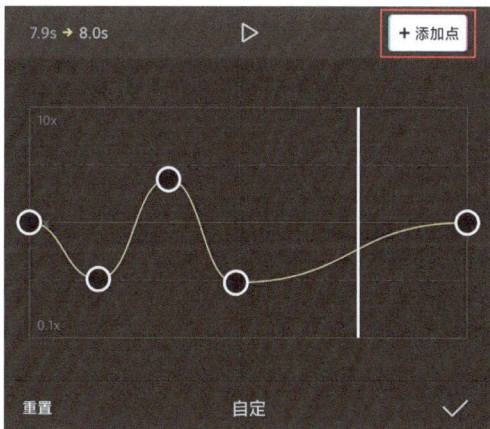

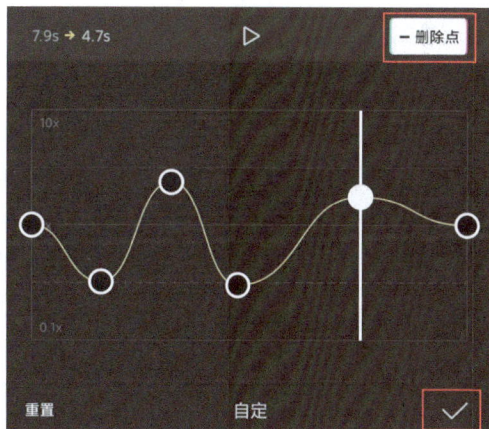

图1-79　添加或删除点，并确认变速设置

动画

动画能让视频画面具有某种动态的效果，使画面更具动感和表现力，让一些静态的图片、视频片段表现得更加精彩。动画也可以用于不同视频素材间的转场，让视频前后衔接自然。在剪映中，动画一般有3种类型，即入场动画、出场动画和组合动画。入场动画和出场动画用于视频开头和结尾，能避免视频素材入场和出场显得过于生硬；组合动画则是在视频中赋予画面特殊的动画效果。下面以入场动画为例介绍添加动画的操作方法。

步骤 01 打开剪映并添加一段视频素材，点击菜单栏中的"剪辑"按钮，进入剪辑工具页面，再点击"动画"按钮，如图1-80所示，进入动画页面，选择需要添加的动画类型。

图1-80　进入剪辑工具页面并点击"动画"按钮

步骤 02 点击"入场动画"按钮，选择"入场动画"作为设置的动画类型，如图1-81所示。

步骤 03 选择一个合适的动画效果，点击选中后拖动上方的○按钮调整动画时长，点击确认按钮✓，即可完成入场动画的添加，如图1-82所示。

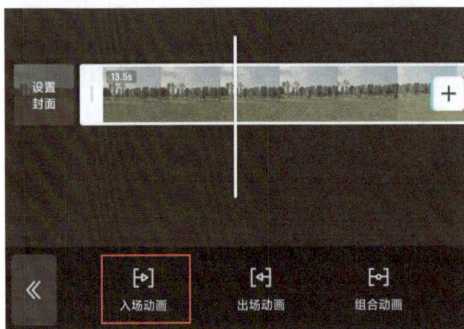

图1-81　选择动画类型

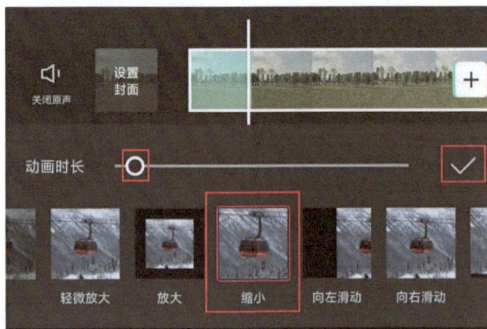

图1-82　选择效果，设置时长

色度抠图与智能抠像

在拍摄短视频时，很难保证拍摄的内容和背景都是完美的，一些无关元素的乱入会影响视频的质量，因此就需要用到剪映中的色度抠图与智能抠像功能，通过使用这两项功能可以在视频中保留需要的内容和背景，还可以在视频中添加其他素材。下面主要介绍色度抠图和智能抠像的使用方法。

步骤 01 在剪映中添加两段视频素材，点击"剪辑"按钮进入剪辑页面，点击选中第一段视频，点击"色度抠图"按钮，即可进入色度抠图的页面，如图1-83所示。

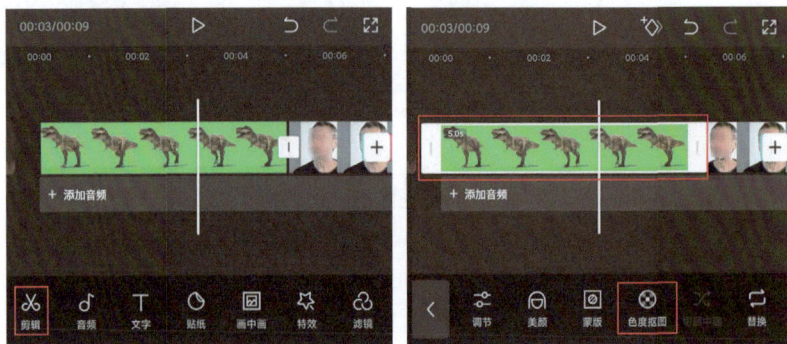

图1-83　使用"色度抠图"功能

步骤 02　点击"取色器"按钮，在视频上方的画面中拖动取色器，选取需要抠除的颜色，如图1-84所示。

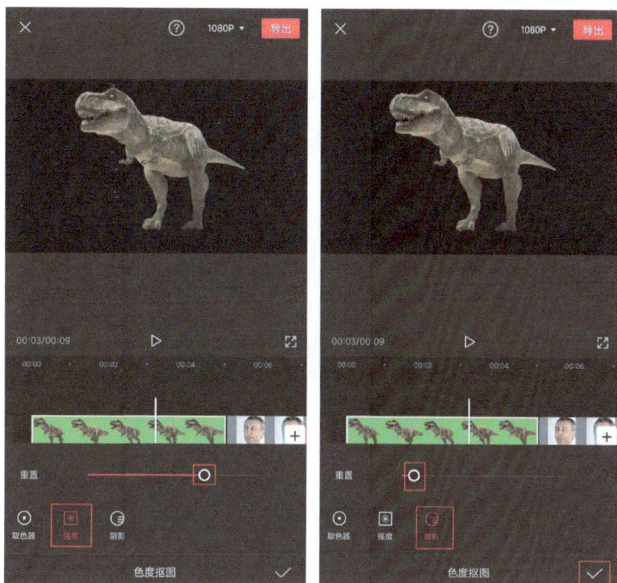

步骤 03　点击"强度"按钮，拖动上方◯按钮调整抠图颜色的强度，点击"阴影"按钮，拖动上方◯按钮调整抠图的阴影，点击确认按钮☑️，完成抠图操作，如图1-85所示。

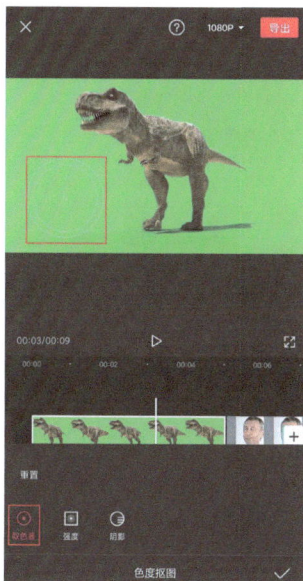

图1-84　拖动取色器选取抠除的颜色　　　　　图1-85　调整抠图颜色的强度和阴影数值

步骤 04　点击选中第二段视频素材，点击"智能抠像"按钮，系统将自动抠除人像以外的内容，如图1-86和图1-87所示。

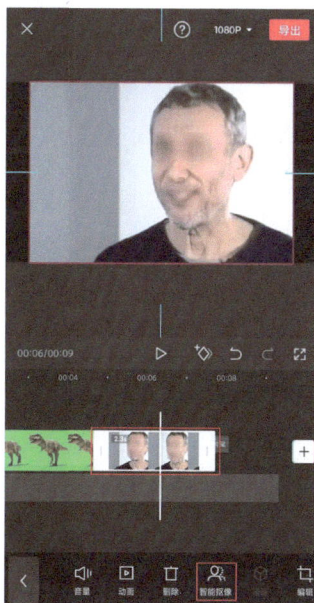

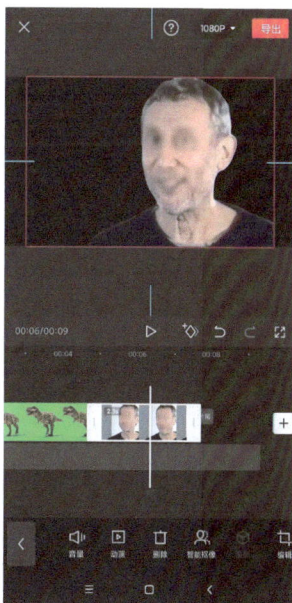

图1-86　选中素材点击"智能抠　　　　　图1-87　智能抠像后的效果图
　　　　　像"按钮

编辑与蒙版

在剪映中，通过使用编辑功能可以对视频的画面进行旋转、镜像和裁剪处理，如果要想对视频素材的部分内容进行遮罩处理，则需要使用蒙版功能。下面简单介绍编辑功能和蒙版功能的使用方法。

步骤01 在剪映中导入一段视频素材，点击菜单栏中的"剪辑"按钮，进入剪辑工具页面，点击"编辑"按钮，对视频素材进行编辑，如图1-88所示。

图1-88 对视频素材进行编辑

步骤02 点击"裁剪"按钮，如图1-89所示，打开裁剪工具，点击"自由"按钮，并拖动视频画面的边框调整视频画面的大小，点击确认按钮 ✓ 完成裁剪，如图1-90所示。

图1-89 点击"裁剪"按钮

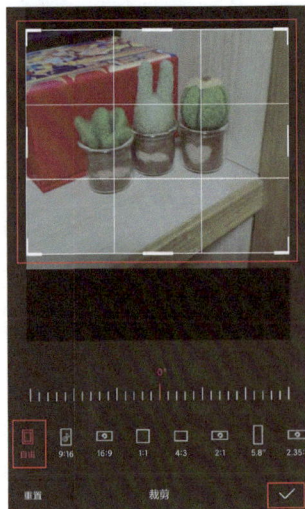

图1-90 裁剪视频画面

小提示

点击"旋转"按钮，可以将视频画面旋转，每次点击均可顺时针旋转90度，如图1-91所示。点击"镜像"按钮，可以将当前画面翻转成为镜像画面，如图1-92所示。

图1-91 旋转视频画面

图1-92 视频画面的镜像效果

步骤 03 点击选中该段视频素材，点击下方的"蒙版"按钮，如图1-93所示，打开蒙版工具。

步骤 04 点击选中一个蒙版样式，在视频画面中拖动蒙版调整遮罩的区域、大小等，点击蒙版下方的 ⌄ 按钮，调整蒙版的边缘使其虚化，如图1-94所示。

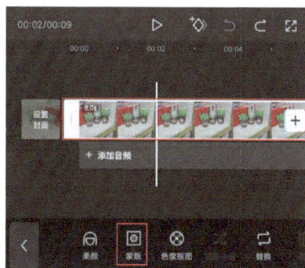

图1-93 点击"蒙版"按钮　　　　图1-94 使用蒙版并进行调整

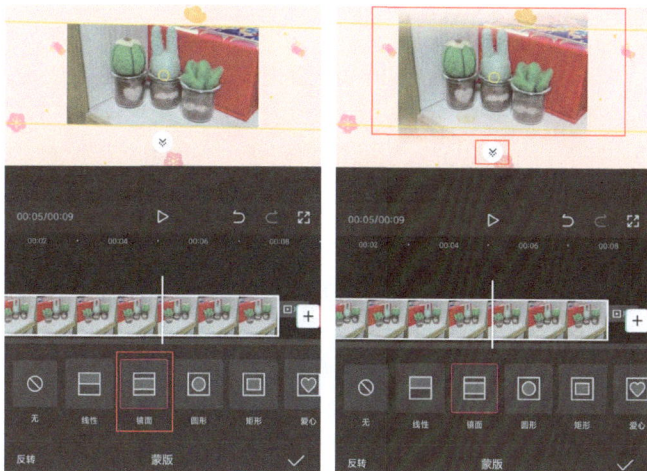

步骤 05 点击页面右下角的确认按钮✓，即可完成蒙版的使用，如图1-95所示。

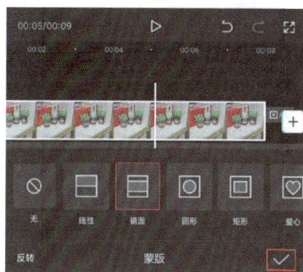

图1-95 完成蒙版的使用

其他剪辑功能的按钮

在剪映的剪辑工具中还有许多不同功能的按钮，下面简单讲解各功能按钮的具体作用。

a "删除"按钮，选中一段视频素材，点击"删除"按钮，即可将选中的视频素材快速删除。

b "滤镜"按钮，点击"滤镜"按钮，可以为视频挑选合适的滤镜，滤镜的使用可以营造出不同的画面风格，让视频画面更具吸引力。

c "调节"按钮，用于调节视频画面的亮度、对比度、饱和度、高光、阴影、色调等，通过调节各项参数能够让视频画面更有质感。

d "切主轨"按钮，只能用于画中画的视频，主要是将不同的视频片段设置为主轨视频。

e "防抖"按钮，点击"防抖"按钮，可以让系统对视频进行智能调节，让画面趋于稳定，如图1-96所示。

f "不透明度"按钮，可以调节视频的不透明度，让不同的视频素材可以叠加。

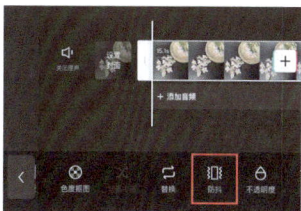

图1-96 剪映中的防抖功能

g "变声"按钮，"变声"功能可以对视频素材中的人声进行变声处理。

h "降噪"按钮，"降噪"功能用于对视频中的音频进行降噪处理。

i "倒放"按钮，可以将视频倒转播放，制造出相反的动态效果。

2. 贴纸

在视频中添加贴纸可以丰富画面内容，贴纸可以让人物情绪得到更好的表达，还能够让视频画面更有动感。丰富多样的贴纸是剪映的一大特色，剪映提供了花样众多的静态、动态贴纸，用户可以根据不同的主题挑选和使用不同的贴纸。下面具体介绍剪映中贴纸的使用方法。

步骤01 打开剪映添加一段视频素材，点击下方菜单栏中的"贴纸"按钮，打开贴纸工具，点击适合的贴纸将其添加到视频中，点击确认按钮✓完成添加，如图1-97所示。

图1-97　打开贴纸工具添加贴纸

步骤02 在视频画面中拖动贴纸，调整位置，还可以根据需要进行适当的缩放，调整贴纸大小，如图1-98所示。

步骤03 按住并拖动贴纸两端的裁剪框，调整贴纸持续的时长，如图1-99所示。

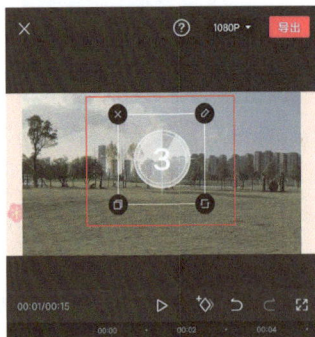

图1-98　调整贴纸的位置、大小

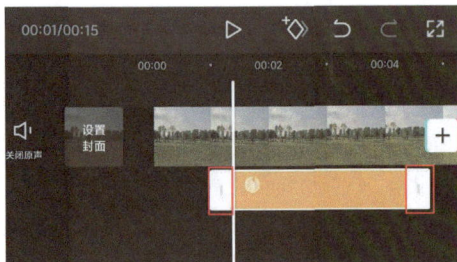

图1-99　调整贴纸持续的时长

3．特效

特效是指短视频中的特殊效果。与浮于视频表面的贴纸不同，使用特效会对短视频整体产生影响，给观众带来别样的视觉效果。在1.2.6节中介绍了转场特效的使用方法，与转场特效类似，其他的特效可以通过点击菜单栏中的"特效"按钮进行添加，如图1-100所示。

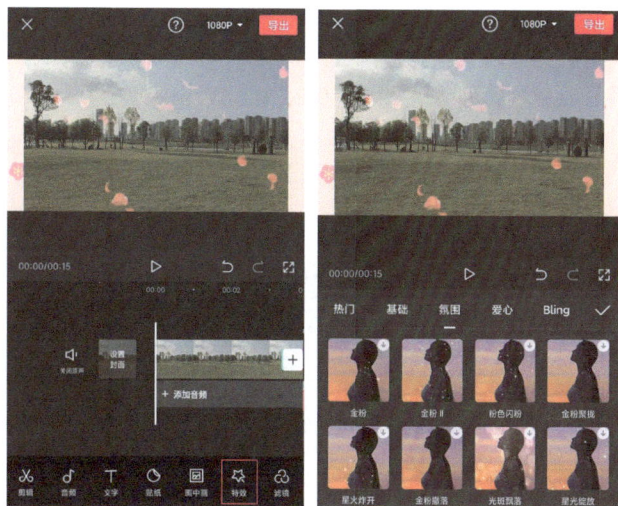

图1-100　通过点击菜单栏中的"特效"按钮添加特效

添加的特效可以替换、复制、删除和选择作用对象。对于包含单一素材的视频而言，特效作用于主视频；如果使用"画中画"功能叠加了多个视频素材，可以在设置特效时选择特定的作用对象，这样可以不影响主视频的视觉效果，仅对特定视频素材添加特效，如图1-101所示。

图1-101　选择特效的作用对象

4．比例与背景

手机中播放的视频一般有横屏和竖屏之分，视频的横屏和竖屏一般由画面的比例所决定，常见的横屏比例有16∶9、4∶3、2.35∶1等，常见的竖屏比例有9∶16、3∶4等。在剪映中，可以根据需要设置视频的比例，若拍摄的视频画面无法按比例进行调整，则会在画面之外自动填充纯色背景（默认为黑色），通过剪映的"背景"功能可以调整背景的颜色或使用其他背景，如图1-102所示。

图1-102　视频背景对视频画面填充

下面具体讲解视频比例和视频背景的设置方法。

步骤 01 打开剪映导入视频素材，点击下方菜单栏中的"比例"按钮，打开比例工具，点击选择一个适合的画面比例，系统将自动调整，如图1-103所示。

图1-103　选择画面比例

步骤 02 调整比例后的视频画面的空白处会由黑色的背景画布填充，点击菜单栏中的"背景"按钮，如图1-104所示。打开背景工具，更换背景的颜色和花纹。

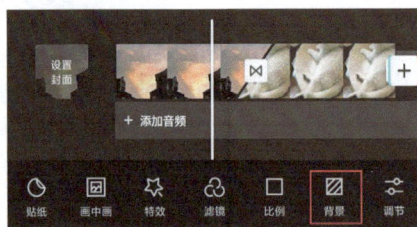

图1-104　点击"背景"按钮

步骤 03 点击"画布颜色"按钮，从颜色条中挑选一个画布颜色，点击确认按钮✓，即可更换背景画布的颜色，如图1-105所示。

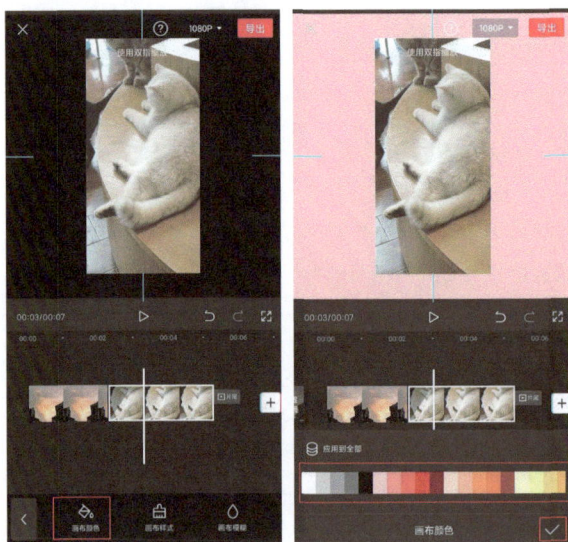

图1-105　更换背景画布的颜色

步骤04 点击"画布样式"按钮，选择背景画布的样式图案，点击确认按钮✅，即可使用画布样式，如图1-106所示。

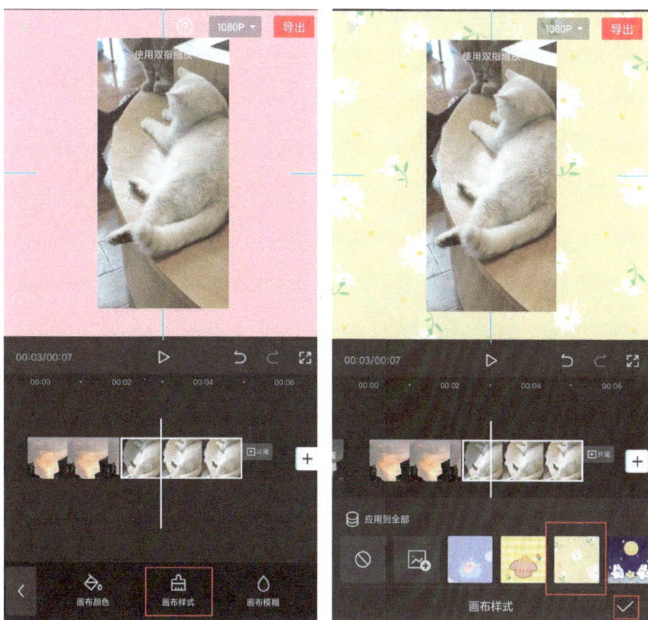

图1-106　使用画布样式

步骤05 点击"画布模糊"按钮，系统将自动截取视频的画面作为画布背景，点击下方按钮，可以选择模糊的程度或者不使用模糊功能，点击确认按钮✅，即可完成画布模糊设置，如图1-107所示。

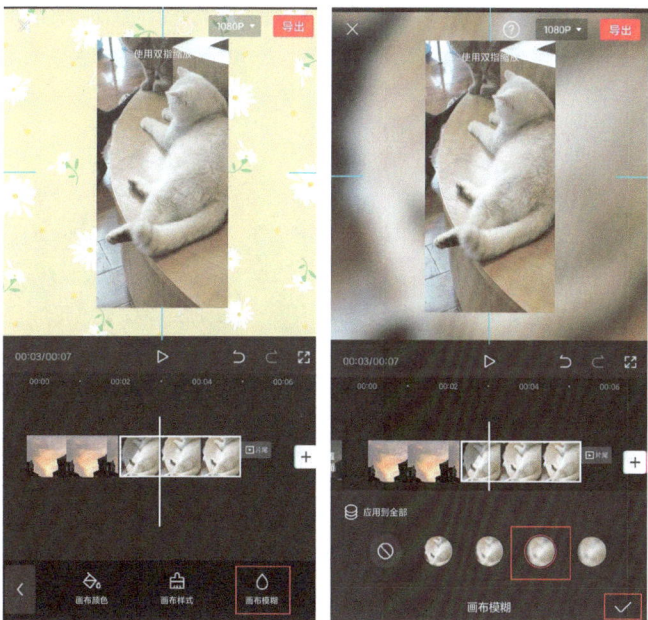

图1-107　画布模糊

5. 画中画

　　"画中画"是指在一段主视频中再插入一段视频素材，使两段素材可以叠加播放。两段视频素材中的文字、音频和特效等是相互独立的，可以分别进行剪辑与设置。下面列举一个添加"画中画"效果的案例，详细讲解其操作步骤。

步骤 01 打开剪映添加一段视频素材，点击菜单栏中的"画中画"按钮，打开"画中画"工具并点击"新增画中画"按钮，即可添加新的视频素材，如图1-108所示。

图1-108　新增"画中画"素材

步骤 02 从素材库中选择一段视频素材下载，点击"添加"按钮将其添加为"画中画"，如图1-109所示。

步骤 03 点击选中添加好的"画中画"素材，按住并拖动两端的裁剪框，调整持续时长，同时调整"画中画"素材的位置和大小，如图1-110所示。

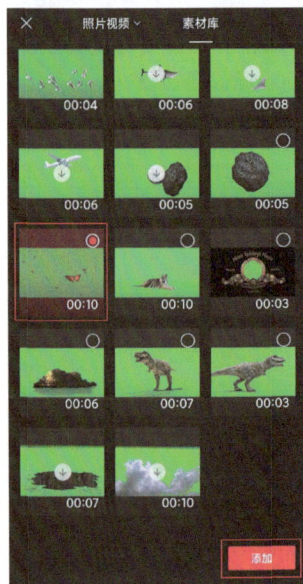

图1-109　选择视频素材添加为"画中画"

图1-110　调整"画中画"素材的持续时长、位置和大小

步骤 04 选中"画中画"视频素材，点击页面下方的"色度抠图"按钮，如图1-111所示，打开色度抠图的工具。

步骤 05 点击"取色器"按钮，从"画中画"视频素材中选取抠除部分的颜色，如图1-112所示。

步骤 06 点击"强度"按钮，拖动数值条上的◯按钮，调整色度抠图的强度，点击右下角确认按钮✓，即可让"画中画"视频素材的背景透明，与主视频的衔接更为融洽，如图1-113所示。

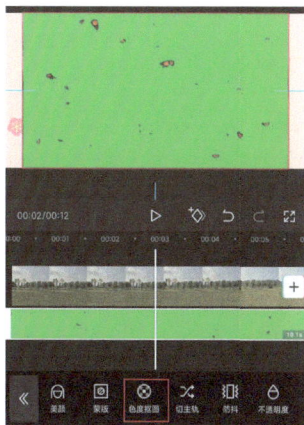

图1-111　点击"色度抠图"按钮

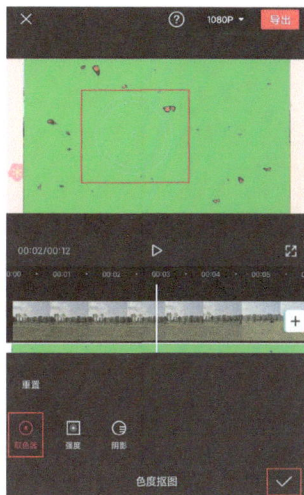

图1-112　利用取色器选取抠图部分的颜色

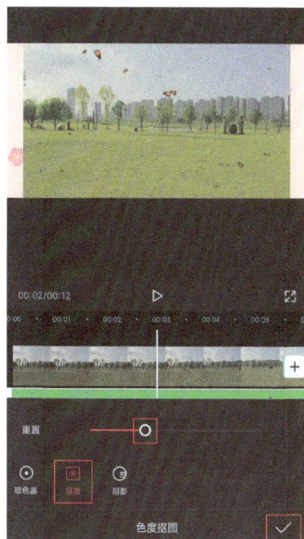

图1-113　调整色度抠图的强度

1.3 短视频的发布与多平台同步

完成短视频的剪辑处理后，还需要将短视频发布，这样才能让更多的人看到。本节将介绍3种短视频发布的方式，重点讲解在剪映、抖音中如何发布短视频，以及将短视频同步到更多平台的方法。

1.3.1 短视频的导出与发布

在剪映中，可以直接导出成片并发布到抖音、西瓜视频等相关的平台。下面详细讲解从剪映中导出视频并发布的操作方法。

1. 视频的导出

想要发布视频，首先需要将视频从剪映中导出，具体操作如下。

步骤 01 打开剪映完成视频的剪辑和处理，点击右上角的"1080P"按钮，如图1-114所示，打开视频调节面板。

图1-114　点击"1080P"按钮

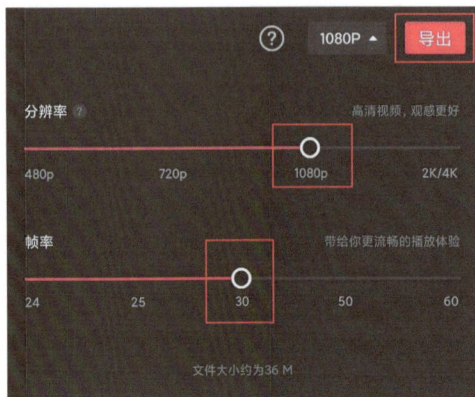

图1-115 调节视频的分辨率和帧率

步骤 02 拖动 ⭘ 按钮，调节视频的分辨率和帧率，点击"导出"按钮，即可导出视频，如图1-115所示。

步骤 03 视频导出需要一点时间，在导出过程中不能切换其他程序，也不要锁屏，防止导出出错，如图1-116所示。

步骤 04 点击视频下方的"抖音"按钮或"西瓜视频"按钮，可以跳转到抖音或西瓜视频的发布页面，继续完成视频的发布操作；点击"更多"按钮，可以将视频导入今日头条App进行发布，如图1-117所示。

图1-116 导出视频

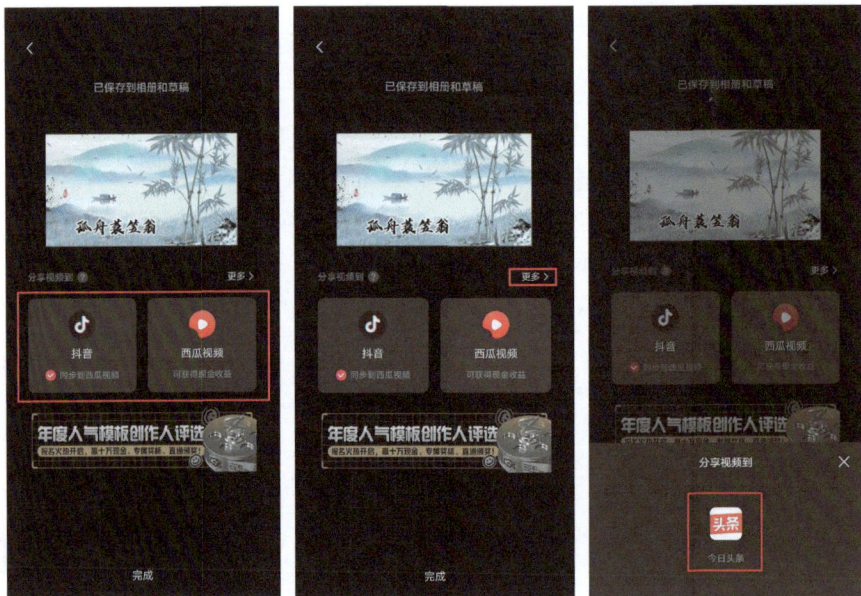

图1-117 将视频导入其他平台并发布

步骤 05　点击下方的"完成"按钮，即可完成视频导出的相关操作，如图1-118所示。

图1-118　完成视频导出的
相关操作

2. 视频的发布

　　视频可以由剪映导入对应的平台进行发布，也可以在平台中重新上传后再进行发布。这里着重讲解如何在抖音平台完成视频的发布。

步骤 01　打开抖音App并登录，点击页面下方的 🞣 按钮，即可进入视频拍摄的页面，如图1-119所示。

步骤 02　点击页面下方的"相册"按钮，如图1-120所示，打开相册，选择一个需要发布的视频作品，点击即可进入预览页面，如图1-121所示。

图1-119　点击按钮进入视频拍摄
页面

图1-120　点击"相册"按钮

图1-121　选择所需发布的视频

步骤 03　在发布页面上方的输入框内输入视频的标题，点击右侧的"选封面"按钮，从视频画面中选取一张封面图，点击标题下方的"#添加话题"按钮和"@朋友"按钮，添加话题和朋友提醒，如图1-122所示。

步骤 04　根据具体需求，可以点击"你在哪里""添加小程序""公开·所有人可见"按钮，以设置视频的位置、添加小程序和设置视频的可见范围，如图1-123所示。

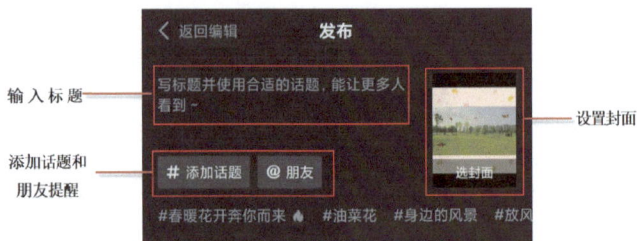

输入标题

添加话题和
朋友提醒

设置封面

图1-122　设置视频的标题、封面、话题和朋友提醒

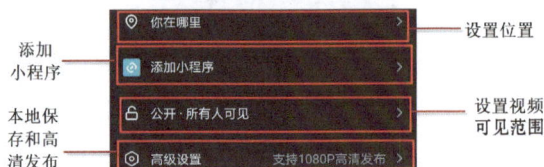

添加
小程序

本地保
存和高
清发布

设置位置

设置视频
可见范围

图1-123　设置视频的位置、添加小程序和设置视频的可见范围

步骤 05 点击下方的"发布"按钮，即可完成视频的发布，如图1-124所示。

图1-124　完成视频的发布

1.3.2 视频分享与同步

在抖音App完成视频的发布后，可以通过分享的方式将视频推荐给其他人，从而吸引更多人的关注。抖音上的短视频可以在众多平台中分享，此外，为了便于视频作者在其他平台发布短视频，抖音还提供了第三方账号绑定和作品同步的功能。下面将围绕视频的分享和同步进行简单的讲解。

1. 视频分享

视频分享是指将发布在抖音上的短视频作品分享给抖音平台或其他平台的用户。在抖音中既可以以口令链接的方式将视频分享给如微信、微博、QQ等常用的社交平台用户，也可以将视频保存至本地，然后在其他平台进行视频的上传分享。

步骤 01 打开抖音，在短视频页面的右侧点击分享按钮，如图1-125所示，打开分享页面。

图1-125　点击分享按钮

步骤 02　点击"转发到日常"按钮，进入转发页面，点击下方"发日常"按钮，即可将他人的短视频转发到自己的抖音主页中，如图1-126所示。

步骤 03　点击菜单栏中的"我"按钮，进入个人页面，在"作品"分类下打开需要分享的视频，如图1-127所示。

图1-126　在抖音中转发短视频

图1-127　打开需要分享的视频

步骤 04　点击视频页面右侧的 ••• 按钮展开视频分享页，可以从第一排的关注用户中点击选择要分享的对象，在输入框内输入分享视频的留言，点击下方的"发送"按钮，即可将短视频分享给指定用户，如图1-128所示。

图1-128　将短视频分享给指定用户

小提示

想要在抖音中分享短视频给抖音好友，需要双方互相关注才能看到分享的视频内容。

步骤 05 点击"微信好友"按钮，进入页面后，视频将自动下载并保存到本地，点击"发送视频到微信"按钮，即可将视频的分享链接或保存到本地的视频分享给微信好友，如图1-129所示。

图1-129　将短视频保存至本地

步骤 06 将保存至本地的抖音视频发送到微信或是其他平台，短视频中会显示包含抖音号的水印，如图1-130所示。

图1-130　短视频中会显示包含抖音号的水印

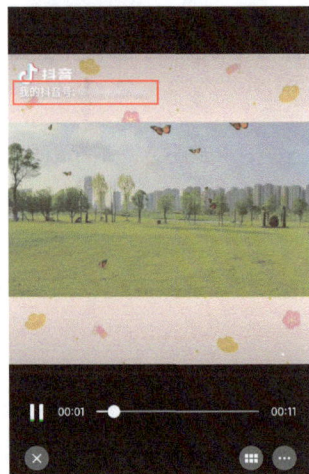

小提示

利用相同的方法，可以将保存至本地的短视频分享到微博、朋友圈、QQ等更多的社交平台。

2. 视频同步

对于经营自媒体账号的作者而言，在单一平台上发布创作内容所得到的效果和收益十分有限，为了提高短视频的浏览量，吸引更多粉丝的关注，作者需要在多平台上发布自己的作品。为了方便作者将短视频同步发送到多个平台，同时也避免在不同平台发布相同视频时被平台检测为视频搬运，抖音提供了视频同步和第三方账号关联的功能。

目前，在抖音上发布的视频仅支持同步发送至西瓜视频和今日头条。在抖音的视频发布页面中点击"高级设置"按钮，在弹窗中点击"同步至今日头条和西瓜视频"一栏右侧的按钮，即可开启视频同步发布的功能，如图1-131所示。

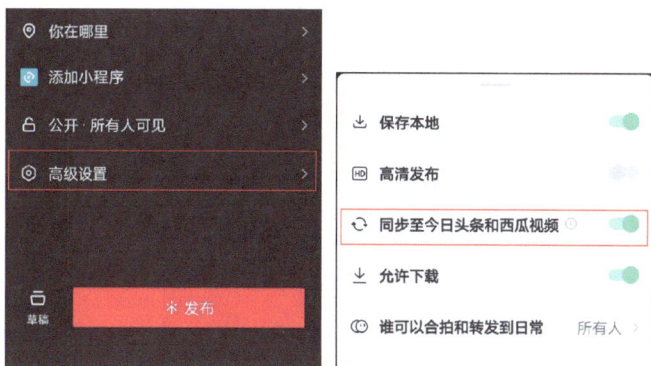

图1-131　一键同步

　　除了视频同步，抖音还支持与第三方平台账号关联。关联第三方平台的账号既能体现作者的创作能力，还有利于作者跨平台运营账号。下面以抖音和微博账号关联为例，讲解如何在抖音中绑定第三方平台账号，实现账号关联。

图1-132　点击菜单栏中的"我"按钮

步骤01 打开抖音，点击下方菜单栏中的"我"按钮，如图1-132所示，进入个人页面，点击个人页面右上角的功能菜单按钮，即可打开功能菜单，如图1-133所示。

图1-133　点击功能菜单按钮

步骤02 点击功能菜单中的"设置"按钮，打开设置页面，点击"账号与安全"按钮，如图1-134所示，进入"账号与安全"页面。

图1-134　点击"账号与安全"按钮

步骤03 点击"第三方账号绑定"按钮，如图1-135所示，进入"第三方账号绑定"页面。
步骤04 以绑定微博账号为例，点击"微博"按钮，进入微博的授权页面，点击"确定"按钮，授权抖音与微博账号绑定，如图1-136所示。

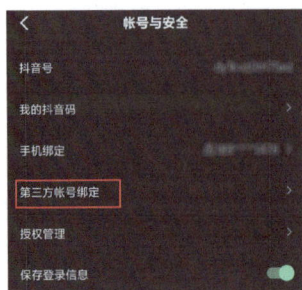

图1-135 点击"第三方账号绑定"按钮

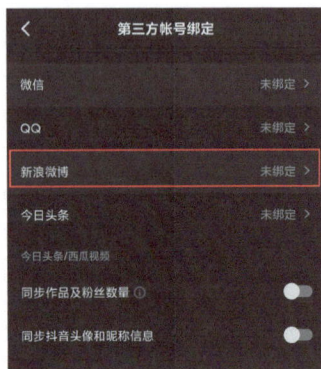

图1-136 授权抖音与微博账号绑定

1.3.3 在抖音中管理发布的作品

在抖音中，可以对已发布的视频进行管理。用户不仅可以保存或删除视频，还可以设置视频的权限和视频置顶。另外，用户还可以使用不同的功能，完成个性化设置或推广视频。下面主要介绍视频管理的各项功能。

进入抖音的个人页面后，在"作品"分类中点击选中一个需要设置的视频，点击视频页面右侧的■■■按钮，打开页面，底部第三排按钮均为视频管理相关的功能按钮，如图1-137所示。

图1-137 视频管理的功能按钮

1. 权限设置

在抖音中设置视频的权限，可以让符合条件的用户观看到该条视频。权限主要有4种类型，分别是"公开""朋友""私密""不给谁看"，点击"权限设置"按钮即可进行设置，如图1-138所示。

图1-138 点击"权限设置"按钮进行设置

　　"公开"是指该条视频对所有粉丝可见，设置为"公开"的视频较为容易被抖音平台推荐给更多的用户，也能够利用抖音的一些推广功能，提高视频的观看率；"朋友"是指该条视频仅对好友列表中的用户可见，非好友的用户无法观看该视频；"私密"是指该条视频仅作者本人可以观看，其他用户无法观看；"不给谁看"是指对部分用户进行屏蔽，设置该条视频的"黑名单"，通过添加"不给谁看"的名单，使其无法观看该条视频。图1-139所示为"权限设置"的功能页面。

图1-139　"权限设置"的功能页面

2. 动态壁纸

　　动态壁纸功能就是将抖音中的视频设置为手机的动态壁纸，当用户使用手机时，屏幕壁纸会自动播放设置好的抖音短视频。动态壁纸的设置方法如下。

步骤01　在短视频的菜单栏中点击"动态壁纸"按钮，如图1-140所示，打开动态壁纸功能。

图1-140　点击"动态壁纸"按钮

步骤02　再次点击"动态壁纸"按钮，等待加载，点击"应用"按钮，即可完成设置。如图1-141所示。

图1-141　选择壁纸类型

3. 置顶

当作者在抖音上发布了众多短视频后，可以通过将视频置顶的方法，让自己的代表作显示在账号页面的顶部，便于用户第一时间查看。图1-142所示为某账号页面中的视频置顶状态，一般抖音中可以设置3个置顶视频，置顶的视频会在左上角出现"置顶"字样，置顶视频始终出现在个人作品的顶部，不会随着视频的增加而改变位置。

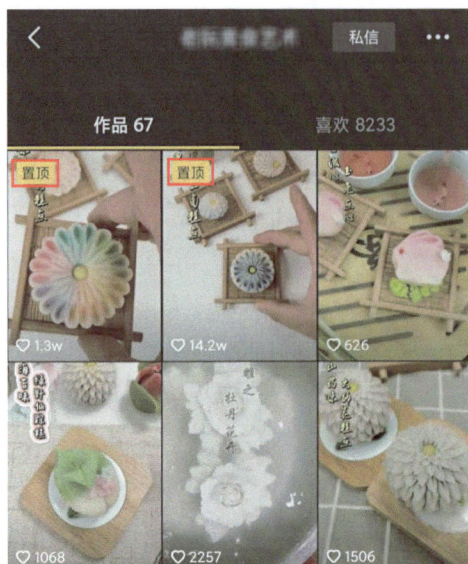

图1-142　视频置顶

4. 上热门

"上热门"是抖音为广大作者提供的付费推广功能，视频作者支付一定的金额就可以让视频被系统智能推荐给更多的用户。图1-143所示为抖音"上热门"功能页面，用户可以自定义视频推荐的人数，自定义的范围为5000人~1000万人，所需支付的费用按照每5000人支付100元来计算，首次使用该功能可享受新人优惠。

图1-143　抖音"上热门"功能页面

1.4　抖音后台功能的使用

除了拍摄视频、剪辑制作和发布功能，抖音还为用户提供了其他丰富的后台功能。在满足相关条件的前提下，用户不仅可以借助短视频、直播来展示自己，也可以利用抖音的电商功能实现变现。本节主要介绍抖音后台其他的常用功能。

1.4.1 申请抖音企业号

抖音的企业号是针对以企业为经营主体的用户所设置的账号类型。开通抖音企业号后,账号能解锁更多的功能和权益,这些功能和权益能帮助企业更好地经营抖音账号,有助于账号内容的分发推荐和引流变现。为鼓励企业开通企业号,抖音还免费为企业用户提供了试用企业号服务,如图1-144所示。

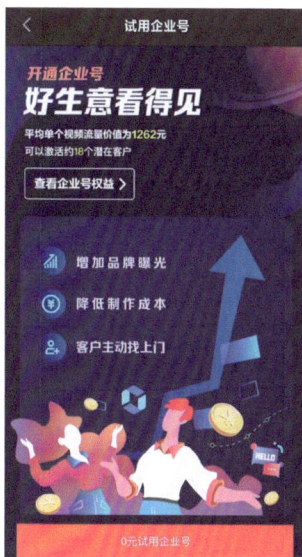

图1-144 试用企业号

试用企业号后,可以开通智能剪辑、精选案例、私信关键词回复、企业服务中心和启明学院等5项功能。若想进一步解锁新的功能,则需上传企业的营业执照并进行企业身份认证,待认证通过后便可享受包含企业直播、数据分析、预约服务等在内的更多权益,如图1-145所示。

除了免费提供的企业号权益,抖音针对有更高要求的企业用户还提供了更为全面的功能,这不仅有利于企业账号的内容推广,也有利于企业借助抖音这一平台进行电商营销。图1-146所示为企业号支付审核服务费后可解锁的一些特权,抖音官方企业号认证费用是600元/年,有效期为1年,到期以后需要再次提交审核。

图1-145 企业号的各项权益

图1-146 支付审核费后享受的权益

1.4.2 获得抖音官方认证

除企业号外，抖音还支持个人认证，个人认证主要分为两种，一种是符合条件的公众人物、网络名人的兴趣认证，另一种是需要行业资质背书的职业认证，如图1-147所示。

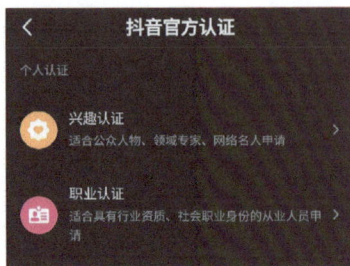

图1-147 个人认证的类型

兴趣认证适合有知名度和影响力的名人、专家。要想进行兴趣认证，首先需要选择认证的领域，如图1-148所示。选择好认证领域后，需确保账号通过实名认证并绑定了手机号。此外，账号近30天内发布的作品数量需大于等于3，粉丝量则需累计达到10000人，满足上述条件后，即可通过兴趣认证。

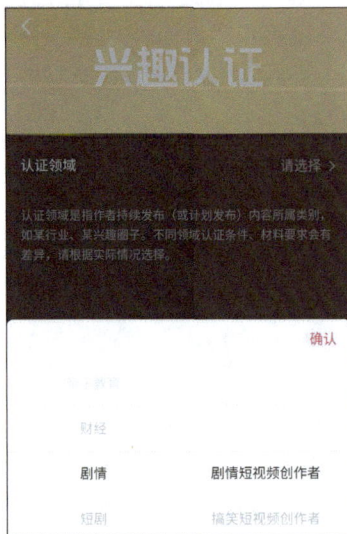

图1-148 选择兴趣认证的领域

职业认证是指作者通过持续发布或计划发布某行业、某圈子等领域的内容来获得官方认证，相较于兴趣认证，职业认证更具有权威性。申请职业认证时，需要提供一些资质和能证明社会职业身份的材料才能通过认证，不同领域的认证条件、相关材料会有差异，申请认证时需根据实际情况进行相关操作。

以游戏主播为例，图1-149所示为申请游戏主播领域的认证页面，除需要满足基础条件外，点击"申请规则与材料要求"的链接可以查看认证所需的相关材料和需要符合的具体条件。

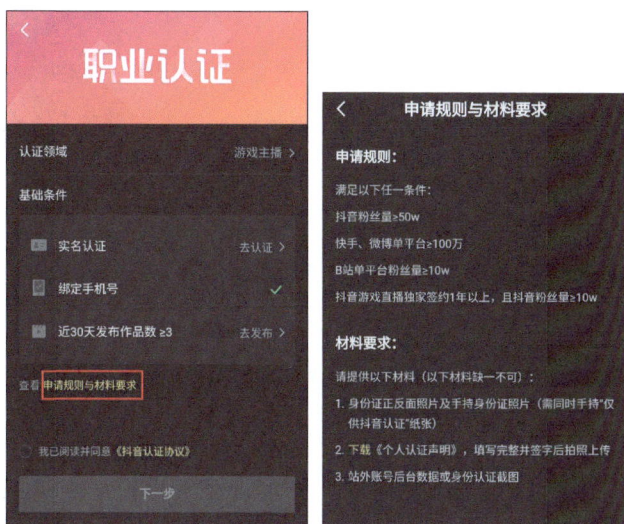

图1-149　认证游戏主播领域

1.4.3 抖音橱窗、小店的申请

随着电商的风靡，抖音也开始逐步迈向电商领域。目前，抖音已经建立了较为完善的电商运营机制，商家可以依靠抖音小店将商品放在小店中出售，一些KOL则可以通过橱窗等方式进行变现。下面简单介绍抖音橱窗、小店的申请规则。

1. 抖音橱窗

在抖音的"创作者服务中心"中，点击"商品橱窗"按钮，可以打开商品橱窗的页面，如图1-150所示，用户可以在此页面中申请开通商品分享权限，即可将商品放置于抖音的橱窗内以供用户选购。

要想获得商品分享权限，就要满足权益开通的申请要求，如图1-151所示。首先需要输入真实姓名和身份证号完成实名认证，并需要向抖音平台缴纳500元的商品分享保证金，同时，需要开通权益的账号还要满足个人主页上传10条（及以上）公开且过审的视频，并且关注账号的粉丝数量要≥1000人。满足申请条件后，账号便可开通商品分享的功能，作者就能在账号的主页中开设自己的商品橱窗了，当有用户在橱窗中下单购买商品后，作者即可收到一定的返佣奖励。

图1-150　打开抖音商品橱窗页面

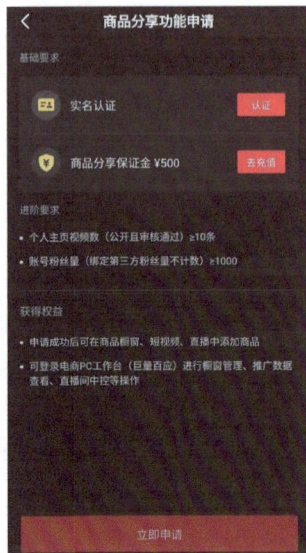

图1-151　申请开通商品分享功能

2. 抖音小店

抖音小店也被称为"抖店"，是一款字节系下多渠道流量一站式覆盖的电商产品，不仅面向抖音App，其他字节系的软件同样可以使用。抖音小店使用精确的算法精准定位目标用户，能够有效提升商品的转化率，多样的营销工具能让电商营销更加便利。图1-152所示为抖音小店的首页。

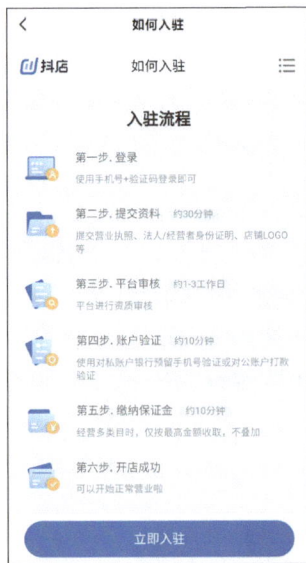

申请开通抖音小店的方法并不复杂。首先登录账号并提交申请小店需要的相关资料，如营业执照、法人/经营者身份证明、店铺LOGO等，平台将在1~3个工作日内完成信息的审核；然后需要进行银行账户的验证并缴纳保证金，完成后即可开通抖音小店。图1-153是入驻抖音小店的流程示意图。

图1-152　抖音小店的首页

图1-153　入驻抖音小店的流程示意图

1.4.4 开启抖音直播

随着直播逐渐风靡，抖音App内也开设了专门的直播通道，吸引了很多用户利用抖音随时随地玩直播。下面具体介绍在抖音中观看直播和开启直播的操作方法。

打开抖音App，进入抖音首页，在页面的左上角点击"直播"按钮，如图1-154所示，进入抖音直播间。

图1-154　点击"直播"按钮

在直播间内上下滑动屏幕可以切换不同主播的直播间。点击直播页面底部的功能按钮，可以关注主播、留言、打赏、送礼物和购买直播间的商品，如图1-155所示。点击功能菜单按钮•••，可以展开功能菜单，使用更多直播功能，如图1-156所示。

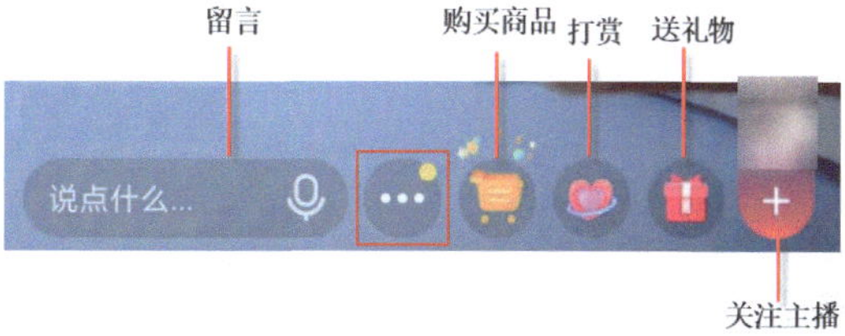

图1-155　抖音直播间页面底部的功能按钮

图1-156　更多抖音直播功能

下面讲解在抖音中开启直播的方法。

步骤01 打开抖音App，在菜单栏中点击 按钮，进入拍摄页面，点击页面下方的"开直播"按钮，将拍摄页面调整为直播模式，如图1-157所示。

图1-157　启用直播模式

步骤 02 点击"开始视频直播"按钮,进入实名认证页面,完成身份认证。点击"直播信息"按钮,如图1-158所示,在开播前完成直播信息的设置。

步骤 03 点击"添加封面"按钮,选择图片作为直播封面,点击"设置标题"一栏右侧的"修改"按钮,可以输入直播的标题,如图1-159所示。

图1-158　点击"直播信息"按钮

图1-159　设置封面与标题

步骤 04 在"开启位置"一栏右侧选择是否开启直播位置,点击"选择话题"一栏右侧的▶按钮,进入话题页面,在相应的话题右侧点击"参与"按钮添加话题,或点击页面右上角的"搜索或自定话题"按钮,输入话题名称,自定义话题标签,如图1-160所示。

图1-160　开启位置与选择话题

步骤 05 点击"开始视频直播"按钮，即可开始进行直播，如图1-161所示。

图1-161 开始直播

1.5 其他短视频平台的功能特色

短视频作为时下流行的内容传播形式，其吸引流量和变现的强大优势吸引了众多资本入场。除了抖音，还有一些短视频平台也通过打造自己的风格，吸引了一批固定的平台用户，如快手、腾讯微视等。本节将对这些平台的功能特色进行简单介绍。

1.5.1 快手，记录世界记录你

快手诞生于2011年3月，最初是一款用来制作、分享GIF图片的手机应用，其前身叫作"GIF快手"。2012年11月，快手转型为短视频社区，成为用户记录、分享生活的平台。

快手的突出特点是拥有生活化的内容和跨圈层的用户群。不同于抖音的潮流高端路线，快手将触手伸向基层，充分挖掘群众生活中的文化内容和文化活动，记录最真实的生活片段。这也使得快手的用户热衷于在评论区同其他用户进行交流，为喜欢的视频点赞，给创作者带来大量正向的反馈。但这种"接地气"的路线也使得平台内的消费氛围比较淡薄，变现难度比较高，而且质朴的创作风格也导致了变现形式的单一化。

快手重视用户的真实需求和用户间的交流互动，由此开设了两项特色功能：小剧场和群聊。前者满足了大众用户的日常观剧需求，后者则为创作者与用户、用户与用户间的交流提供了平台。接下来详细介绍这两项功能。

1. 小剧场

　　小剧场是快手平台内优质短剧的聚集地。快手短剧是具有连续情节、生动有趣的短视频，这种短视频节奏快，内容简单轻松，具有反转情节，题材多样，因此受到了许多用户的喜爱，如图1-162所示。

　　快手在其他平台也投放了大量宣传广告，吸引用户下载快手观看更多优质内容。这也体现了快手平台对小剧场的重视。图1-163所示是快手平台在微博中为短剧投放的宣传广告。

图1-162　小剧场页面

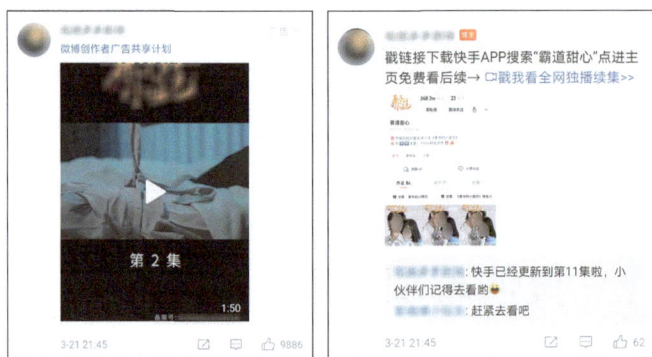

图1-163　快手在微博投放的宣传广告

　　快手平台为小短剧设置了专属页面，但很多用户并不知道如何进入这个页面。用户订阅短剧后，可以在短剧更新的第一时间接收到通知提醒，方便用户"追剧"。接下来就为大家介绍小剧场入口和订阅短剧的方法。

步骤 01　打开快手App，点击页面左上角的 ≡ 按钮，如图1-164所示，展开功能菜单。

图1-164　点击功能菜单按钮

步骤 02　在菜单栏中点击"更多"按钮，展开更多功能项，找到"小剧场"按钮，点击即可进入小剧场页面，如图1-165所示。

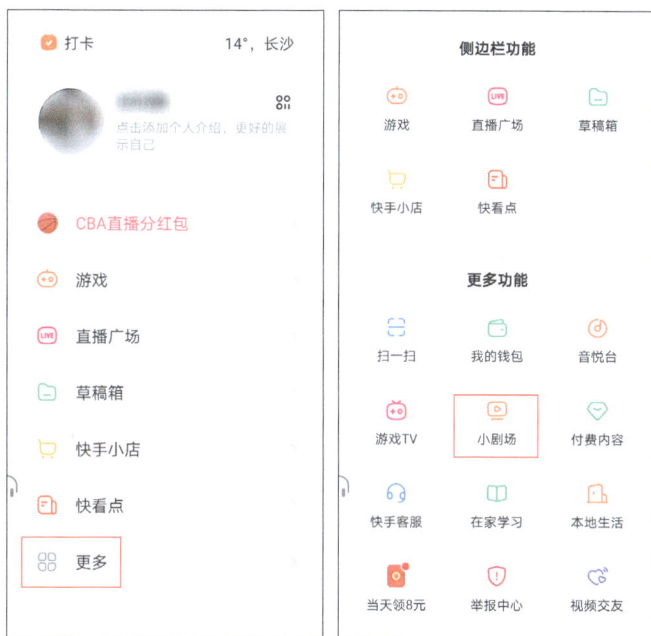

图1-165 点击"小剧场"按钮

2. 群聊

　　群聊是快手平台为用户提供的社交功能，用户可以按照快手的平台规则创建快手群，从而同多个用户交流。快手群的使用方法和基本功能同常见的社交群相似，在使用快手群的过程中，用户必须严格遵守平台规范，不能做出违规行为，群主和群管理人员应负有规范群及群成员行为、管理信息发布的义务。

　　用户可以创建和加入快手群，并且随着账号等级的提高和使用情况的变化，平台将给予账号不同的群聊权限，如群组成员人数、个人可建立群数、参加群数上限等。接下来介绍群聊的创建方法。

步骤01 点击"我"按钮跳转至个人页面，再点击"点击添加"按钮即可进入群聊管理页面，如图1-166所示。

图1-166 点击"点击添加"按钮即可进入群聊管理页面

步骤 02 点击"创建群聊"按钮打开创建页面，再点击"开始创建"按钮即可开始创建群聊，如图1-167所示。

图1-167 点击"开始创建"按钮

步骤 03 根据群成员的关系和建群目的等因素，选择合适的群分类，点击相应的分类名称即可进入下一步，如图1-168所示。

步骤 04 编辑群头像、群名称、群地点、群介绍等内容，点击"提交"按钮即可向平台提交申请，平台将在24小时内完成对群资料的审核，如图1-169所示。

图1-168 选择群分类

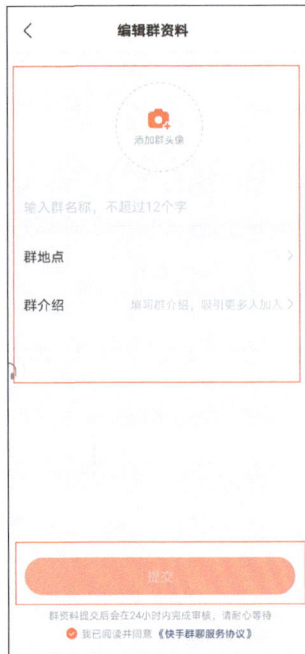

图1-169 编辑群资料并提交审核

1.5.2 腾讯微视，发现更有趣

微视是腾讯旗下的一个短视频创作平台与分享社区。用户不仅可以在微视上浏览各种短视频，还可以通过创作短视频来分享自己的所见所闻。此外，微视还链接了微信和QQ等社交平台的账号信息，用户可以将微视上的视频分享给好友或分享到其他社交平台。

基于腾讯的强大支持，微视拥有庞大的社交流量库和丰富的IP内容，这是微视得以快速发展的两大利器。微视的内容推送主要可以分为关注动态推送、精选推送、兴趣推送和频道推送四种类型。

关注动态推送即推送用户已关注账号所发布的内容，而且微视在首页和消息页面都提供了较大的版面进行账号推荐，展现了平台对培养KOL的强烈意愿，如图1-170所示。

图1-170 可能感兴趣的人

精选是将短视频拆分为更短的视频片段，分段呈现，使用户浏览更加轻松顺畅。这些分段视频将被汇总在精选集中方便用户查看，如图1-171所示。精选推送是打开微视首页后的第一项推送内容，而且支持未登录浏览，这就能够为视频带来非常可观的曝光量。

图1-171 精选集

兴趣推送是根据用户的观看偏好推送智能筛选的内容，具有较高的随机性。

频道推送是平台按照类型、领域将内容分类并推送，基本的频道包括直播、放映厅、游戏、追剧综、电商、明星、挑战赛、速看、精选、搞笑、热点11种类型。

从当前的频道设置中可以发现，一方面，平台对内容的创作类型限定比较严格，对应分类的高垂直内容能够获得更多的推送机会，而垂直度不够突出的内容很容易受到限流，不利于UGC（User Generated Content，用户生产内容）的发展；另一方面，在11类频道中，与影视剧、综艺相关的频道占比较大，展现出当前平台中的内容创作仍然依赖于同出一源的腾讯视频，这也使得PGC

（Professional Generated Content，专业生产内容）在微视中仍然占据比较重要的地位。

下面对腾讯微视的两大特色功能进行具体介绍，并讲解它们的使用方法。

1. 速看

速看是微视的一个频道分类，该分类中的内容都是对影视剧的分集概括，充分展现了微视的IP优势和PGC内容的创作优势。接下来介绍如何使用速看这一功能。

步骤01 打开腾讯微视App，在底部菜单栏中点击"频道"按钮切换页面，如图1-172所示。

步骤02 在"频道"页面中，点击"速看"分类，点击其他频道名称或左右滑动屏幕也可以切换查看多种多样的频道，如图1-173所示。

图1-172　点击"频道"按钮切换页面

图1-173　切换频道分类

步骤03 选择感兴趣的影视剧，如图1-174所示，点击即可进入播放页。

步骤04 在播放页面中，可以对速看内容进行表态、点赞、评论、分享等操作，点击底部∧按钮可以展开播放列表，查看特定集数的速看内容，如图1-175所示。

图1-174　选择速看内容

图1-175　查看速看列表

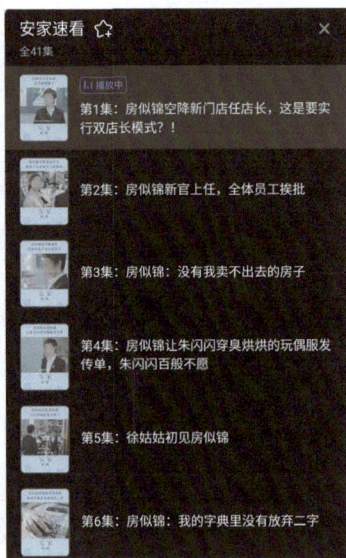

2. 发布视频到朋友圈

微视中的视频可以同步发布到朋友圈，避免了重复编辑视频，方便创作者充分利用社交平台拓展知名度，管理社群。但需要注意的是，发布到朋友圈的视频时长不能超过30秒。接下来介绍向朋友圈中发布视频的操作方法。

步骤01 打开腾讯微视App，点击➕按钮，如图1-176所示，进入发布页面。

图1-176　点击发布按钮

步骤 02　在推荐区中选择一个合适的系统模板，点击"使用"按钮，如图1-177所示。

步骤 03　选择需要上传的视频片段，点击 按钮可以对视频片段进行裁剪，如图1-178所示。

步骤 04　左右拖动手柄，可以调整视频时长，注意视频长度不能超过30秒，完成后点击 按钮保存设置，如图1-179所示。

图1-177　选择系统模板　　　图1-178　点击裁剪按钮　　　图1-179　调整视频时长并保存设置

步骤 05　视频片段处理完毕后，点击"选好了"按钮即可进入视频编辑页面，如图1-180所示。

步骤 06　点击"一键出片"按钮，选择模板后点击确认按钮 ，如图1-181所示，视频片段将依照系统模板快速处理。

图1-180　点击"选好了"按钮　　　　　　　图1-181　一键出片

步骤 07　点击"做好了"按钮即可进入"发布视频"编辑页面，点击"封面&片尾"按钮，如图1-182所示。

图1-182　"发布视频"编辑页面

步骤 08 拖动画面选择视频封面，点击☑按钮确认，点击"片尾"按钮，在系统模板中选择片尾，点击☑按钮确认，如图1-183所示。合适的封面能够让短视频更具吸引力，而片尾能够为短视频打上水印，保护原创作品。

步骤 09 编辑视频描述、发布位置等内容，选择"同步到朋友圈"一项，点击"发布"按钮即可完成短视频的发布，如图1-184所示，短视频将同时发布到腾讯微视平台和朋友圈。

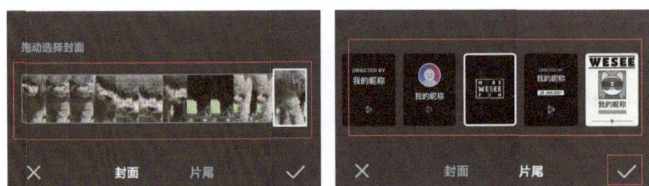

图1-183　添加封面和片尾

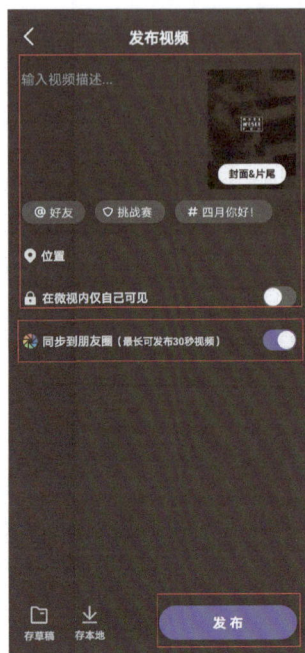

图1-184　发布设置

步骤 10 编辑完成的短视频需要经过系统合成，如图1-185所示。

步骤 11 页面自动跳转至朋友圈的发布页面，编辑文字描述和发布动态等，完成后点击"发表"按钮即可发布短视频，如图1-186所示。

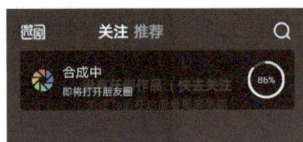

图1-185　短视频合成中

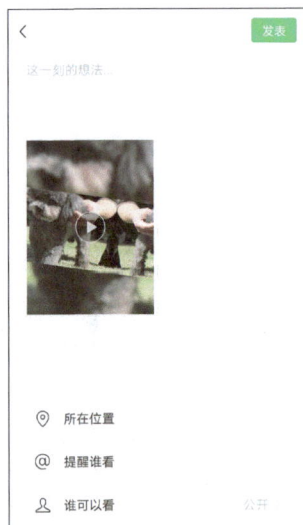

图1-186　完成视频发布

第 **2** 章

在B站中创作视频

在短视频迅速占据市场的同时，中视频也在逐渐崛起。为了将视频内容完整地呈现给观众，一些视频创作者转而依靠发布中视频来完成内容输出。本章将以B站为例，讲解B站视频的特色，并细致梳理在B站中创作和发布视频的具体方法。

2.1 迈出成为UP主的第一步

UP主是B站视频创作者的统称。UP主一词来源于国外传入的网络词汇uploader，指在视频网站、论坛等上传视频、音频作品的人。本节将简单介绍B站的文化特色，并详细讲解成为B站UP主的方法。

2.1.1 了解B站的文化特色

B站的全称为哔哩哔哩（英文名称为bilibili），是一个内容制作与分享的视频网站。B站早期以ACG（动画、漫画、游戏的总称）内容为主，经过数年发展，B站已成为一个涵盖众多兴趣圈的多元文化社区。从娱乐生活到人文科技，从音乐舞蹈到知识科普，B站的包容性和多元化成为其较为突出的特点。图2-1所示为B站首页，首页上方的导航栏中显示有不同的内容分区，目前B站的内容分区共有23个，用户可以通过内容分区找到自己感兴趣的视频。

图2-1　B站首页的内容分区

除多元化外，B站丰富的内容构成也是其能深受用户喜爱的原因之一。B站的内容构成十分丰富，包含PGC（专业生产内容）和UGC（用户原创内容），并且拥有国内众多动画、影视等相关资源，还从国外购买了许多影视作品的版权，满足了不同用户的需求。图2-2所示为B站独家播放的国产动漫。与早年不同，B站如今格外重视影视资源的版权问题，尤其对于国产动漫，B站更是给予了大力扶持，不但引入了大量国产漫画资源，而且为国产动漫创作者提供了多种类型的合作形式。

图2-2　B站独家合作的国产动漫

从用户角度来看，B站的用户群体以年轻人为主，这也是B站能焕发无限生机的重要因素，年轻人的创造力在B站能得到充分发挥。为了鼓励创作，B站不仅有专业系统的内容制作教程，还提供了许多变现渠道，希望能以此激发用户的创作热情，让B站的内容更加丰富多彩。

2.1.2 账号的注册与实名认证

要想成为B站的UP主并使用B站的各项功能，首先需要注册一个B站的账号。下面具体介绍B站账号的注册和实名认证的操作方法。

步骤 01 打开浏览器，搜索哔哩哔哩或输入网址，进入B站，单击"登录"按钮即可进入登录页面，如图2-3所示。

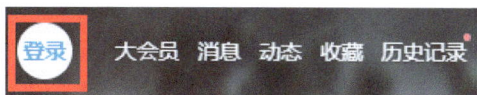

图2-3　单击"登录"按钮

步骤 02 单击"注册"按钮，如图2-4所示，进入注册页面，在注册页面中输入昵称和密码，并填写手机号，每个手机号只能注册一个B站账号，点击"点击获取"按钮，获取验证码，如图2-5所示。

图2-4　单击"注册"按钮

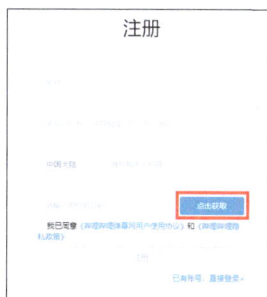

图2-5　填入信息并获取验证码

步骤 03 输入获得的验证码，勾选"我已同意《哔哩哔哩弹幕网用户使用协议》和《哔哩哔哩隐私政策》"，单击"注册"按钮即可完成账号的注册，如图2-6所示。

步骤 04 返回登录页面，输入账号和密码，单击"登录"按钮，登录账号，如图2-7所示。

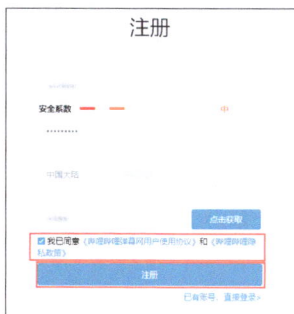

图2-6　勾选协议并完成注册

图2-7　登录账号

步骤 05 将鼠标指针移动至首页上方的头像处，在出现的浮窗中单击"个人中心"按钮，如图2-8所示，进入个人中心页面。

步骤 06 单击页面左侧菜单栏中的"实名认证"按钮，如图2-9所示，进入实名认证页面。

图2-8 单击"个人中心"按钮　　图2-9 单击"实名认证"按钮

步骤 07 认真阅读实名认证相关的说明，输入个人信息，按要求上传证件照并完成手机验证，如图2-10和图2-11所示。

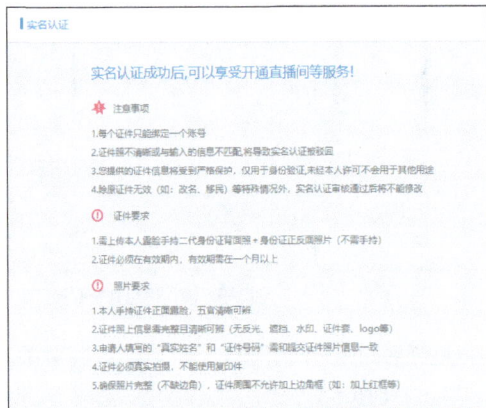

图2-10　B站实名认证说明　　　　　　　　图2-11　填入信息并上传证件照

步骤 08 单击"提交认证"按钮，即可完成实名认证，如图2-12所示。

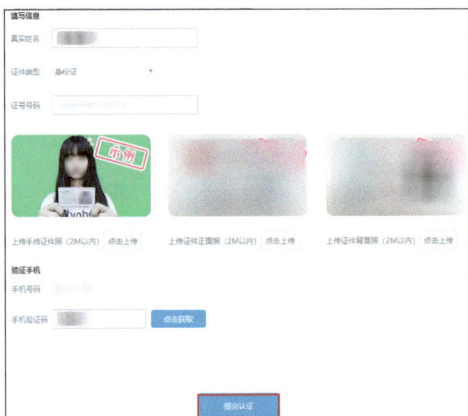

图2-12　完成实名认证

2.1.3 进阶成为正式会员

在B站中不同类型的用户可以使用的功能和拥有的权限有所不同，"游客"类型的用户只能在B站观看视频，不能发表弹幕和参与讨论，也无法进行投稿。当"游客"完成B站账号的注册时，就能升级为注册会员，成为注册会员即可拥有在B站投稿的权利，但要在B站发送弹幕留言还需通过答题的方式升级为正式会员。

下面讲解成为B站正式会员的具体操作方法。

步骤 01 进入B站首页，登录账号，将鼠标指针移动至首页上方的头像处，在出现的浮窗中单击"答题转正直升Lv1"按钮，如图2-13所示，进入正式会员答题页面。

步骤 02 仔细阅读题目，在题目下方单击正确的选项，完成40道社区规范题，如图2-14所示。

图2-13　单击"答题转正直升Lv1"按钮

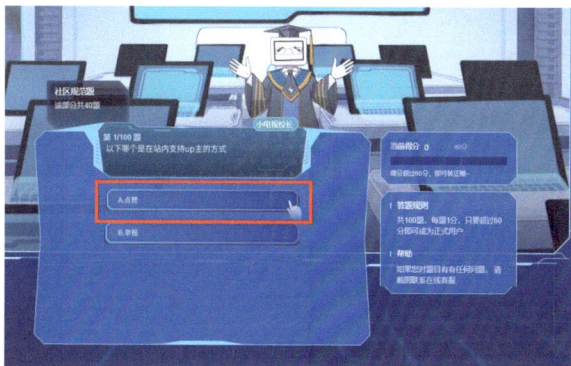

图2-14　完成40道社区规范题

步骤 03 阅读题目，判断描述的弹幕内容是否符合规范，单击对应的按钮，完成10道违规发言题，如图2-15所示。

步骤 04 单击标签按钮，选择3~5个擅长领域的标签，单击"确定"按钮，如图2-16所示，进入自选题的答题页面。

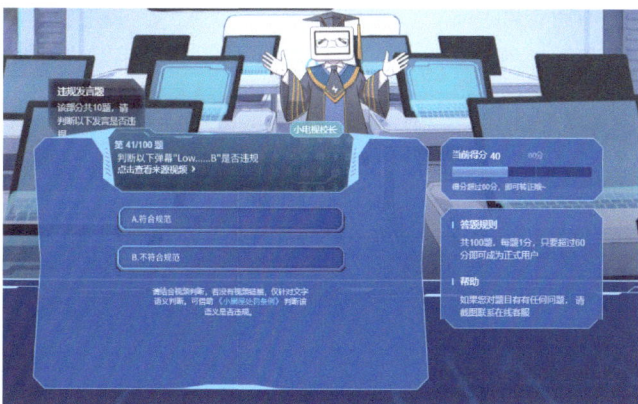

图2-15　完成10道违规发言题

图2-16　选择擅长的领域

步骤 05 完成50道自选题，当积分高于60分时，即视为答题通过，可以成为B站正式会员，如图2-17和图2-18所示。

图2-17 完成50道自选题

图2-18 成为B站正式会员

在成为正式会员后，会员的等级会逐渐累积，等级越高可以使用的弹幕和其他功能也就更高级。图2-19所示为B站正式会员的经验获取途径，当用户累积了一定的经验，会员等级就会逐渐提高。

每日登录	获得5经验值
每日观看视频	获得5经验值
每日视频投币（上限50经验）	获得10经验值
自己的视频获得1硬币	获得1经验值
每日分享视频（手机客户端）	获得5经验值
第一次绑定邮箱	获得20经验值
第一次绑定手机	获得100经验值
第一次设置密保	获得30经验值
第一次实名认证（主站）	获得50经验值
第一次修改昵称	获得100经验值
（视频获得硬币时得到的经验奖励，会在下个月的月初进行结算。结算的周期是上个月的25日凌晨0点到本月25日24点——25日后获得的经验，将在下一个结算周期进行）	

图2-19 B站正式会员的经验获取途径

2.1.4 设置个人信息

创作者在经营B站账号时需要对账号有明确的定位，这样才能确定账号的受众，吸引更多的粉丝。为了让账号的定位更加清晰，创作者需要设置账号的个人信息，如昵称、头像、签名等，让用户能够第一时间对账号留下深刻印象。下面具体介绍修改账号个人信息的方法。

步骤 01 打开浏览器进入B站首页，登录账号，将鼠标指针移至上方头像处，单击浮窗中的"个人中心"按钮，如图2-20所示，进入个人中心页面。

步骤 02 单击页面左侧菜单栏中的"我的信息"按钮，如图2-21所示，进入修改信息页面。

图2-20 单击"个人中心"按钮

图2-21 单击"我的信息"按钮

步骤 03 在输入框内输入需要修改的昵称、签名，单击按钮选择性别，并选择出生日期，单击下方的"保存"按钮，保存修改后的个人信息，如图2-22所示。

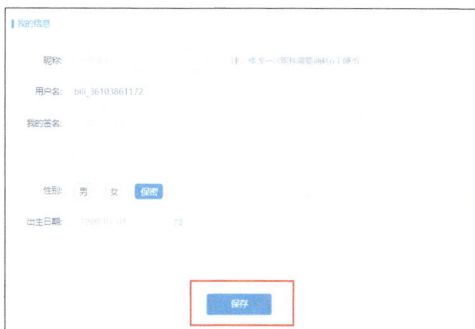

图2-22 修改个人信息并保存

步骤 04 单击页面左侧菜单栏中的"我的头像"按钮，进入修改头像的页面，单击"更换头像"按钮，上传一张图片，在图片中选择要作为头像的区域，在右侧预览头像的效果，单击下方的"更新"按钮，更新头像，如图2-23至图2-25所示。

图2-23 点击"我的头像"按钮

图2-24 点击"更换头像"按钮

图2-25 更新头像

步骤 05 在页面下方单击"我的挂件"按钮，挑选喜欢的挂件，单击"装备"按钮，即可在头像周围装饰上挂件，如图2-26和图2-27所示。

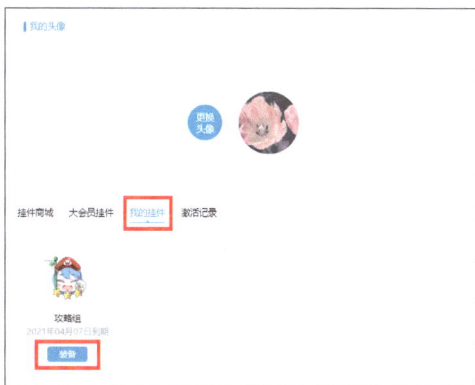

图2-26 选择头像挂件

图2-27 预览头像挂件效果

小提示

头像挂件需要在商城中购买，或是开通大会员才能拥有专属的大会员头像挂件。

2.2 UP主的投稿技巧

投稿就是指创作者在B站上传视频、文章和音频等作品，B站审核通过后，上传的作品可以被推荐给其他用户。本节主要介绍在B站发布的稿件类型和投稿方法。

2.2.1 在B站发布多样的内容

目前，在B站可以发布的稿件共有5类，分别是视频、专栏、互动视频、音频和贴纸。下面介绍这5类投稿的特点。

1. 视频投稿

视频是B站主要的内容形式之一，用户视频投稿也是构成B站社区生态的重要组成部分。用户可以将自己创作的视频上传至B站，在B站的视频推荐机制下，视频会被推荐给更多兴趣相同的用户。

图2-28所示是B站某UP主的视频投稿，观众用弹幕的方式在视频中交流，并通过单击视频下方的按钮，以"点赞""投币""收藏""分享"等方式表达对视频的认可，这是B站特有的一种社区文化。

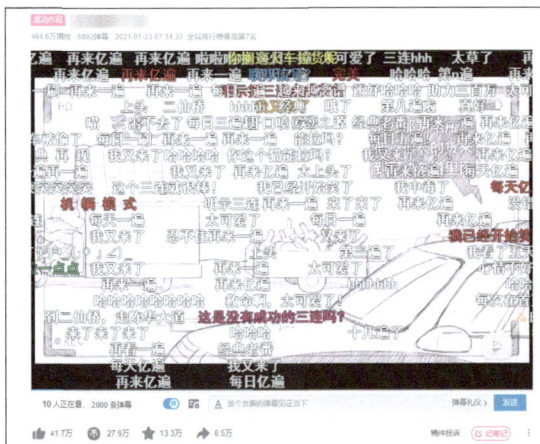

图2-28　B站某UP主的视频投稿

2. 专栏投稿

专栏投稿就是创作者将文章上传至B站专栏中，以文字的方式表达自己的观点，读者可以利用搜索等方式在B站专栏中找到这些文章。图2-29所示是B站专栏的分区，目前B站的专栏除推荐板块外，仅有动画、游戏、影视、生活、兴趣、轻小说、科技和笔记8种类型。

图2-29　B站专栏的分区

3. 互动视频投稿

互动视频也被称为交互式视频，是一种融入交互操作的新型视频。互动视频可以让原本单一的视频剧情变得丰富，也能增强观众的代入感，提升观众的观看体验。目前，B站面向大众开放了互动视频制作的功能，用户在B站上传视频素材后，可以利用B站提供的功能模块和工具自制互动视频。

图2-30所示是B站某UP主发布的互动视频，视频中设置了众多的情景，在每个情景中为观众安排了不同的选择，观众在观看视频时，可以决定剧情的走向，这让互动视频受到很多观众的喜爱，不少观众会反复观看。

4. 音频投稿

音频投稿是指创作者将音乐、有声节目等音频作品上传至B站并公开发布，用户可以在音频频道中找到喜欢的音乐，还可以收听UP主上传的音频节目。一些UP主凭借音乐翻唱作品或是语言节目吸引了很多粉丝的关注。图2-31所示为B站音频区，分区内不但有UP主自行上传的音乐翻唱作品，还有很多B站引进版权的音乐，用户可以将喜欢的音频作品收藏、缓存，以便随时播放。

图2-30　B站某UP主发布的互动视频

图2-31　B站音频区

5. 贴纸投稿

与其他4种类型的投稿不同，贴纸投稿上传的作品并不是B站发布的作品，而是可以在B站提供的剪辑工具中使用的功能道具。图2-32所示为B站某UP主上传的贴纸投稿，他的贴纸被评选为优质贴纸，在B站中进行展示，用户可以在剪辑工具中下载使用这款贴纸。

图2-32　B站某UP主上传的贴纸投稿

2.2.2 稿件的上传与管理

B站投稿是将视频、音频等文件上传至B站后填写相应的信息，选择分区后进行发布。不同类型的稿件投稿流程是十分相似的。本节以视频投稿为例，先介绍B站投稿的具体操作方法，然后依次讲解不同类型投稿的注意事项。

1．视频投稿

视频投稿的具体操作步骤如下。

步骤01 打开浏览器进入B站首页，登录账号，单击右上角的"投稿"按钮，进入投稿页面，单击页面上方的"视频投稿"按钮，如图2-23和图2-34所示。

图2-33 单击"投稿"按钮

图2-34 单击"视频投稿"按钮

步骤02 单击"上传视频"按钮，如图2-35所示，从本地选择视频素材上传到B站。

步骤03 选择视频投稿的封面，可以上传封面或选择系统默认的封面，选择"自制"或"转载"选项以设置视频类型，并在输入框中输入视频的标题，如图2-36所示。

图2-35 单击"上传视频"按钮

图2-36 设置封面、类型和标题

步骤01 单击"分区"一栏右侧的∨按钮选择分区，单击"推荐标签"和"参与活动"中的标签按钮，为视频添加标签，最多可以添加6个标签，如图2-37所示。

图2-37 设置分区和添加标签

小提示

B站视频的标签可以分为两种类型：一种是推荐标签，主要是视频的分类和关键词，推荐标签能便于用户搜索，同时也能让视频的推送更加精准；另一种标签是活动标签，用于参加B站举办的投稿活动，创作者发布视频时，只有添加了对应活动标签的视频才能被视为有效投稿。

步骤05 在"简介"栏的输入框内输入视频的简介，如图2-38所示。

图2-38 输入简介

步骤 06　单击"更多选项"一栏右侧的展开按钮☑，设置视频稿件的自制声明、视频水印、商业声明、字幕、充电等，如图2-39所示。

步骤 07　在"粉丝动态"栏的输入框中输入动态描述，单击"立即投稿"按钮，即可完成投稿，如图2-40所示。

图2-39　视频投稿的更多选项设置

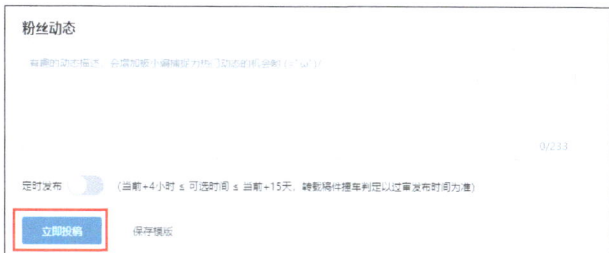

图2-40　单击"立即投稿"按钮

除了视频投稿之外，其他类型的投稿流程相似，但在文件上传、信息编辑等环节有所不同。下面分别讨论其他类型投稿需要特别注意的事项。

2. 专栏投稿

与视频投稿不同，专栏投稿需要在投稿页面中编写文章内容，然后利用B站专栏自带的编辑工具对文章进行排版，为了让专栏文章的内容更加丰富，可以在其中添加图片、链接等。图2-41所示为B站专栏投稿的页面，专栏投稿需要在输入框中输入文章的标题及正文内容，选择投稿的类别，然后设置专栏的封面，封面为单图封面或三图封面。

专栏投稿还可以添加头图（专栏上方的长图）、标签、文集，完成设置后单击"提交文章"按钮，即可将文章上传至B站并发布，如图2-42所示。

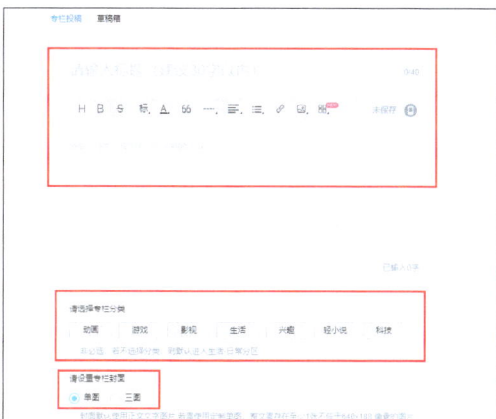

图2-41　专栏投稿的页面

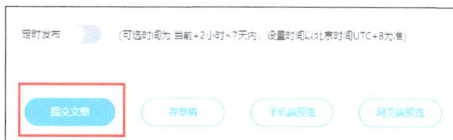

图2-42　单击"提交文章"按钮

3. 互动视频投稿

互动视频投稿需要先上传视频素材，具体的操作方法和视频投稿相同，在填写完投稿信息后，单击"立即投稿"按钮，页面下方会出现"前往互动视频管理"的按钮，单击按钮即可进入互动视频的编辑页面，如图2-43所示。

图2-43　单击"前往互动视频管理"按钮

B站互动视频的编辑器也被称作世界线编辑器，如图2-44所示，在编辑器中创建不同的模块，并构筑模块之间的关联是制作互动视频的关键。用户在观看视频的过程中，单击选项按钮可以决定剧情的走向。

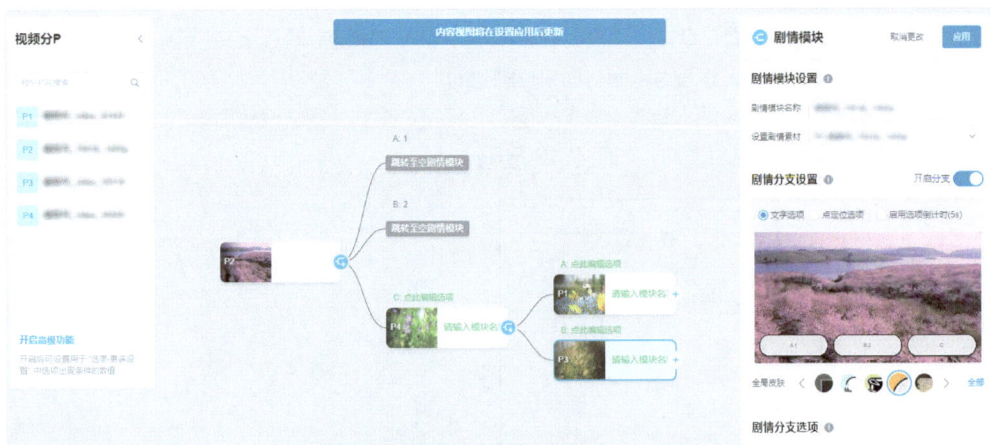

图2-44　世界线编辑器

世界线编辑器中能添加的模块有两种：一种是剧情模块，另一种是跳转模块。利用不同的模块可以将视频素材串联起来。此外，世界线编辑器中还设置了数值功能，用户可以通过单击不同的选项积累属性值，当属性值达到一定标准时会触发相应的剧情。

4. 音频投稿

音频投稿就是将MP3、WMA、FLAC格式的音频上传至B站。目前，B站的音频投稿仅支持原创音频，一些搬运他人的音频是无法上传至B站的。图2-45所示为B站音频投稿的页面，B站的音频分为音乐和有声节目两种类型，在投稿音频时还可以设置封面、标题和关联视频等信息。

图2-45　音频投稿的页面

5. 贴纸投稿

创作者可以将自己设计的表情包、图片等作品以贴纸的形式上传至B站，用户在B站提供的剪辑工具中可以使用这些贴纸。在进行贴纸投稿时需要注意，上传的贴纸尺寸为750像素×750像素，单张贴纸大小不能超过5MB，且单次上传的贴纸数量不得超过20张。

2.2.3 设置个人空间

个人空间是创作者面向粉丝和新访客展示的页面，除了展示创作者的基本信息，还能设置公告、置顶视频、收藏夹和订阅信息等。个人空间的设置方法具体如下。

步骤01 打开浏览器进入B站首页，登录账号，将鼠标指针移动至个人头像上，在出现的浮窗中单击"个人中心"按钮，进入个人中心页面，在个人中心页面右侧的菜单栏中单击"个人空间"按钮，从而进入个人空间的页面，如图2-46和图2-47所示。

图2-46　单击"个人中心"按钮

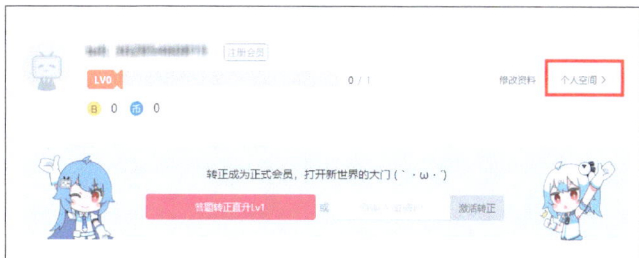

图2-47　单击"个人空间"按钮

步骤02 单击"设置置顶视频"按钮，选择一个视频作为置顶视频，如图2-48和图2-49所示，该视频将出现在作者个人空间的最上方。

图2-48　单击"设置置顶视频"按钮

图2-49　单击选择置顶的视频

图2-50　编辑公告

步骤03 在公告栏的输入框中输入公告的内容，如图2-50所示。

步骤04 单击个人空间顶部菜单栏中的"设置"按钮，如图2-51所示，进入设置页面。

图2-51　点击"设置"按钮

步骤05 在"隐私设置"中，单击按钮调整各项信息是否隐藏，如图2-52所示。

步骤06 在"排序设置"中，拖动各标签板块，调整个人空间页面的栏目布局，如图2-53所示。

步骤07 在"我的个人标签"一栏的输入框内输入个人标签的内容，单击"新增"按钮，添加个人标签，如图2-54所示。

图2-52　隐私设置

图2-53　调整个人空间页面的栏目布局

图2-54　添加个人标签

2.3　创作进阶

　　B站为创作者提供了很多创作支持，帮助创作者在创作的同时能够管理好自己的账号。另外，B站为一些优质作品的创作者提供了变现渠道，以激发创作者的热情，让创作者在收获粉丝的同时赚取一定的收益。

2.3.1 完成创作任务

　　B站为入驻的每一位UP主提供了新手创作任务，根据任务的指导，UP主可以逐渐熟悉B站创作的流程并积累一定的创作积分，创作积分可以在商城中兑换道具和装扮。下面将简单介绍B站创作任务的查看和完成方法，另外还将讲解创作积分的使用方法。

步骤 01 打开浏览器进入B站首页，登录账号，单击右上角菜单栏中的"创作中心"按钮，如图2-55所示，进入创作中心页面。

步骤 02 单击页面左侧菜单栏中的"创作成长"按钮，单击下方的"任务成就"按钮，如图2-56所示，进入任务成就页面。

图2-55　点击"创作中心"按钮

图2-56　单击"任务成就"按钮

步骤 03 在"新手任务"栏中共有6个新手任务，如图2-57所示，单击任务右侧的按钮可以跳转到该任务的页面，完成所有新手任务后可以获得790创作积分，并解锁更多限时任务。

图2-57　B站新手任务

步骤 04 仔细查看限时任务的描述，单击右侧的"去投稿"按钮，如图2-58所示，在时限内完成任务。

图2-58　点击"去投稿"按钮

步骤 05 累积一定的创作积分后，单击页面右上方的"兑换商城"按钮，如图2-59所示，进入兑换商城页面。

步骤 06 单击需要兑换的道具，如图2-60所示，进入兑换页面。

图2-59　点击"兑换商城"按钮

图2-60　单击需要兑换的道具

步骤 07 仔细阅读购买须知，确认后单击右侧的"立即兑换"按钮，如图2-61所示，进入订单信息的页面。

图2-61　单击"立即兑换"按钮

步骤 08 填写并确认收货地址，单击下方的"确认兑换"按钮，即可完成兑换，如图2-62所示。

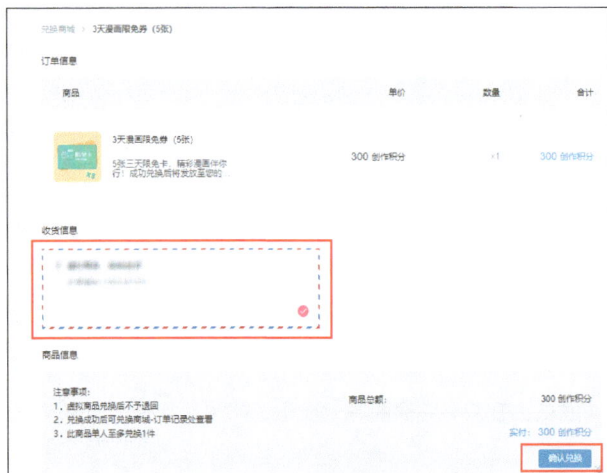

图2-62　完成兑换

小提示

商城中兑换的虚拟道具、抵用券等虚拟商品会直接发送至B站的个人账号中，如果兑换的商品为实物，需要填写收货地址、联系方式等信息，确认后B站官方会安排快递发货。

2.3.2 内容管理与数据中心

在B站的创作中心可以对已发布的内容进行管理，包括对已发布的视频信息进行重新编辑，管理稿件的弹幕和评论，查看每个稿件的数据信息等。利用内容管理和数据中心功能，UP主能够掌握观众对内容的反馈情况，并以此发掘粉丝感兴趣的内容，这有助于UP主创作出更具吸引力的内容。下面简单介绍B站中内容管理与数据中心的使用方法。

1. 内容管理

内容管理包括稿件管理、申诉管理和字幕管理3个部分。稿件管理是对在B站投稿的稿件进行编辑、删除等处理；申诉管理是对B站审核未通过的稿件向平台提起申诉，申诉成功的稿件可以完成发布；字幕管理是对收到的或投稿的字幕进行管理，可以查看字幕的审核和发布等情况。

在稿件管理的页面中，按照稿件的类型显示不同稿件的信息，下面以视频内容为例进行简单介绍。图2-63所示为稿件管理中的视频管理页面，UP主可以通过单击页面上方的按钮筛选进行中、已通过和未通过的视频，每个视频会显示标题、投稿时间和基础数据，基础数据包括播放量、弹幕量、评论量、硬币数、收藏数、点赞数和转发数。

图2-63　稿件管理中的视频管理页面

单击右侧的"编辑"按钮可以进入视频投稿的页面，对视频标题、简介等基本信息进行编辑，单击"数据"按钮，可以看到每个视频的互动分析和流量分析，如图2-64和图2-65所示。

图2-64　编辑视频和查看数据　　　　图2-65　互动分析和流量分析

单击右侧的 按钮，展开更多功能菜单，可以对视频稿件进行编辑、分享、收藏、查看编辑记录、删除稿件等操作，也可以单击按钮进入弹幕管理、评论管理和个性化配置的页面，如图2-66所示。

图2-66 功能菜单

2. 数据中心

在创作中心的菜单栏中单击"数据中心"按钮，如图2-67所示，进入B站数据中心页面。

在B站数据中心里统计了视频和专栏稿件的详细数据，UP主可以通过查看数据图表了解账号各项数据的变化趋势，并将投稿的视频进行横向比较，对比视频的各项数据，以便充分了解粉丝的需求。图2-68所示为稿件播放完成率对比图，通过该图可以看到各作品的播放时长和播放完成率。

图2-67 单击
"数据中心"按钮

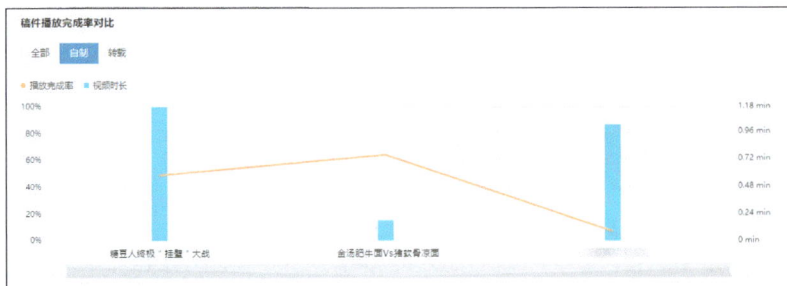

图2-68 稿件播放完成率对比图

B站系统在统计视频数据时还会显示视频在分区中的排名情况，如图2-69所示。这样的数据统计有助于UP主查看自己的视频在同类视频中的播放排名情况，从而找到更有优势的领域。

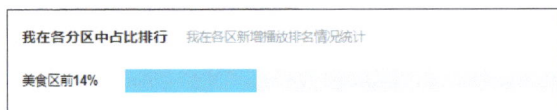

图2-69 视频在分区中的排名情况

2.3.3 粉丝管理与互动管理

粉丝管理和互动管理是B站提供的两个重要的后台功能，粉丝管理可以帮助UP主掌握账号的粉丝构成情况，分析粉丝的需求和爱好；互动管理可以查看粉丝和观众的留言，方便UP主与粉丝、观众进行互动。本节将围绕粉丝管理和互动管理两个功能，讲解它们的使用方法和功能特色。

1. 粉丝管理

　　进入B站的创作中心，单击左侧菜单栏中的"粉丝管理"按钮，如图2-70所示，进入粉丝管理页面。粉丝管理功能分为3种类型，包括粉丝概览、粉丝勋章和骑士团，如图2-71所示。粉丝概览是以数据图表的形式对B站账号的粉丝情况进行展示；粉丝勋章是对粉丝数达到1000人的账号开放的功能，粉丝账号勋章可以颁发给粉丝，粉丝账号佩戴勋章会显示粉丝专属的标签；骑士团是授权一些实名认证的粉丝管理视频，骑士团的成员能够进行弹幕管理和删除评论等操作。

图2-70　点击"粉丝管理"按钮　　　　图2-71　3种粉丝管理的功能类型

　　下面简单介绍4个粉丝概览中的数据示意图，并讲解它们的作用。

　　图2-72所示是关注趋势折线图，此图能反映不同时间里观众关注量和取消关注量的变化。一般情况下，当账号发布了优质的视频能在短期内提高关注量，创作者可以凭借关注趋势折线图分析作品的优势，把握粉丝的喜好。

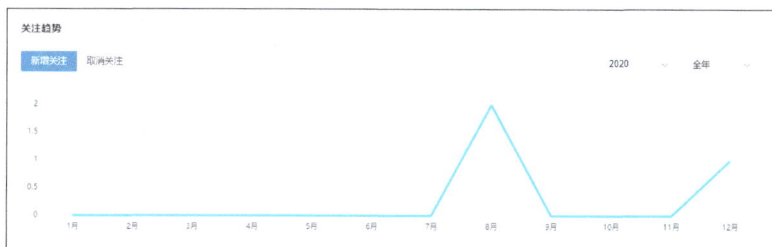

图2-72　新增关注趋势折线图

　　图2-73所示是粉丝画像图。通过粉丝画像图，UP主可以掌握账号粉丝的构成，图像从性别分布、年龄分布和观看途径3个方面对粉丝情况进行了描绘，从而抽象出粉丝的全貌模型，以此模型就能够分析用户的观看行为和痛点。

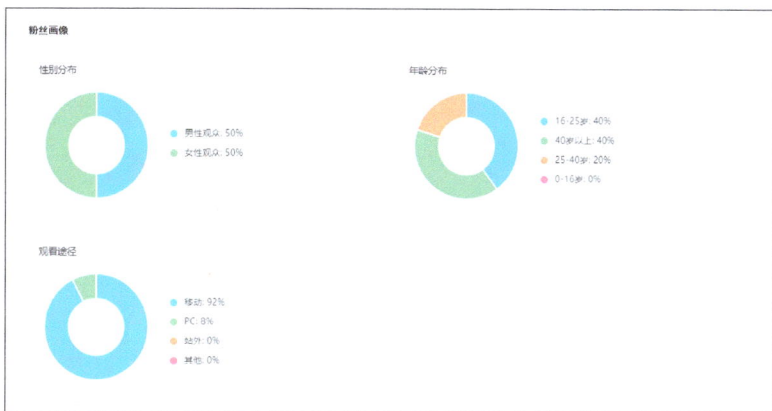

图2-73　粉丝画像图

图2-74所示是分区倾向图，图中展示了观看不同分区视频的粉丝占比，从图中可以发现粉丝喜欢的视频类型。对于一些新人UP主，在无法明确账号定位时，可以参考分区倾向图，再决定账号的垂直领域。

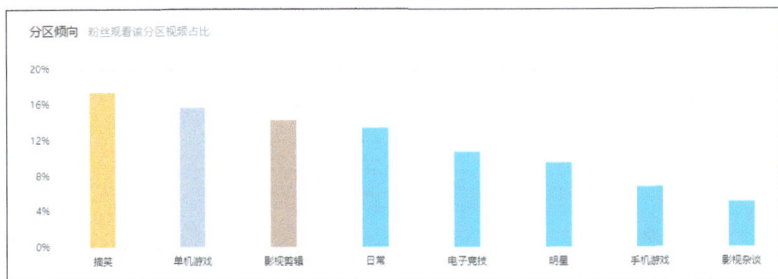

图2-74　分区倾向图

图2-75所示是标签倾向图。和分区倾向图类似，标签倾向图是通过对粉丝观看视频的数量进行统计，选出粉丝最喜爱的视频标签。当创作者在创作视频时，可以为视频添加热门标签，以此吸引粉丝观看视频。

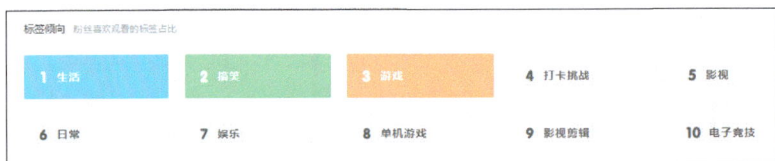

图2-75　标签倾向图

2. 互动管理

B站的互动管理包括评论管理和弹幕管理两个部分。评论管理是对视频、专栏和音频作品中的留言评论进行举报、删除、点赞和回复；弹幕管理除了可以查看稿件的弹幕，还能够对弹幕发送进行设置。

在创作中心页面中单击"评论管理"按钮，即可进入评论管理的页面，查看用户的评论信息。普通观众和粉丝都可以留言，粉丝留言时会在其ID旁出现粉丝标签，如图2-76所示。

在评论下方单击点赞按钮👍，可以为该评论点赞，点赞数高的评论可以出现在评论区前排；单击"回复"按钮，可以输入回复内容，与观众或粉丝进行交流和互动；单击"举报"按钮，可以举报违规评论；单击"删除"按钮，可以将该条评论删除，如图2-77所示。另外，B站还支持批量举报、删除评论的操作。

图2-76　粉丝标签

图2-77　评论管理的操作

弹幕管理是用于查看稿件收到的弹幕及弹幕反馈情况，UP主可以在弹幕管理中对弹幕进行删除等操作。为了规范用户的弹幕发布行为，UP主可以设置发送弹幕的类型、高级弹幕请求、黑名单、关键词过滤和正则表达式过滤等，如图2-78所示。这样能保证用户在利用弹幕畅所欲言的同时，避免弹幕违规给其他观众带来不好的观看体验。

图2-78　弹幕设置

2.4 B站云剪辑

B站云剪辑是B站推出的一款在线剪辑工具，用户无须下载安装客户端，通过浏览器打开B站云剪辑即可在线操作。另外，B站云剪辑提供了转场、变速、字幕、特效等大量编辑功能，让视频剪辑更加便捷高效。B站云剪辑还支持在线投稿，UP主无须导出视频，视频剪辑完成后可直接发布。本节主要介绍B站云剪辑的使用方法和功能特色。

2.4.1 视频的上传与基本设置

使用B站云剪辑制作视频，首先要导入素材，然后对视频素材进行简单处理，这是视频剪辑的基础操作。掌握了基础的素材导入和设置操作，才能让后续的视频制作更加流畅。下面具体介绍在B站云剪辑中上传和设置视频的方法。

步骤01 打开浏览器进入B站创作中心，单击"投稿"按钮，进入视频投稿页面，单击下方的"bilibili云剪辑"右侧的"立即体验"按钮，如图2-79所示，进入B站云剪辑页面。

图2-79　单击"立即体验"按钮

小提示

目前，B站云剪辑仅支持在带有版本大于74的Chrome内核浏览器的台式电脑和笔记本电脑上使用，B站云剪辑无法在移动设备的浏览器上运行。

步骤 02 首次使用B站云剪辑时，需要建立一个新的视频剪辑项目，单击"开始创建新项目"按钮，如图2-80所示，创建项目。

步骤 03 在输入框内输入新建的项目名称并选择项目尺寸，单击"创建"按钮即可创建新的项目，如图2-81所示。

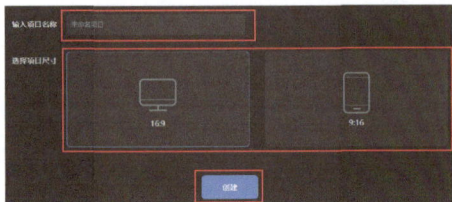

图2-80　单击"开始创建
新项目"按钮

图2-81　设置名称与尺寸并单击"创建"按钮

步骤 04 在项目资源页面中，单击"点击上传"按钮，如图2-82所示，从本地导入需要处理的视频素材，或使用快速截取、手机上传的方式导入视频素材。

图2-82　单击"点击上传"按钮

步骤 05 等待视频素材上传，上传成功后单击"我的库"按钮，并单击视频右上角的添加到项目资源按钮⊕，将视频添加到项目资源中，如图2-83和图2-84所示。

图2-83　等待视频素材上传

图2-84　将视频添加到项目资源中

步骤 06 单击"项目资源"按钮，在项目资源页面中找到需要添加的视频素材，单击视频右上角的添加到编辑轨道按钮➕，将视频添加至编辑轨道中，如图2-85所示。

图2-85　将视频添加至编辑轨道中

步骤 07 在编辑轨道中单击选中视频素材，页面上方自动出现基本设置页面，如图2-86所示。

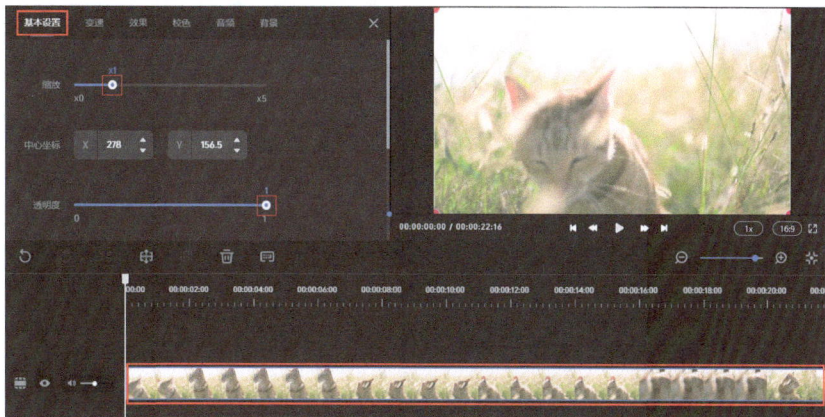

图2-86 单击编辑轨道中的视频素材

步骤 08 拖动"缩放"一栏右侧的◎按钮，放大或缩小画面；在"中心坐标"一栏中调整视频画面的水平位置和垂直位置；拖动"透明度"一栏右侧的◎按钮，调整画面的透明度，如图2-87所示。

步骤 09 单击"背景模糊"一栏右侧的按钮，选择是否开启背景模糊效果；单击"旋转设置"一栏右侧的按钮，可以将整个画面旋转或镜像翻转，如图2-88所示。

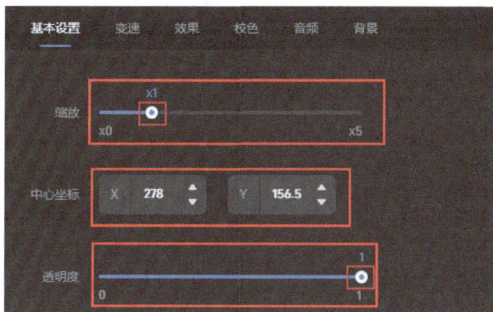

图2-87 调整画面大小、位置和透明度

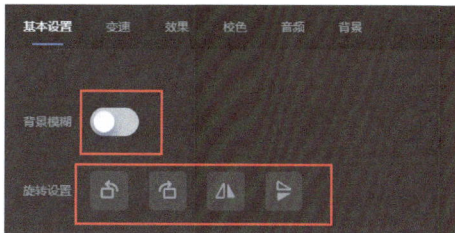

图2-88 背景模糊和旋转设置

2.4.2 视频剪辑与变速

本节主要讲解视频后期处理环节中两个重要的操作——剪辑与变速。剪辑是将视频素材分割为片段，保留视频中主题明确、内容丰富的部分，并删除一些不需要的片段和镜头；变速则是改变视频的播放速度，从而营造不同的视觉效果。在B站云剪辑中，视频剪辑和变速的具体操作方法如下。

步骤 01 打开B站云剪辑，将视频素材添加至编辑轨道，如图2-89所示。

步骤 02 拖动时间指针停留在需要剪辑的位置，单击剪开片段按钮✂，将视频剪切成为两个片段，如图2-90所示。

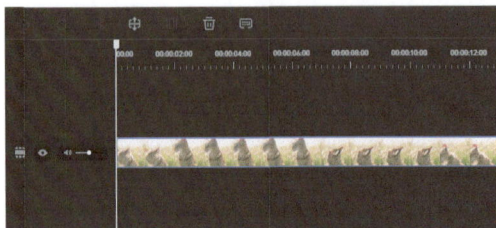

图2-89　将视频素材添加至编辑轨道

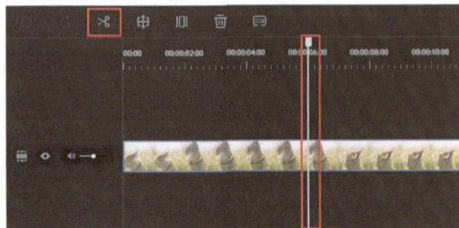

图2-90　单击剪开片段按钮将视频剪切为两个片段

步骤 03 单击选中多余的视频片段，单击上方的删除按钮🗑，删除视频片段，如图2-91所示。

步骤 04 选中视频素材，单击页面上方的"变速"按钮，并单击"常规变速"按钮，进入常规变速的设置页面，拖动下方的◉按钮，调整视频片段的播放速度，如图2-92所示。

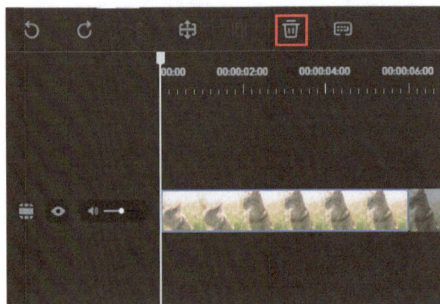

图2-91　删除视频片段

图2-92　调整视频片段的播放速度

步骤 05 单击"曲线变速"按钮，挑选合适的曲线变速模板，单击编辑按钮✎，如图2-93所示，打开曲线变速的编辑页。

步骤 06 拖动曲线图上的◉按钮，调整视频的播放速度，单击"完成"按钮，保存设置，如图2-94所示。

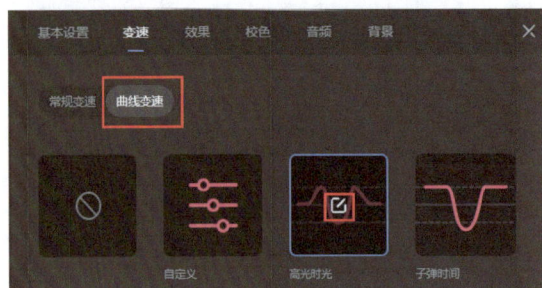

图2-93　单击编辑按钮

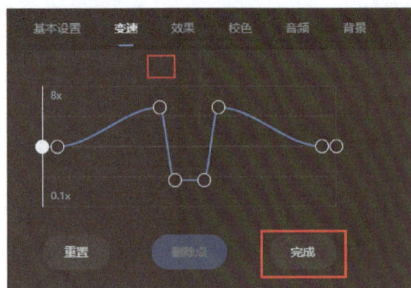

图2-94　调整视频播放速度并保存

2.4.3 视频校色与滤镜设置

　　拍摄视频时，画面会受到光线等因素的影响，在颜色效果方面有时会不尽人意。为了让画面色彩更鲜艳，更具美感，在后期制作视频时适当地校色是很有必要的。本节主要介绍在B站云剪辑中校色的方法，另外，还会介绍如何使用滤镜调整画面的颜色效果，使视频画面精致美观的同时，营造出不同的视频风格。

步骤 01 在B站云剪辑中将视频素材导入编辑轨道，选中视频素材并单击上方的"校色"按钮，进入校色页面，如图2-95所示。

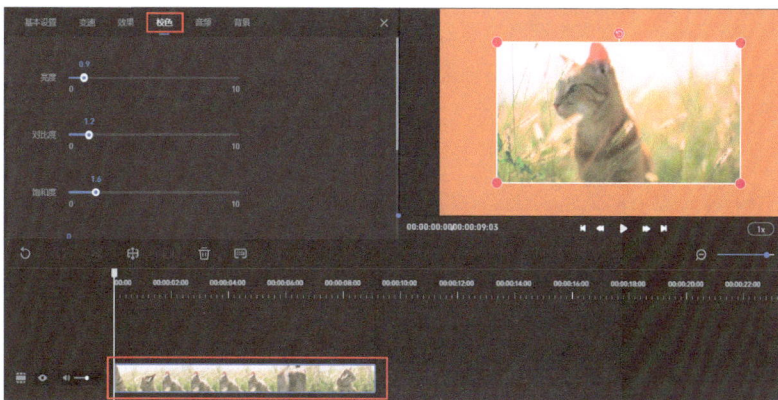

图2-95 进入校色页面

步骤 02 拖动〇按钮调整亮度、对比度、饱和度、暗角和锐度，完成校色设置，如图2-96所示。

步骤 03 单击左侧菜单栏中的"滤镜"按钮，可以打开滤镜素材库，如图2-97所示。

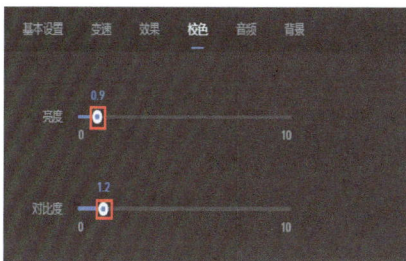

图2-96 完成校色设置

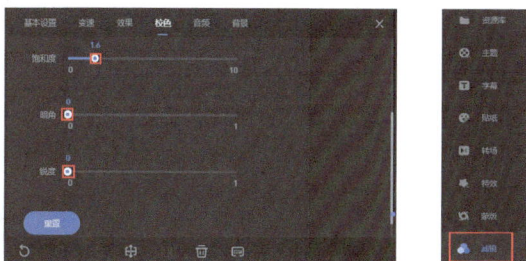

图2-97 单击"滤镜"按钮

步骤 04 选择一个滤镜效果，将其拖至编辑轨道，单击选中编辑轨道中的滤镜效果，拖动滤镜效果两端的 按钮，调整滤镜持续的时长，如图2-98和图2-99所示。

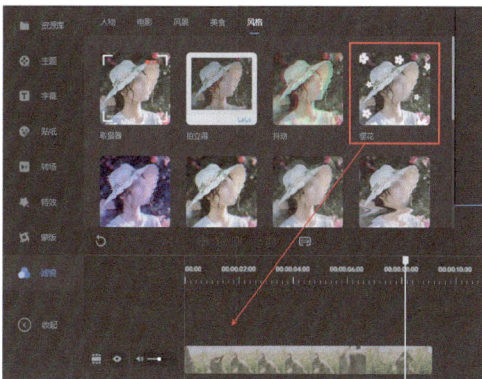

图2-98 将滤镜拖入编辑轨道

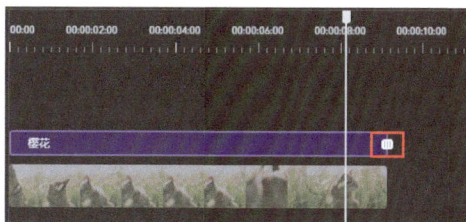

图2-99 调整滤镜持续的时长

2.4.4 设置背景与主题

在视频后期制作时会适当调整视频画面的大小，留出背景，通常情况下背景颜色默认为黑色。为了使视频背景更具观赏性，创作者可以适当调整视频背景的颜色，或是用图片作为视频背景。使用主题是为视频选择不同的效果模板，使用不同主题呈现出的视频风格会大不相同。下面具体讲解视频背景与主题的设置方法。

步骤 01 在B站云剪辑中添加视频素材并将其拖入编辑轨道，利用缩放功能调整视频画面的大小，如图2-100所示。

图2-100　调整视频画面的大小

步骤 02 单击"背景"按钮打开背景设置的页面，单击"纯色背景"按钮或"图片背景"按钮，挑选喜欢的背景，单击选择即可完成视频背景设置，如图2-101所示。

步骤 03 单击左侧菜单栏中的"主题"按钮，如图2-102所示，进入主题素材库。

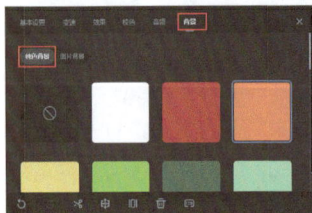

图2-101　设置视频背景

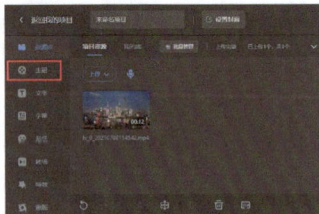

图2-102　单击"主题"按钮

步骤 04 单击需要使用的主题素材下方的"应用主题"按钮，将其拖动至编辑轨道，即可使用该主题，如图2-103所示。

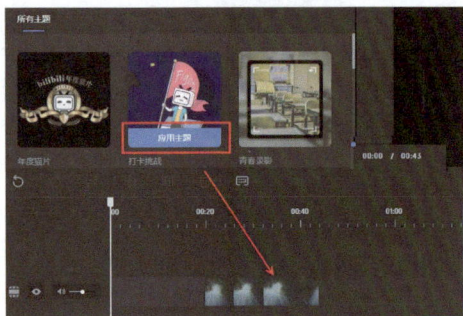

图2-103　使用主题

步骤 05 单击播放按钮▶，预览主题使用的效果，如图2-104所示。

图2-104　预览主题使用的效果

2.4.5 添加贴纸与字幕

　　贴纸和字幕是视频内容的重要组成部分。在视频中添加贴纸能有效增加视频的趣味性，有些文字性的贴纸还能充当提示和标语。添加字幕则是为了能让观众更好地理解视频内容，在一些使用外语、方言的视频中，有了字幕可以让视频的观看门槛得以降低。本节主要讲解B站云剪辑中贴纸和字幕的添加方法。

步骤 01 在B站云剪辑里导入视频素材并将其拖至编辑轨道，单击左侧菜单栏中的"贴纸"按钮，如图2-105所示，打开贴纸库。

步骤 02 挑选适合的贴纸，按住并将其拖动至编辑轨道，如图2-106所示。

图2-105　单击"贴纸"按钮

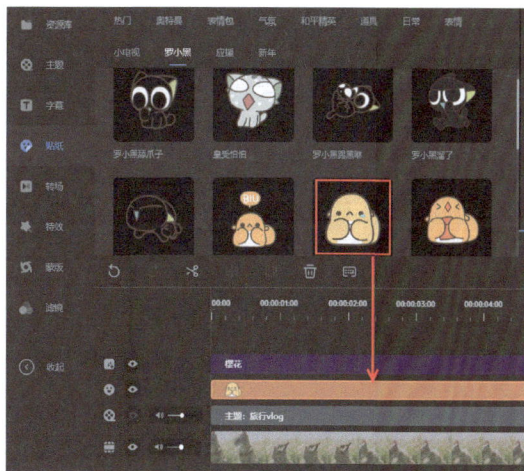

图2-106　将贴纸拖至编辑轨道

步骤 03 在编辑轨道上左右拖动贴纸，调整贴纸在视频中出现的时间，拖动贴纸两端的按钮，调整贴纸持续的时长，如图2-107所示。

步骤 04 在视频画面中拖动调整贴纸的位置，并适当调整贴纸大小，如图2-108所示。

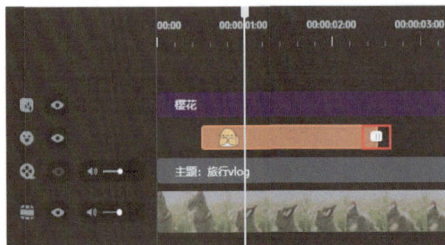

图2-107 调整贴纸出现的时间和持续的时长

图2-108 调整贴纸位置和大小

步骤 05 单击菜单栏中的"字幕"按钮,在字幕窗口中使用粘贴文本或导入字幕文件的方式添加字幕内容,也可以单击下方的"点击此处添加第一条字幕"按钮创建一条字幕,并在输入框内输入字幕的具体内容,如图2-109所示。

图2-109 添加字幕

步骤 06 单击页面上方的"样式""花字""模板"按钮可以分别设置字幕的文字样式、文字特效和字幕模板,如图1-110所示。

图2-110 设置字幕样式

步骤 07 在编辑轨道中选择字幕,拖动调整字幕出现的时间,并拖动字幕两端的 按钮调整字幕时长,如图2-111和图2-112所示。

图2-111 调整字幕出现的时间

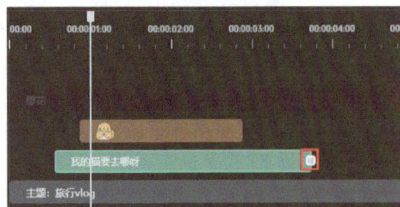

图2-112 调整字幕时长

步骤 **08**　在视频画面中拖动调整字幕的位置，并利用缩放功能调整字幕大小，如图2-113所示。

图2-113　调整字幕位置和大小

2.4.6 特效与转场

　　特效是指添加在视频中，为视频营造不同的氛围，增强视频画面表现力的特殊效果。B站云剪辑中含有大量的特效模板，创作者可以根据需求选用不同的特效，其中转场特效较为常用。与运镜转场不同，利用视频特效转场可以让视频的衔接更加自然，充满趣味。下面介绍B站云剪辑中特效与转场的添加方法。

步骤 **01**　打开B站云剪辑，导入两段视频素材并将其拖至同一个编辑轨道。

步骤 **02**　单击左侧菜单栏中的"特效"按钮，进入特效页面，选择适合的特效，按住并将其拖至编辑轨道，如图2-114所示。

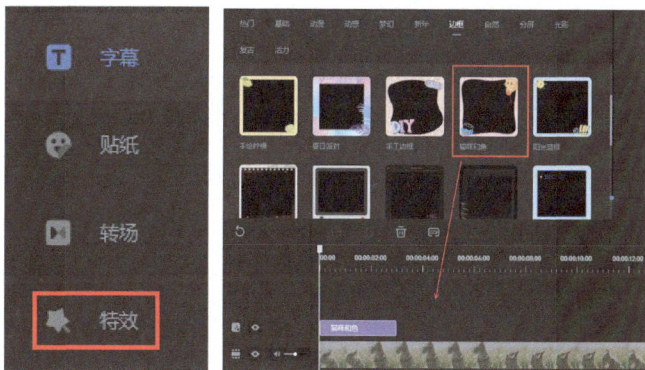

图2-114　进入特效页面添加视频特效

步骤 **03**　单击编辑轨道中的视频特效，在特效编辑页面中拖动◉按钮调整特效，并拖动特效两端的◼按钮调整特效持续的时长，如图2-115所示。

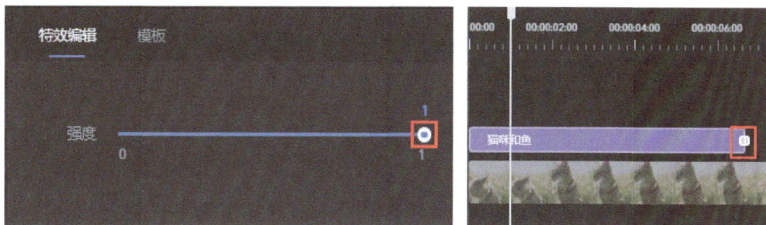

图2-115　添加并调整特效

单击左侧菜单栏中的"转场"按钮,选择一个转场模板,并将其拖至编辑轨道中两段视频素材的衔接处,如图2-116所示。

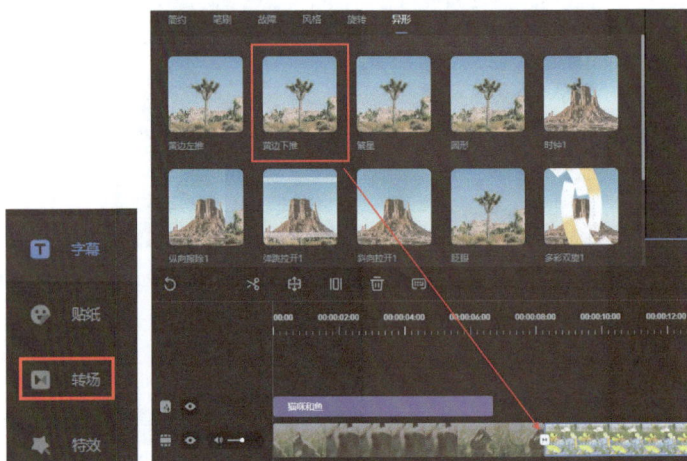

图2-116　使用转场特效

步骤 05 单击两段视频素材衔接处的转场按钮 ⊮ ,设置转场效果的时长,如图2-117所示。

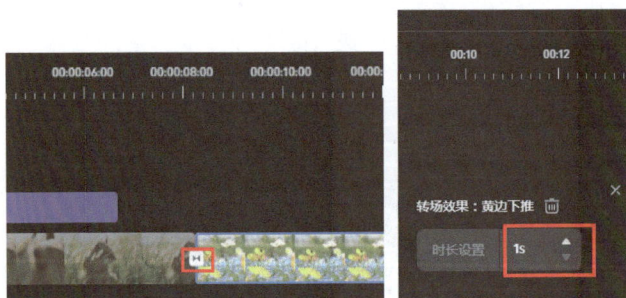

图2-117　设置转场时长

2.5 其他中长视频平台的特色功能

　　除B站外,西瓜视频和好看视频也是国内热门的中长视频平台,但无论内容领域还是平台氛围都同B站有很大的差别。本节将对这两个视频平台的特色与功能作简要介绍。

2.5.1 推荐更智能的西瓜视频

　　西瓜视频是字节跳动旗下的一个个性化推荐视频平台,它孵化于今日头条,将"点亮对生活的好奇心"作为宣传口号。西瓜视频通过智能算法帮助每位用户发现自己喜欢的视频,并帮助视频创作者分享自己的视频作品。接下来为大家介绍西瓜视频的两个特色功能。

1. 创作模板

创作模板是以热门视频为参照，引导新人创作者快速完成优质视频作品的创作功能。通过创作模板功能，创作者可以掌握常见的视频创作流程，节省添加特效、贴纸等操作的时间，快速制作出优质的视频作品。接下来将介绍创作模板功能的使用方法。

步骤 01 打开西瓜视频App，登录账号，在下方点击"发布"按钮开始发布作品，如图2-118所示。

图2-118 点击"发布"按钮

步骤 02 点击"创作模板"按钮可以查看系统提供的各类模板，创作者需根据创作主题选择对应的模板，点击"去制作"按钮开始视频创作，如图2-119所示。

图2-119 选择模板，创作同款视频

步骤 03 点击下方的按钮上传或拍摄视频，完成后系统会自动根据模板添加转场、滤镜、特效等，如图2-120所示。

图2-120 为视频添加模板

步骤 04 待系统调整完成后，可以在编辑页面对视频进行处理，点击右上角"下一步"按钮，进入发布页面，编辑视频的相关信息。点击下方的"发布"按钮，即可将套用模板的视频发布出去，如图2-121所示。

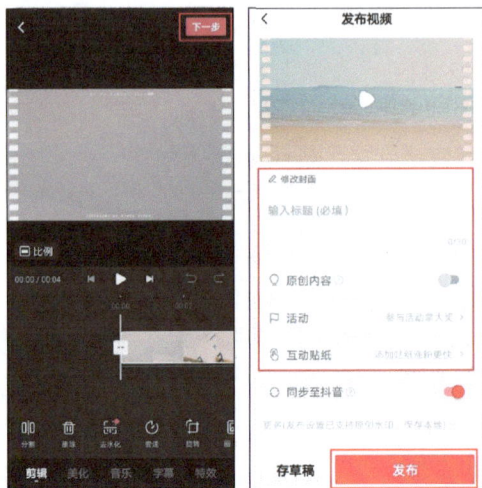

图2-121 处理视频并完成发布

2. 西瓜投稿任务

投稿任务是巨量星图为创作者提供的一种一对多的任务模式，由客户发起一个任务，多位创作者参与完成。客户发布一个任务/话题，达人在星图西瓜任务中心中查看任务，并根据任务要求选择参与。

巨量星图是巨量推出的基于创作者生态的营销平台，通过触达今日头条、抖音、西瓜视频上的多端海量的创作者，为平台提供高价值的内容服务，同时也为创作者带来收益。

为了规范平台内容的发布，有效保障合作方、创作者和用户的权益，西瓜视频加强了对营销内容的管控，即与营销相关的内容需要在巨量星图发布，如未经过在巨量星图上投稿而直接在西瓜视频平台发布，则该内容将受到平台限制。接下来将介绍如何通过西瓜视频投稿任务完成内容发布。

步骤01 打开浏览器，进入巨量星图官方网站，如图2-122所示。

步骤02 登录身份选择"达人/创作者"，媒体平台则选择"我是西瓜创作者"一项，如图2-123所示。

图2-122 打开巨量星图官网

图2-123 选择身份和平台

步骤 03 使用西瓜视频账号登录巨量星图，首次登录时需要授权绑定西瓜视频账号，勾选"我已阅读并同意服务协议和隐私条款"，单击"使用手机号一键绑定"按钮，如图2-124所示。

图2-124　授权登录并绑定账号

步骤 04 单击"任务大厅"按钮进入任务页面，单击"我可投稿"按钮即可查看当前可投稿的任务，如图2-125和图2-126所示。

图2-125　单击"任务大厅"按钮　　　　　　　　图2-126　单击"我可投稿"按钮

步骤 05 选中任务后，单击相应任务右侧的"参与投稿"按钮，如图2-127所示。在弹出的窗口中单击"同意"按钮完成授权，如图2-128所示。

图2-127　参与投稿

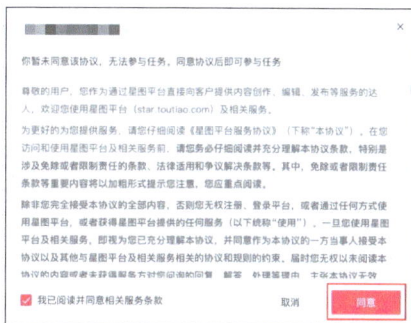

图2-128　单击同意协议

步骤 06 进入投稿页面，查看投稿要求，按要求上传视频，如图2-129所示。点击"上传视频"按钮，选择需要上传的视频，在发布页面的高级设置中勾选"关联任务"并选择所参与的活动，如图2-130所示。

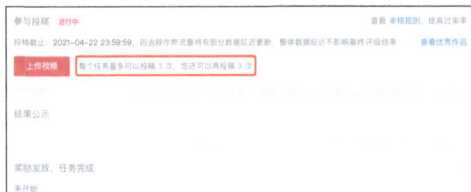

图2-129　按要求上传视频

图2-130　勾选关联任务并选择活动

步骤 07 在"我的星图"页面中，单击"财务管理"中的"交易记录"按钮可以查看获得的收益，如图2-131所示。

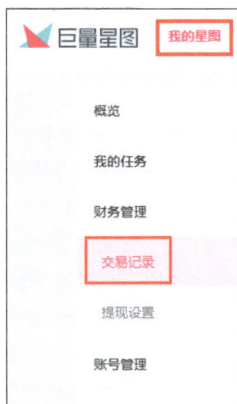

图2-131　查看收益

2.5.2 用户破亿的好看视频

好看视频上线于2017年11月，是一个内容实现全方位、多领域覆盖的优质短视频平台，为用户提供了海量专业内容，并于2018年实现了用户破亿。

好看视频的界面简洁清新，功能一目了然，没有眼花缭乱的广告干扰。App的页面主要分为"首页""发现""直播""我的"四项，如图2-132所示。"首页"页面主要是推送视频内容，"发现"页面是推送用户可能感兴趣的话题和已关注账号的动态，"直播"页面为用户推送多种多样的直播间，"我的"页面则是用户查看、修改个人信息及设置其他系统信息的页面。

图2-132　主要页面

1. 相关推荐

在推送视频的下方，系统会推荐一些与视频相关的内容，方便用户在视频播放的过程中随时切换播放对象。图2-133所示为一段展示动物生活的视频，在视频的下方，系统同样推荐了与动物相关的视频，用户只需点击就可以查看视频详情。

图2-133　相关推荐

2. 免费小说

好看视频不仅为用户提供丰富的视频内容，还在App中配置了免费小说功能，用户可以直接从App端快速进入"度读小说"页面，阅读书城中的海量内容。接下来将介绍进入书城的方法。

步骤 01 打开好看视频App，在"我的"页面中找到"常用功能"面板，点击"免费小说"按钮即可进入"度读小说"页面，如图2-134和图2-135所示。

图2-134　点击进入"我的"页面

图2-135　点击"免费小说"按钮

步骤 02 在"度读小说"页面中，所有电子书资源都免费提供给用户，用户可以自行寻找感兴趣的内容，点击书名或封面即可进入详情页，如图2-136所示。

图2-136 "度读小说"页面

步骤 03 在小说详情页中，用户可以进一步了解电子书的相关情况，如当前状态（连载或完结）、字数等，点击"免费阅读"按钮即可开始阅读，如图2-137所示。

图2-137 点击即可免费阅读

発型　　　护肤

食谱　　　读书

第**3**章

标记生活的小红书

本章主要围绕时下流行的小红书进行相关的讲解，详细梳理小红书的发展历程，介绍小红书的功能界面，以及小红书的基础运营和笔记创作方法，帮助用户快速成长为小红书平台的优质创作者。

3.1 小红书，打造生活购物社区

小红书是当前国内一大生活购物分享社区，拥有大量活跃的年轻用户，尤其在90后群体中有较大的影响力。本节将对小红书进行简单的介绍，梳理小红书账号注册、认证的具体流程，带领用户走进小红书，成为众多"小红薯"中的一员。

3.1.1 认识小红书

小红书是毛文超和瞿芳于2013年6月推出的一个生活购物分享平台，以UGC（User Generated Content，即用户原创内容）为主，为用户购物提供攻略和决策意见。小红书最初只提供海外购物的相关攻略，但随着用户体量的不断扩大，年轻人消费水平的提高和消费意识的改变，小红书也在不断拓展内容领域。时至今日，小红书的用户数量已经突破3亿，月活跃用户超过1亿人次，年轻用户仍然是其中的"主力军"。

3.1.2 账号注册与身份验证

用户如果没有登录账号，就无法浏览小红书平台中的内容，也不能使用平台功能。因此，玩转小红书的第一步是注册自己的小红书账号。本节以Android系统中普通版本的小红书为例，讲解小红书账号的注册、登录和认证的操作方法。

1. 利用手机号码注册并登录

用户可以利用手机号码完成小红书账号的注册和登录，一个手机号码仅能注册一个小红书账号，具体方法如下。

步骤01 打开小红书App，在弹窗中点击"用户协议"按钮和"隐私政策"按钮可以了解平台规范，点击"同意"按钮即可进入小红书登录页面，如图3-1所示。

步骤02 在登录页面中，点击"一键登录"按钮使用当前号码登录。此外，小红书还支持多种登录方式，点击"微信登录"按钮，可以通过微信授权登录，如需使用其他手机号码登录则点击"其他登录方式"按钮，如图3-2所示。

图3-1 温馨提示　　　　图3-2 登录页面

步骤 03 点击"上传头像"按钮设置头像，输入账号名字，点击"完成"按钮即可进入下一步，如图3-3所示。

图3-3　上传头像，输入名字

步骤 04 勾选兴趣内容，选择完毕后点击"确定"按钮即可完成注册和登录，或者点击右上角的"跳过"按钮跳过本步骤，如图3-4所示。

图3-4　选择感兴趣的内容或跳过

2. 关联账号登录

关联账号登录支持通过微信账号、QQ账号、微博账号、手机号码登录。接下来以关联QQ账号登录为例进行操作展示。

步骤 01 打开小红书App，在登录页面中点击"其他登录方式"按钮，进入登录方式页面，勾选相关协议后，点击QQ图像按钮，在自动跳转的授权页面中点击"QQ授权登录"按钮即可完成授权，如图3-5所示。

图3-5 授权QQ账号登录

步骤 02 选择年龄和性别，完成后点击"下一步"按钮，如图3-6所示。

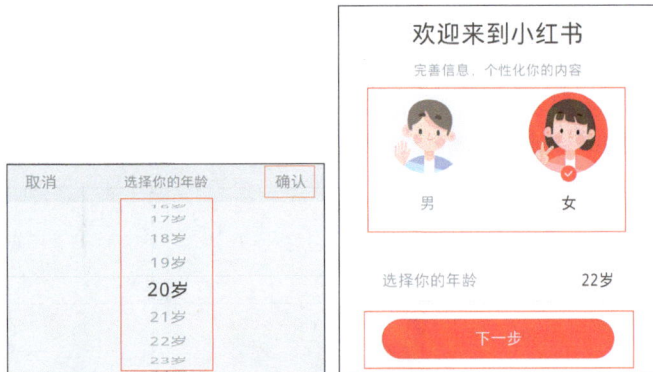

图3-6 完成基本信息

步骤 03 勾选至少4项感兴趣内容，如图3-7所示，完成后点击"下一步"按钮即可完成关联账号登录。

图3-7 选择感兴趣的内容

3. 实名认证

实名认证能够提高账号的安全性，方便用户找回账号。用户在账号实名认证过程中所提供的信息将用于创作者完成身份申请、开通直播、收益提现等。实名认证遵循一人一号原则，并且实名信息一旦经过认证，就无法与账号解绑。账号实名认证的方法如下。

步骤 01 在个人主页点击⚙按钮，如图3-8所示，进入设置页面。

步骤 02 点击"账号与安全"按钮，进入账号与安全页面，点击"身份认证"按钮，进入身份认证页面，如图3-9所示，点击"个人认证"按钮，即可进入个人实名认证申请页面。

图3-8　设置入口

图3-9　实名认证入口

步骤 03 填写真实姓名和身份证号，检查无误并勾选"我同意《实名认证协议》"，点击"提交"按钮即可完成个人实名认证申请流程，如图3-10所示。

图3-10　实名认证页面

4. 官方认证

官方认证包括优质作者认证、机构认证和企业认证3种，一个账号只能认证一种身份。接下来为大家一一介绍。

（1）优质作者认证

优质作者认证通过后可以获得官方标识，如图3-11所示。同时，优质作者还能获得平台优先推荐、优先合作等福利待遇。优质作者认证具有一定的门槛：粉丝总数必须达到2万；近28天内涨粉数超过1000；近28天内至少发布3篇高互动笔记（点赞、收藏、评论的数量之和大于1000）；账号已完成实名认证，如图3-12所示。

图3-11　优质作者标识

图3-12　优质作者认证福利及条件

（2）机构认证

机构认证是平台为媒体机构（如MCN机构，MCN即Multi-Channel Network，多频道网络）、国家机构和其他组织提供的身份认证功能，用户需要提交相关资质和机构运营者信息，由平台审核通过后获得认证身份。

（3）企业认证

企业认证是平台为企业、个体工商户提供的身份认证功能，通过认证的企业账号能够获得专属标识，如图3-13所示。在企业认证过程中，除了提供相关认证材料外，用户还需要交纳600元/年的审核费用，无论审核是否通过，审核费用都不予退回。因此，在认证时，用户务必保证相关材料真实有效，以此提高审核通过率。

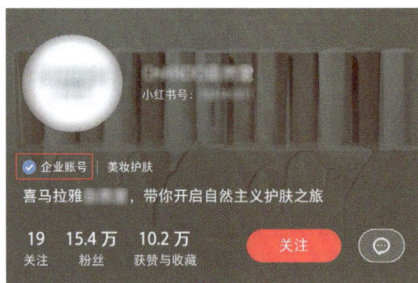

图3-13　企业认证标识

3.1.3 完善个人信息

在小红书中，小红书号仅能修改一次。此外，账号的名字、头像、简介等信息都可以自主填写和反复修改。完善个人信息能够提升账号等级，展现账号特色。小红书账号个人信息的编辑方法如下。

步骤01 打开小红书App并登录，点击右下方的"我"按钮，进入个人页面，点击"编辑资料"按钮即可进入资料编辑页面，如图3-14所示。

图3-14　个人信息编辑页面入口

步骤02 逐项填写资料，如图3-15所示，填写完毕后点击"保存"按钮即可保存。

图3-15　填写个人资料

3.2 如何玩转小红书

拥有了自己的小红书账号，接下来就要对小红书的功能进行探索和了解。小红书主要通过智能分析使用习惯和浏览偏好判定用户的喜好，针对性地推送图文、视频形式的笔记，为用户的生活消费提供参考与指导。本节将对小红书的功能界面进行详细介绍，指导用户完成多种形式内容的发布。

3.2.1 小红书的页面介绍

小红书App主要划分了首页、商城、消息、我4个页面，分别为用户提供不同的功能服务。本节将依次对这4个页面的功能布局和服务内容进行讲解。

1. 首页

打开小红书App后，自动显示的页面是小红书首页的发现页面。在这个页面中，系统将根据用户选择的兴趣内容和浏览偏好进行智能推送。点击频道栏中的☑按钮后，在下拉菜单中可以选择感兴趣的频道，进一步精选推荐内容，如图3-16所示。

点击上方的"关注"按钮可以切换至关注页面，用户可以在该页面中查看关注人发布的笔记。在该页面上方点击➕按钮可以发布"瞬间"动态，打卡日常，点击上方右侧的关注人头像可以查看他们发布的"瞬间"动态，如图3-17所示。

图3-16　发现页面

图3-17　关注页面

点击上方的"附近"按钮可以切换至附近页面，用户完成定位授权后可以查看附近的人发布的动态，了解本地的新鲜事与热门话题，如图3-18所示。

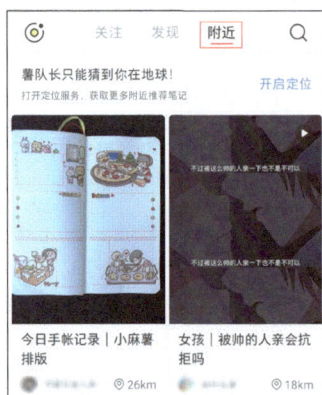

图3-18　附近页面

2. 商城

在小红书商城中，用户可以购买感兴趣的商品。点击右上角的"更多"按钮还能查看购物车、订单、收货地址等信息，如图3-19所示。

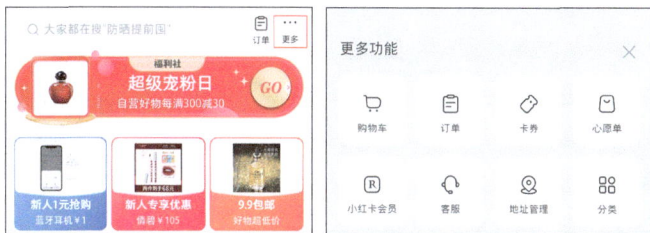

图3-19　商城

3. 消息

用户接收的官方号推送和私聊消息都会依照时间顺序显示在消息页面中，新增的点赞、收藏、关注、评论等消息则可以点击上方的对应按钮查看，用户还可以点击右上角的"创建聊天"按钮向好友发送私聊消息或加入群聊，如图3-20所示。

4. 我

个人页面上方是个人信息面板，显示用户的头像、名字、小红书号等基本信息，页面下方则分为"笔记""收藏""赞过"三个页面，分别展示用户发布、收藏、赞过的笔记。用户可以点击左上角的 ≣ 按钮探索"发现好友""创作中心"等更多功能，如图3-21所示。

图3-20　消息页面

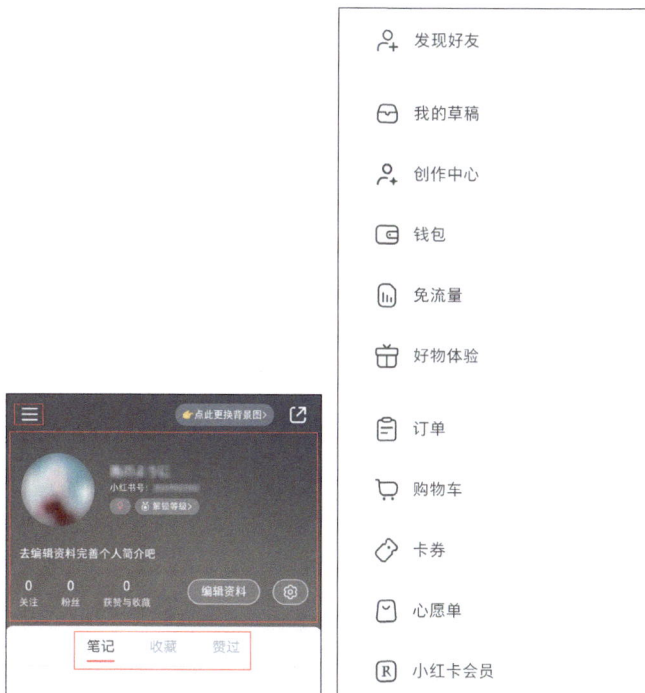

图3-21　我页面

3.2.2 小红书的笔记发布

根据发布内容的不同,小红书笔记可以分为图文笔记和视频笔记。一篇笔记无法同时发布图片和视频两种形式。接下来将分别介绍这两类笔记的发布方法。

1. 图文笔记

图文笔记中所发布的图片数量不能超过9张,其中首图将作为笔记封面展示给用户。接下来以手机端为例讲解图文笔记的发布方法。

步骤01 点击➕按钮,选择需要发布的图片,点击"下一步"按钮,如图3-22所示,进入编辑页面。

图3-22 选择图片

步骤02 点击"调整"按钮进入图片裁剪页面,选择合适的尺寸后点击☑按钮完成裁剪,如图3-23所示。

> **小提示**
>
> 小红书仅支持上传尺寸为4:3、3:4、1:1的图片。同一篇笔记中的所有图片只能选择相同的尺寸。

图3-23 裁剪图片

步骤03 点击下方的"音乐"按钮,再点击"音乐库"按钮,即可进入音乐库页面,如图3-24所示。

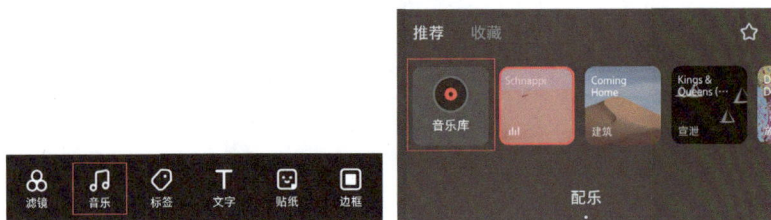

图3-24 添加音乐

小提示

"滤镜"按钮：为图片添加滤镜效果、人像美颜、调节图片参数。
"音乐"按钮：为笔记添加背景音乐。
"标签"按钮：在图片中添加标签可以增加图片的浏览量。根据笔记内容可以将标签分为地点、品牌、商品、影视、书籍五类。
"文字"按钮：在图片中添加文字，可以用来装饰图片或添加注解信息。
"贴纸"按钮：在图片中添加贴纸，可以用来装饰图片或遮盖创作者不希望在图片中出现的部分。
"边框"按钮：为图片添加边框。

步骤 04 音乐库中拥有海量音乐素材，创作者可以自主挑选。点击音乐可以试听，点击"使用"按钮即可完成音乐的添加，如图3-25所示。

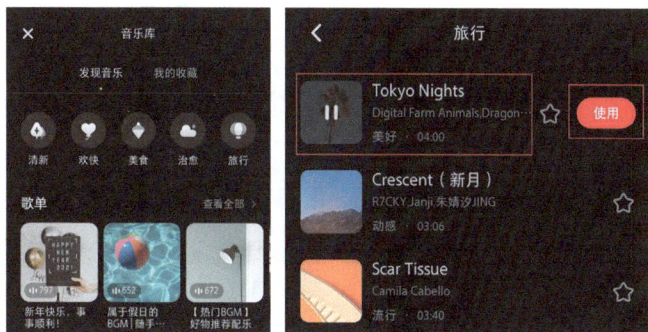

图3-25　挑选合适的音乐

步骤 05 点击"下一步"按钮进入笔记发布页面，填写笔记标题和正文，添加话题和地点能够增加笔记曝光率，编辑完成后点击"发布笔记"按钮即可成功发布笔记，如图3-26所示。

图3-26　发布笔记的编辑页面

2. 视频笔记

　　发布视频有两种方法：一是使用小红书自带的拍摄功能进行视频拍摄并上传；二是直接上传制作完成的视频。为了保证视频的质量，大多数创作者会使用一些专业的剪辑软件完成视频的制作。因此，接下来以手机端为例，讲解如何上传成品视频并发布笔记。

步骤 01 点击➕按钮，选择需要发布的视频素材，点击"下一步"按钮，如图3-27所示，进入视频编辑页面。

步骤 02 在视频编辑页面中，创作者可以对视频进行编辑，调整画面效果，完成后点击"下一步"按钮即可进入笔记发布页面，如图3-28所示。

图3-27 选择视频素材

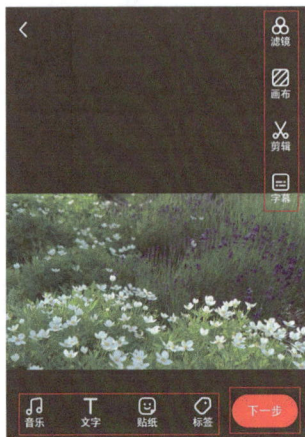

图3-28 视频发布页面

"滤镜"按钮：为视频添加滤镜效果、对视频中的人物进行美颜处理。

"画布"按钮：在视频的空白处添加画布可以填充画面，尺寸和颜色可以自主选择。

"剪辑"按钮：对视频画面进行裁剪或插入转场效果，还可以对视频的播放速度进行调节。

"字幕"按钮：自动识别视频音轨中的文字内容并生成字幕，字幕的内容和样式可以手动调整。

"音乐"按钮：为视频添加音频，创作者也可以导入本地音频。该功能支持创作者对音频进行自主裁剪。

"文字"按钮：在视频画面的任意位置添加文字。

"贴纸"按钮：在视频画面的任意位置添加贴纸。

"标签"按钮：在视频画面的任意位置添加标签。

步骤 03 点击"添加封面"按钮，选择一帧视频画面作为封面，并点击右上角的"下一步"按钮，进入封面图片的调整页面，如图3-29所示。

图3-29 设置封面

步骤 04　点击页面下方的"模板"按钮，可以一键生成不同风格的封面图，如图3-30所示。

图3-30　选择封面模板

步骤 05　点击"文字"按钮可以在封面图上添加文字，也可以挑选合适的花字和样式直接套用，如图3-31所示。

图3-31　为封面添加文字

步骤 06　点击页面下方的"贴纸"按钮和"画布"按钮，可以在封面图上添加贴纸并修改封面图的画布颜色，如图3-32所示。

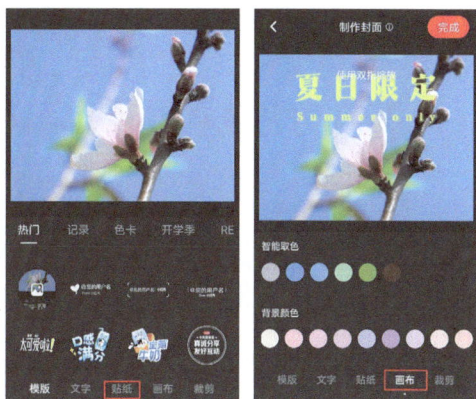

图3-32　添加贴纸和修改画布颜色

步骤 07 填写笔记标题和正文，添加话题和地点，完成后点击"发布笔记"按钮即可完成视频笔记的发布，如图3-33所示。

图3-33 笔记编辑页面

3.2.3 添加素材制作影集

影集是指在系统提供的模板中添加图片素材并生成视频的功能。这一功能降低了视频笔记的制作难度，为创作者带来了便利。接下来以手机端为例讲解影集的制作方法。

步骤 01 点击 ➕ 按钮，选择"影集"功能。系统提供了大量模板供创作者选择，模板名称下方标注了模板中建议添加的素材数量，创作者可根据实际需要进行选择。左右滑动模板可以进行切换，选择完毕，点击"立即使用"按钮即可开始编辑影集，如图3-34所示。

步骤 02 选择需要添加的素材，点击"选好了"按钮即可进入影集编辑页面，如图3-35所示。

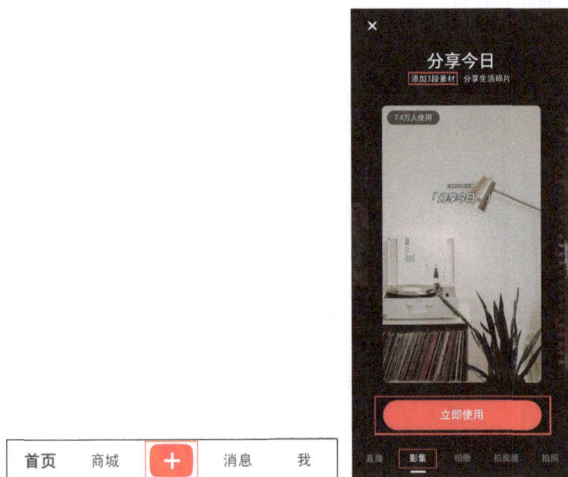

图3-34 选择影集模板并点击使用

图3-35 添加素材

步骤 03 点击"音乐"按钮，选择合适的背景音乐，如图3-36所示。

图3-36 添加音乐

步骤 04 点击"音量"按钮，适当调节原声和背景音乐的音量大小，点击影集画面即可返回编辑页面，再点击"下一步"按钮，如图3-37所示。

图3-37 调节音量

步骤 05 在笔记发布页面中点击"添加封面"按钮，为影集选择合适的封面，设置完成后点击"下一步"按钮，如图3-38所示。

步骤 06 编辑完成标题、正文、话题和地点等笔记内容后，点击"发布笔记"即可完成影集的发布，如图3-39所示。

图3-38 设置影集封面

图3-39 编辑笔记并发布

图3-40 系统提醒

3.2.4 小红书中美颜相机的使用

创作者可以直接使用小红书自带的美颜相机拍摄图片和视频。小红书自带的美颜相机具备滤镜和美颜功能,基本能够满足简单拍摄的需要,如图3-41所示。

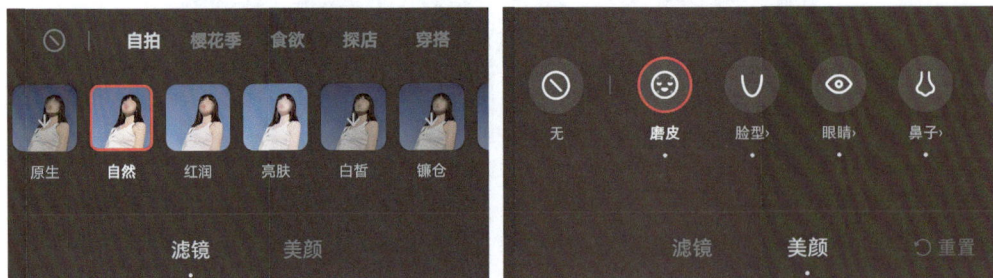

图3-41 滤镜和美颜功能

114

为了让配图更加精致美观，大多数创作者会使用一些修图软件，如醒图、美图秀秀等，完成更多的图片处理操作，在小红书中也可以找到许多关于这些软件的使用教程和参数介绍。但小红书自带的美颜相机可以帮助创作者更加快速地完成笔记创作，分享最新的生活事件，而且用户在使用小红书直播的时候，仍然需要用到平台自带的摄像功能。因此，掌握美颜相机的使用技巧是非常有必要的。

美颜相机的使用技巧有以下几点：第一，确定拍摄风格，比如电影大片感、复古风等，不同拍摄风格应当搭配不同的滤镜使用；第二，明确自身的优缺点，美颜相机能够对拍摄者的面部、身材等部位进行不同程度的局部美化，如图3-42所示，只有知道自己入镜时的优劣之处，才能在拍摄时有的放矢，扬长避短；第三，找到合适的拍摄角度，合适的拍摄角度也能对拍摄主体的缺点起到遮掩作用，提高画面的精致程度。

图3-42 利用美颜相机进行局部美化调整

在使用美颜相机时，创作者也不能忘记笔记创作的一大原则：不过度美化图片主体，确保笔记的真实性。只有坚持这条原则，才能将账号长久地运营下去。

3.2.5 申请更多功能

除了浏览笔记、发布笔记等日常功能以外，小红书还有三大功能，即品牌合作、开通直播、好物推荐。这三大功能能够帮助创作者拓展运营与变现的渠道，解锁更加多元的玩法。不过，这三大功能需要申请通过后才能开启。接下来为大家详细介绍这三大功能。

1. 品牌合作

品牌合作是小红书为创作者提供的官方变现途径，创作者成为品牌合作人之后就能获得商业合作的资格，只需向平台提前报备即可为品牌进行宣传推广并获取收益。申请品牌合作的账号必须通过实名认证，而且粉丝数需要达到5000，如图3-43所示。

图3-43 申请品牌合作

品牌合作的主要形式是发布品牌合作笔记，为合作品牌进行宣传推广。品牌合作笔记的封面上将显示"赞助"字样，同时，笔记结尾将标注"与XXX品牌合作"字样，如图3-44所示。

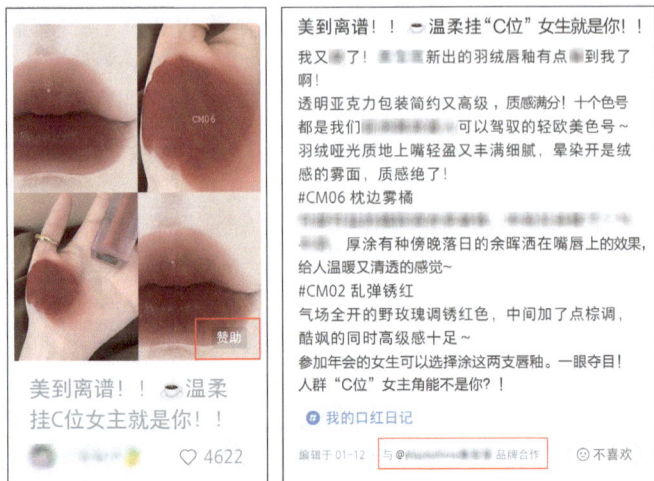

美到离谱！！ ☕ 温柔挂"C位"女生就是你！！

我又 🈶 了！ ▓▓▓ 新出的羽绒唇釉有点 💥 到我了啊！

透明亚克力包装简约又高级，质感满分！十个色号都是我们 ▓▓▓▓▓▓ 可以驾驭的轻欧美色号～羽绒哑光质地上嘴轻薄又丰满细腻，晕染开是绒感的雾面，质感绝了！

#CM06 枕边雾橘
▓▓▓▓▓▓▓▓▓▓▓▓▓▓▓▓▓▓▓▓▓▓▓▓▓▓
▓▓▓ 厚涂有种傍晚落日的余晖洒在嘴唇上的效果，给人温暖又清透的感觉～

#CM02 乱弹锈红
气场全开的野玫瑰调锈红色，中间加了点棕调，酷飒的同时高级感十足～
参加年会的女生可以选择涂这两支唇釉。一眼夺目！人群"C位"女主角能不是你？！

📙 我的口红日记

编辑于 01-12　与 @▓▓▓▓▓▓▓ 品牌合作　⊘ 不喜欢

图3-44　品牌合作笔记

2. 开通直播

创作者可以开通直播同用户进行实时互动。申请开通直播的条件比较简单，只需要通过实名认证并绑定手机号，不过创作者必须年满18周岁才能进行直播，如图3-45所示。

3. 好物推荐

好物推荐是指在直播、笔记中插入商品卡片进行带货的功能。申请开通好物推荐的条件是粉丝数达到1000并完成实名认证，如图3-46所示。

图3-47所示就是商品卡片。商品卡片直接链接到小红书商城中对应商品，方便用户进行购买。当其他用户通过商品卡片上的链接购买商品时，创作者就可以获取相应的佣金收入。

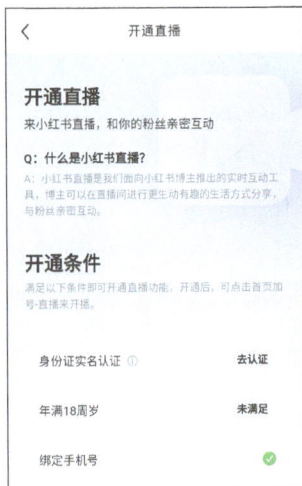

图3-45　开通直播

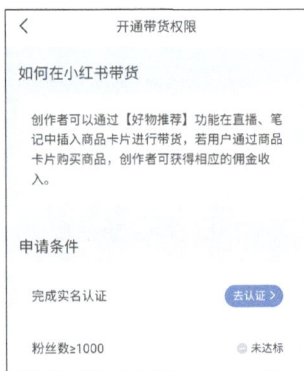

图3-46　开通带货权限

图3-47　商品卡片

3.3 让笔记更受欢迎

作为一个内容分享平台，精彩纷呈的笔记是小红书的核心内容。创作者要想吸引更多的粉丝和关注度，打造成熟的头部账号，笔记创作更是重中之重。本节将分别介绍小红书笔记中各要素的创作要点，帮助创作者了解笔记的创作技巧，并为笔记数据的有效提升提供参考意见。

3.3.1 巧妙设计标题和封面

设计巧妙的标题和封面能够吸引用户点进笔记，提高笔记的点击率。在小红书的推送机制中，点击率是考核笔记受欢迎度的重要指标，点击率越高，笔记被平台继续推送的概率就越大。因此，要想让笔记有更高的点击率，标题和封面的设计非常重要。

1. 8类标题

小红书笔记的标题写作有一定规律性，相同类型的笔记，其标题往往也类似。如果能把握这些写作规律，标题设计就会容易许多。接下来为大家总结几类常见标题，为大家提供标题设计的灵感。

（1）描述式标题

描述式标题是指在标题中对笔记内容进行评价，比如描述所推广的商品的卖点，使用大量形容词等。此类标题具有较强的吸引力，常用于以摄影作品分享、商品推荐等为内容的笔记，如图3-48所示。

（2）说明式标题

说明式标题是指能够客观阐述笔记内容的标题。这类标题更加侧重信息的有效传达，突出重点，其语言风格简洁质朴，能够使读者快速把握笔记的内容，可用于推荐"种草"、穿搭、方法教程等笔记。

在点进笔记之前，用户能够看到的标题字数其实是有限的，而且很多用户在浏览笔记时并不会仔细阅读每一则笔记的标题。因此，如果标题过于冗长，就可能会导致信息缺失，用户难以领会标题的含义，点进笔记的概率也就降低了。说明式标题能有效避免这种情况的出现。

图3-48　描述式标题

图3-49　说明式标题

图3-49所示为两篇使用说明式标题的笔记。用户只需要读到"夏季T恤合集""表情包背单词"等文字，就能立即明白这两篇笔记分别讲述的是对T恤的测评和单词记忆的内容，这也使阅

读效率得到了提高。

（3）对话式标题

对话式标题是指在标题中使用口语。写作此类标题时，创作者只需将用户想象成自己的朋友，使用日常对话的方式介绍笔记即可，如图3-50所示。由于语言口语化，对话式标题阅读起来也比较轻松，用户在浏览时不知不觉就能将标题从头读到尾，从而被吸引点击阅读笔记内容。

（4）设问式标题

设问式标题即在标题中提出问题，在笔记中进行解答。设问式标题能够充分展示内容重点，突出笔记的实用性，而且还能制造悬念，激发用户的阅读兴趣，可用于方法教学、经验分享类笔记，图3-51所示。

图3-50　对话式标题

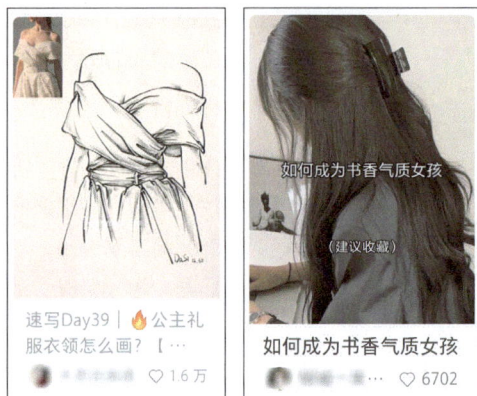

图3-51　设问式标题

（5）导语（引用）式标题

导语式标题是指在标题中并不直接介绍笔记内容，而是引用名人名言或网络短句提示笔记内容，常用于摄影、书籍推荐、读书笔记等类型的笔记。由于导语式标题中的信息量较少，用户无法直接通过标题了解笔记的内容，因此在写作时，创作者应当注重对用户心理的把握，以提高标题对用户的吸引力，让用户愿意点进笔记阅读详情。另外，创作者也可以根据笔记封面的风格设计标题，如图3-52所示，第一则标题中的"傍晚"对应封面中的黄昏景色，而第二则标题中的"春天""雪国"则与封面中的花朵、浅色系画面相呼应。

图3-52　导语式标题

（6）提出需求式标题

提出需求式标题即在标题中描述用户的实际需求，以此激发用户的内心共鸣，提升用户的阅读意愿。此类标题可用于方法教程、好物推荐类笔记，如图3-53所示。

（7）劝诫式标题

劝诫式标题是指在标题中提出建议、发出号召，可用于技能教程、工具推荐、情感分享等类型的笔记，如图3-54所示。此类标题的写作需要注重标题内容的逻辑性，直击用户的"痛点"，获得用户的认同感，这样才能让用户对笔记内容产生兴趣。

图3-53　提出需求式标题　　　　　　　　图3-54　劝诫式标题

（8）其他

除了以上7类标题，还有许多优秀的标题并不在以上总结的规律中，但却体现了创作者别具一格的创意和巧思。图3-55所示的3个标题虽然风格各异，但都十分引人注目，而且标题同笔记内容也具有很高的关联度，值得创作者学习参考。

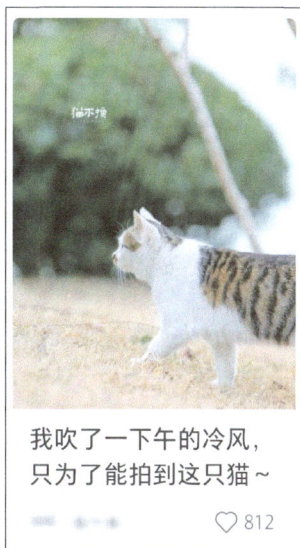

图3-55　其他标题

2. 5种封面设计法

在笔记预览页面中，封面占据着很大的版面，优质而富有吸引力的封面往往能够为笔记带来更高的点击量。那么，笔记的封面应该如何设计呢？接下来就为大家详细介绍5种常用的提升笔记封面美观度的方法。

（1）巧用构图

巧用构图是指在拍摄图片时，创作者要注意画面的构成和布局，调整各图片元素在画面中的位置，使画面看起来更加和谐悦目，同时还要突出画面主体。图3-56所示分别是一篇读书推荐笔记和一篇刺绣作品分享笔记，创作者将书籍和刺绣作品作为图片的主体，同时在周围装点相关的元素，起到充实画面、增加设计感的作用。

（2）修图调色

修图调色是指在后期处理中为图片添加滤镜并调整画面参数。当前层出不穷的修图软件为修图调色这项工作降低了不少技术难度，创作者甚至可以在软件中挑选现成的调色方案，完成一键修图。

不过，在进行修图调色时，创作者要注意图片的整体风格和色调相一致，亮色区域较大的图片应当使用偏清新的滤镜，以橙色、黄色为主的图片则最好选择暖色调的滤镜，如图3-57所示。

（3）拼图

拼图是指将多张图片拼接为一张，在小红书的封面设计中，则是指将笔记中的图片拼接成为笔记封面。比如在常见的带货笔记中，创作者就会挑选部分商品图并将其展示在封面中，让用户第一眼就能了解笔记主题，"高颜值"的商品也能为封面增加吸引力，如图3-58所示。

图3-56 巧用构图

图3-57 修图调色

图3-58 拼图（1）

还有一种制作封面的方法是将所有的笔记配图拼接在一起,这种封面能够起到预览笔记内容的作用,有很强的概括性,如图3-59所示。

(4)添加文字说明

用户在快速浏览页面时,对笔记封面图的关注度通常高于标题。因此,在封面图中适当加入一些文字说明,如标题和导语信息,能够方便用户快速了解笔记内容,避免用户因为遗漏重要信息而错过感兴趣的笔记。如图3-60所示,封面中的文字十分醒目,而且文字版式也经过了精心设计,用户很容易注意到。

图3-59 拼图(2)

图3-60 添加文字说明

(5)亮点元素

封面非常重要的作用就是引人注目。创作者可以将表情包、贴纸等元素同图片进行结合,制作出生动别致的封面。图3-61所示的封面中,创作者使用表情和贴纸打造出了有趣的视觉效果,在令人忍俊不禁的同时,也让用户能够快速注意到封面的主体部分。

图3-61 趣味元素

3.3.2 图片是图文笔记的精髓

图片是图文笔记的精髓,优质的图片不仅引人注目,还能提高笔记的信息完整度,展现突出笔记内容的功能性。那么在制作图片时,创作者需要遵从哪些注意事项呢?接下来将从6个方面为大家详细介绍图片制作的要点。

1. 保证一定的清晰度

保证一定的清晰度是笔记配图的基本要求。模糊的图片不仅无法传递信息，而且很难引发用户的阅读兴趣，从而降低笔记的吸引力。图3-62所示是2篇读书笔记，左边的笔记图片小且字迹模糊，用户根本无法辨识图片中的内容，而右边的笔记图片明显清晰许多，因此两篇笔记获得的热度也就有差异。

图3-62　笔记配图清晰度对比

2. 固定模板可以提高辨识度

在小红书中，一些热门领域常常会出现很多同类型的笔记，比如美妆、穿搭等，笔记之间的内容和形式相似度很高。那么，在配图中使用固定的模板，就能让用户对账号产生稳定的印象。当用户再次看到使用了同一模板的笔记时，就能快速辨认出其创作者。

常见的固定模板主要是为图片添加固定样式的边框，比如很多时尚类账号常常使用类似的拍摄角度和构图方式，后期处理时再添加固定的边框，这样就能保持笔记风格的高度一致，账号的垂直度也能得到显著提高，如图3-63所示。

图3-63　固定的构图和边框

除了构图和边框以外，创作者还可以通过使用相同的小元素，打造固定模板。图3-64所示是某Vlog账号所发布的作品页面，固定的字体和标题样式也使该账号发布的Vlog具有较高的辨识度。

图3-64　固定的字体和标题样式

3. 重要的图片靠前放

重要的图片应当被添加在靠前的位置，这样才能突出笔记的重点，防止用户遗漏重要信息。图3-65所示是一篇分享学习方法的笔记，点进笔记的用户最想了解的就是关于学习方法的内容，因此创作者将相关图片放在封面后的第一位，最后才添加日常的图片，确保用户点进笔记之后能够很快看到最重要的内容。

图3-65　重要的图片提前

4. 对比强化视觉冲击

让配图之间产生对比，可以加强图片的视觉冲击力，给用户留下深刻的印象。对比的方法常见于一些与教程、商品介绍相关的笔记中，从而突出教程、商品的特点。如图3-66所示，创作者将使用滤镜前后、洗鞋前后的图片放在一起形成对比，向用户展示了十分显著的对比效果。

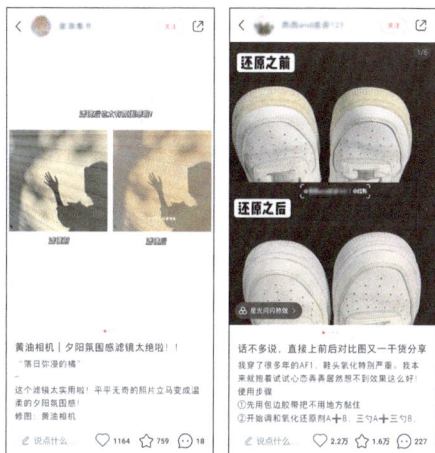

图3-66　对比强化视觉冲击

5. 体现商品功能

在介绍商品时，创作者可以将商品的使用方法和自己的使用过程展示出来，而不是单纯地对商品进行"摆拍"。图3-67所示是某款文具收纳包的分享笔记，创作者先展示了收纳包的内部结构，再将自己的使用情况分享给用户，既为用户使用这款收纳包时提供了参考，又体现了其强大的收纳功能。

图3-67　体现商品功能

6. 展现真实内容

图片应当以展示真实内容为基本原则。美化不是造假，为了追求美观而打造虚假效果会为账号带来负面影响，降低用户的信任度。图3-68所示为某博主发布的一篇好物推荐笔记，为了让用户了解衣服的真实质感和上身效果，该博主没有使用滤镜，而是在日光下进行拍摄，避免图片和实物之间形成色差误导用户，这体现了该博主对用户高度负责的态度，该博主这样做也可以获得用户的好感。

图3-68 展现真实内容

3.3.3 用视频引发兴趣

随着近年来短视频的流行，小红书推出了视频笔记这一内容形式，为"种草"带来了新玩法。接下来将为大家详细讲解视频笔记的优势和创作技巧。

1. 视频笔记的优势

视频笔记之所以能够受到小红书用户的欢迎，一方面是由于它适应了短视频的趋势，是自媒体发展浪潮下应运而生的产物；另一方面则是由于它本身的优越性。接下来从3个方面分析视频笔记的优势。

（1）区分性更强

区分性是指创作者和笔记内容的自身特色。图片能承载的内容有限，因此想将图文笔记做出特色有较大的难度，尤其是在一些热门领域中竞争非常激烈，同样的选题可能同时有成百上千个创作者在进行创作，同质化的内容很难脱颖而出。因此，运用视频笔记打造特色风格是一条不错的出路。

图3-69所示为"马甲搭配"这一关键词下的图文笔记，这些笔记基本上是对马甲的款式和穿搭效果进行展示，拍摄角度和图片风格都有比较高的相似度。

图3-69 图文笔记

图3-70所示为"马甲搭配"这一关键词下的视频笔记，视频笔记的内容明显更具多样性，如穿搭展示、商品推荐、穿搭教学等，应有尽有。创作者的形象特点、举止、拍摄背景等内容的差异化也让视频笔记获得了更多的可能性。

图3-70　视频笔记

创作者可以通过调整视频细节、剪辑效果等方式打造具有强烈个人风格的视频笔记，同其他创作者的视频笔记进行区分，这也是图文笔记难以做到的。图3-71所示的创作者就会在穿搭演示中加入详细的讲解，分享自己的穿搭心得，灵活展示商品细节，这些共同构成了该创作者别具一格的创作特色。

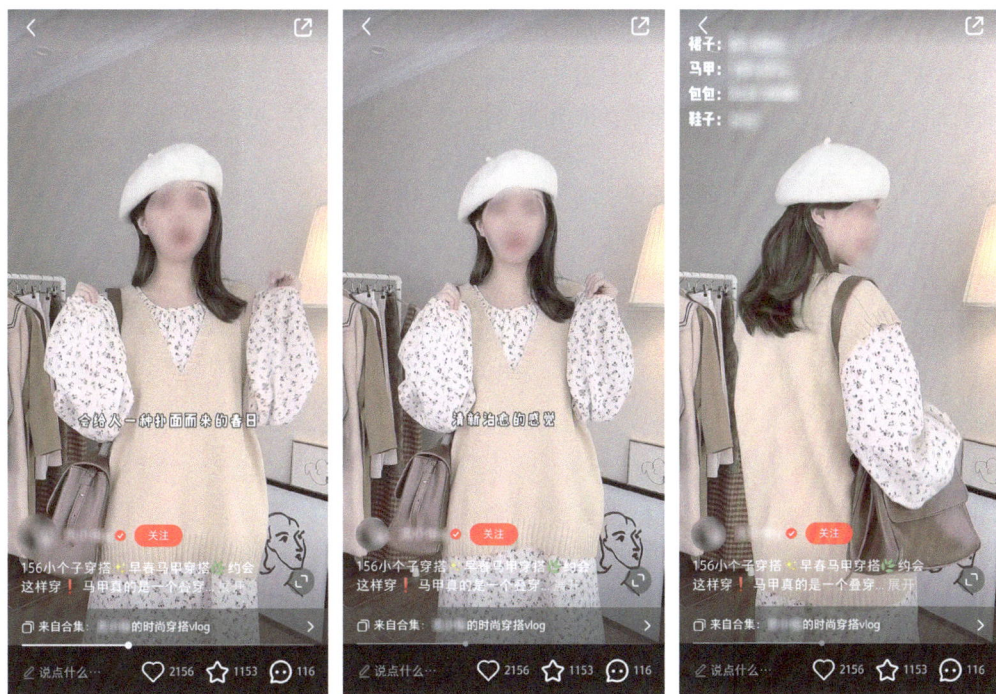

图3-71　视频笔记示例

（2）阅读更轻松

当图文笔记中文字信息过多时，用户有可能失去阅读的兴趣。而视频笔记可以通过视频讲述的方式降低用户的阅读难度，让用户轻松"听"完笔记内容。图3-72所示为两篇护肤教程笔记，图文笔记虽然介绍详细，但密密麻麻的文字信息给用户带来了阅读压力，而视频笔记则通过步骤演示和穿插知识讲解的形式，让用户直观地了解整个护肤流程。

（3）专业度更高

图片展示的是静态的一帧画面，而视频往往要呈现多角度、多维度的内容。因此，视频对场景搭建、拍摄手法等条件要求都更加严格。要想创作出一篇优秀的视频笔记，创作者必须拥有更高的专业水平。相应地，优秀的视频笔记也能反映出创作者较强的专业能力，让专业度更高的创作者一展身手。

图3-73所示为两篇写真类笔记，虽然内容与风格基本相似，但左边为图文笔记，它只是捕捉了模特的一个特定角度与姿态，画面构成比较简单，拍摄难度不是很高；而右边是一篇视频笔记，模特在视频中需要全程保持拍摄状态，由于视频拍摄角度的不断切换，模特几乎需要360°无死角出镜，而且还要适应不断变化的背景。另外，视频的后期处理比图片更加复杂，能够运用的处理技巧也更丰富。

图3-72　阅读难度对比

图3-73　图文笔记和视频笔记的对比

2. 视频笔记如何做

想要将视频笔记做好，成功吸引用户看下去，这其中有不少学问。接下来介绍视频笔记创作的7个小技巧，为大家的视频创作提供一些基本指导和灵感。

（1）视频开头很重要

视频开头的好坏决定着用户是否想继续看下去，因此，具有吸引力的视频开头非常重要。通常来说，创作者会在视频开头向用户问好，看似简单的一句问候能够快速有效地拉近创作者与用户的距离，也能更加自然地导入正题。图3-74所示为某穿搭分享笔记，该创作者以活泼的问候作为视频开头，随后由"好久不见是不是十分想念"的问候语转向介绍用户近期想看的内容，自然而然地引入视频主题。

对于主题明确的视频笔记，创作者也可以在视频开头展示标题和导语内容，使视频更具条理

性。图3-75所示为某Vlog开头，创作者用简单的小标题介绍了该Vlog的内容构成，用户点开视频就能马上知道该视频包含哪些内容。

图3-74　同用户问好　　　　　　　　　　图3-75　Vlog开头

（2）良好的节奏

视频节奏影响着用户的观看体验。不同视频所适配的节奏并不是完全相同的，需要创作者用心去思考、摸索。比如Vlog大多节奏舒缓，而时尚分享视频则节奏较快。这其实就体现了不同作品的创作差异。

在同一个视频中，创作者也可以灵活调整视频的节奏，比如在不重要的部分可以适当加速视频，避免冗长的视频降低用户的观看兴致。如图3-76所示，创作者为了展现该城市静谧悠闲的氛围，将画面对焦的过程也放进了视频里，这就使整个视频的节奏变得缓慢。

图3-76　舒缓的视频节奏

（3）注意语气和仪态

在视频中出镜时，创作者要端庄大方，不能耸肩驼背，而且要根据视频风格选择合适的语气，这样不仅能够提升用户的观感，还能提高视频作品的质感。图3-77所示是某穿搭分享笔记，视频中的创作者身姿挺拔，落落大方，不仅为她在输出观点时增加了气势与信服力，还让她的穿搭展示更显美丽动人。

图3-77　自然得体的语气和落落大方的仪态

（4）简单总结内容

视频如果时长过长或者包含的内容过多，用户很容易看到后面就忘记了前面的内容。因此，在视频结尾，创作者可以进行适当总结，帮助用户"回忆"前面的内容，同时也能强调视频的重点。图3-78所示为一篇穿搭笔记，创作者详细介绍了4种衬衫的搭配方法，在视频最后，创作者将4张穿搭图拼合为同一帧画面再次展示给用户，这就是一个快速总结内容的方法。

内容中涉及观点输出的笔记同样可以在视频最后重申观点，或是发表结论，点出视频的主旨。图3-79所示的Vlog展现了独居生活的丰富内容和享受孤独的积极心态，在视频的最后，创作者以"孤独本是一种常态，也是一种享受"这一行字幕总结了视频的主题，同时向用户传达了昂扬向上的生活态度，完成了作品的价值升华。

图3-78　视频结尾总结内容

图3-79　总结观点，升华价值

（5）文字标注

在视频中添加字幕可以防止音频语速过快导致用户听不清内容，同时也能避免由于听错带来的误会。图3-80所示为某"干货"分享笔记，创作者在视频中添加了完整字幕，让用户能够准确获取信息。

图3-80　字幕

除了添加字幕，创作者还可以对视频中的内容进行文字注解，一方面能够方便用户理解视频内容，另一方面也能增加视频内容的丰富程度。图3-81所示为某萌宠笔记，创作者用文字注解的方式为视频中的小猫添加了心理活动的介绍，让视频更加生动，也能帮助用户理解小猫的行为。

图3-81　萌宠笔记

（6）用表情包装饰让视频更有趣

表情包是近年来风靡网络的一种社交辅助工具，具有生动、有趣的特点。在制作视频的过程中，创作者可以通过添加表情包来表达自己的情感态度，让视频更加鲜活。图3-82所示为某穿搭笔记中使用表情包的情形，表情包将创作者内心的情绪夸张又形象地展现出来，使视频变得趣味横生。

图3-82 用表情包装饰视频

（7）结尾带有导向性

用户能够看到视频的最后，意味着他们对视频已经产生了一定兴趣，或者对视频中介绍的内容抱有一定的认可度，这时创作者即使加入一些具有导向性的内容，这些用户一般也比较愿意接受。

什么是导向性的内容呢？其实就是创作者想让用户去做什么。图3-83所示的视频笔记中，创作者在视频结尾提醒用户"一键三连"或"继续收看下一期笔记内容"，体现了对用户行为的引导。

创作者也可以在结尾对商家或商品进行点评，发挥引流的作用，此类导向性内容常见于购物分享、商品推荐、探店等笔记中，如图3-84所示。

图3-83 行为引导

图3-84 引流

3. 适用的笔记类型

视频笔记的形式并不是对所有主题的笔记都适用，在不同类型的笔记中视频形式也会发挥不同的作用。选择图文笔记还是视频笔记，这需要创作者根据自己的创作思路和创作目的进行灵活判断。接下来为大家总结5类适用于视频形式的小红书笔记。

（1）实操教程类笔记

实操教程类笔记包括时尚教程、手工制作、软件操作、美食制作等以操作方法为内容，以教学为目的的笔记。视频能够完整、动态地展示操作过程，用户学习起来也更加容易，如图3-85所示。

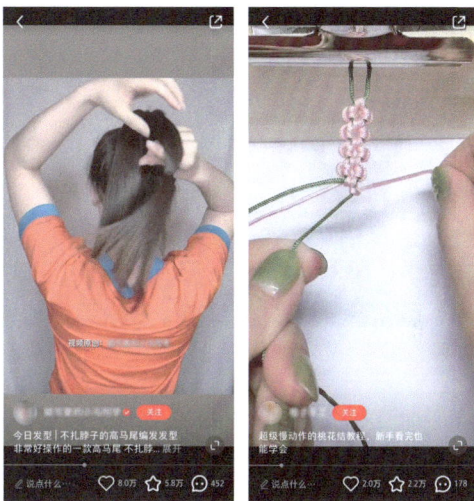

图3-85　实操教程

（2）探店类笔记

视频能够全面、真实地记录探店的过程，让用户身临其境，能够跟随创作者的镜头一起完成探店。图3-86所示为某咖啡馆探店笔记，创作者将制作咖啡的过程拍摄下来，用户通过视频就能真实地观看咖啡的制作过程。

图3-86　咖啡店探店

（3）日常记录类笔记

日常记录类笔记包括的范畴很广，它可以是创作者生活中发生的一件趣事，也可以是创作者今日的心情。如果创作者想要记录的只是一份心情、一处风景，那么使用图文笔记的形式就可以完成。而如果创作者想记的是动态的画面，比如和家人出行的经历、和宠物玩耍的片段等，那么视频笔记的形式就更加合适。而且由于视频笔记记录的是连续的画面，它所承载的信息量更丰富，内容表现力也更强。图3-87所示是一些日常记录类的视频笔记，创作者用视频笔记的形式记录和小狗出门的故事、和孩子玩乐的情景及日常烹饪的过程，分享自己多彩的生活。

图3-87　日常记录

Vlog是日常记录类笔记中的一个热门小类。伴随着安静悦耳的纯音乐，创作者在视频中展示自己的日常生活碎片，将自己的生活情趣和生活态度传递给观看Vlog的每一位用户，这种分享形式受到了许多用户的欢迎。图3-88所示是某创作者用镜头记录自己在旅行中的故事。

图3-88　Vlog形式

（4）观点输出类笔记

观点输出类笔记的创作重点是如何让用户认可视频中分享的观点，引发用户对自身的思考。如果以文字的形式陈述观点，用户很可能根本不会仔细阅读；而在视频笔记中，创作者能够将观点以声音的形式说给用户听，用户就能很容易听下去。图3-89所示的视频笔记中，创作者一边展示自己做家务的情形，一边讲述自己的心路历程，向用户传达"做家务也可以变得有趣"的观点。该视频展现了创作者较强的说服力，而且具有观赏性，能够吸引用户点开视频并且看下去。

图3-89　观点输出

（5）影视音分享类笔记

在分享影视剧的笔记中，视频可以直接截取影视画面。而通过视频笔记的形式创作音乐分享笔记，则可以在视频中添加多段音乐，并搭配合适的画面，给用户以完整的视听享受，如图3-90所示。

图3-90　音乐推荐

3.3.4 注意推送的时间

在小红书平台，笔记的热度越高，排名就越高，曝光度也随之提升。但在笔记发布后的不同时段内，笔记所获得的热度对笔记排名的帮助是不一样。一般来说，平台为了鼓励创作者发布新鲜内容，也为了扶持有潜力的新人创作者，笔记刚发布时所获得的热度含金量更高，即笔记热度的增速越快，对排名的"加成"就越大。因此，创作者要优先在用户活跃度高的时段发布内容，才能让笔记获得更多的推送机会。

1. 晚间是"黄金"推送时段

一般来说，"黄金"推送时段是每日晚间七点至九点，这个时段是上班族下班、学生放学后休息的时间，在这段时间里，用户的活跃度更高。因此，在此时间段内发布的笔记更容易被用户看到，从而获得较高的热度。

2. 特殊推送时段

不同领域的账号受众不同，而不同受众之间的阅读习惯、偏好也不一样。这种因人而异的情况就会推动一些特殊推送时段的产生。

以学生为例，学生在寒暑假期间和开学后的空闲时间会有明显的不同，因此，笔记的推送时间也需要进行相应的调整。而且，在学期末及毕业季的时候，很多创作者会围绕寒暑假这一主题进行发散与创作，笔记发布时自然也要注意把握时间契机。图3-91所示为某毕业写真微电影的笔记，创作者在5月底发布，正好是毕业前夕，非常容易引起毕业生的情感共鸣，因此也受到了用户的喜爱。

图3-91　毕业写真微电影

3. 注意推送内容的时效性

很多热门主题自身具有时效性，比如"季节限定""双十一"等，创作者要跟上热度发酵的速度，及时发布相关笔记。图3-92所示为一篇介绍野餐小食制作方法的笔记，为了贴合"春游"这一热点关键词，创作者选择在3月初发布笔记，这样既提升了笔记的实用价值，也为笔记增加了曝光度，从而获得了比较高的热度。

图3-92　春游踏青相关的笔记

3.4 小红书也能开直播

为了方便创作者同粉丝实时互动，顺应当前"直播带货"的热潮，小红书推出了直播功能。小红书直播以独树一帜的特点和独特的直播间氛围区别于其他直播平台。本节将对小红书直播的一般流程及实际准备工作进行综合介绍。

3.4.1 小红书直播的流程

　　小红书直播的开通门槛并不高。对于新手主播，如何进入直播领域，成为优质主播仍然是个新问题。通常情况下，小红书直播的流程可以概括为以下6步。

1. 商业对接

　　商业对接是指在直播前同合作方洽谈合作形式、推广要求等内容。比如在直播中为某品牌、店铺带货，或是在直播中插入"口播"，以及在直播前洽谈抽奖等活动的赞助，这些都属于商业对接的范畴。

　　在商业对接这一环节中，创作者要注意明确合作中的具体要求，及时沟通，避免在后续活动中产生矛盾。如何做好合作带货，创作者要注意审核商品的资质是否合乎标准，避免"翻车"。为了体现对用户负责的态度，创作者也可以提前试用商品，结合亲身经历分享商品的优缺点，这样也能让用户放心地下单。图3-93所示为某主播正在分享自己的洗发经验。

图3-93　分享使用经验

2. 直播策划

　　明确了直播要求后，创作者就要根据这些要求对直播主题和内容进行具体策划，设计直播中的各个环节，主要包括直播活动、直播福利和商品介绍与展示。

　　（1）直播活动

　　直播活动即直播的主要内容，就是主播在直播中主要做些什么，比如聊天、分享知识或是直播学习过程，等等，这些都属于直播活动。图3-94所示为教学类直播，主播必须提前备课，用心设计教学活动，同直播间粉丝保持良好的互动交流。

图3-94　需要提前备课的直播

（2）直播福利

直播福利主要包括购买商品时的优惠活动、直播互动活动等，即用户在直播间下单和观看直播时能够获得什么福利，这种活动是直播间吸引人气的重要来源。图3-95所示为某直播间的抽奖活动，用户只需分享直播即可参与抽奖。

图3-95　直播抽奖

（3）商品介绍与展示

商品介绍与展示常见于带货直播，它的形式比较多样，具体视商品自身的特性而定。图3-96所示为某场服装带货直播中主播向用户展示服装的情形。

图3-96　展示商品

3. 直播筹备

直播筹备包括工作人员安排，设备、场景等的布置，主要是为直播的正式开展做准备。比如为了体现直播的专业性，很多主播会专门搭建直播间背景，使直播间粉丝获得良好的观看体验，如图3-97所示。

图3-97　专业的直播间背景

4. 直播预告

在正式直播前，创作者要发布直播预告，让更多用户了解这场直播的内容、开播时间等信息，为正式直播造势，吸引更多人来观看直播。直播预告包括提前预热和当天预告。

（1）提前预热

提前预热通常在正式直播的前几天进行，具体时间和预告次数视直播的规模而定。它主要是帮助主播提高知名度，发酵话题。这种提前发布的预告可以尽可能地对直播内容做一些详细介绍，提高用户对直播的期待值。图3-98所示为某主播百万粉丝回馈活动的直播预告，主播在预告中不仅介绍了本场直播的大致内容，还分享了自己运营账号的心路历程，并对支持自己的粉丝表达了感谢，由此引入对直播中福利的介绍，话题的过渡也非常自然。主播展示了真挚诚恳的态度，这也让用户愿意观看她的直播。

图3-98　提前预热

（2）当天提醒

在直播当天，主播还要再发布一次预告，这次预告是用来提醒用户及时观看直播的。当天提醒则不需要做过多介绍，只需说明直播主题、大致内容和开始时间即可，如图3-99所示。

图3-99　当天提醒

5. 正式直播

在正式直播时，主播只需要按照计划完成直播即可。主播在直播过程中要注意同用户保持良好的互动，调动用户的积极性。如果遇到突发情况，主播要以用户的观看体验为先，冷静处理，尽快恢复直播进程。

6. 直播总结

直播结束后，适当的总结能够体现直播的完整性和主播自身的专业素养，还能让未观看直播的用户了解直播的基本内容。图3-100所示为某场护肤知识分享直播的总结笔记，该笔记中不仅对粉丝表示了感谢，还对本场直播内容进行了整理，最后预告了下一场直播的内容和时间，是标准的直播总结的写法。

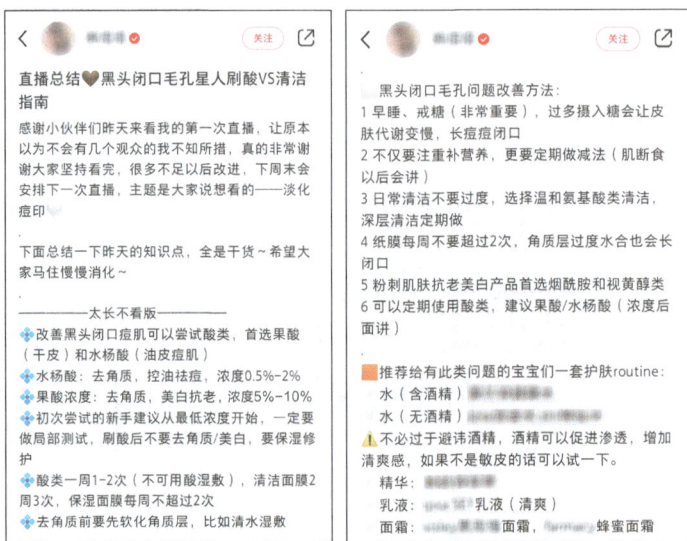

图3-100　直播总结

3.4.2 为直播做好准备

在直播开始前，充分的准备工作能够帮助主播从容、沉稳地应对直播中的各种突发情况，将直播内容顺利地呈现给每一位直播间的粉丝。在直播前，主播应当完成以下7项工作。

1. 熟悉流程

要想让直播顺利进行，主播必须要熟悉直播的流程，明白自己接下来该做什么，把握好直播节奏。撰写直播脚本能够帮助主播快速地熟悉流程，在直播出现失误时主播也能根据脚本快速调整状态，回归到正常的流程中来。

2. 直播话术

直播话术可以理解为主播在直播过程中的说话技巧，掌握话术可以让观众感到愉悦，从而对主播留下良好的印象。尽管直播的话术不能完全复制，但可以遵循一些基本的原则。

（1）使用问候语

主播在开播和下播时需要使用一些问候语，例如"欢迎来到直播间""今天播到这里，大家再见"等，这样主播能在迎来送往间显得更加亲切，同时也能体现主播对观众的重视。

（2）文明用语

谈吐得体，是直播平台对主播的基本要求，这就需要主播注意自己的谈吐，要更多地使用文明用语。文明用语能体现一个主播的素质和涵养，同时能让观众感受到来自主播的尊重。

（3）养成自己的语言风格

语言是很有感染力的，主播可以根据自己的直播风格和人设，有意识地养成自己的语言风格，比如适当地使用一些口头禅、座右铭等。这能让主播显得更有个性，也更容易被观众记住。

3. 上架商品

在带货直播中出现的商品必须提前在小红书商城中上架，生成商品链接，并通过商品卡片插入到直播间，方便直播间粉丝快速下单，如图3-101所示。

为了让直播开展得更加流畅，也方便直播间粉丝进行留言互动，主播可以提前为商品编号。图3-102所示为某场珠宝带货直播，主播为每款珠宝商品标注了编号，用户可以直接在留言区发送自己感兴趣的商品编号。

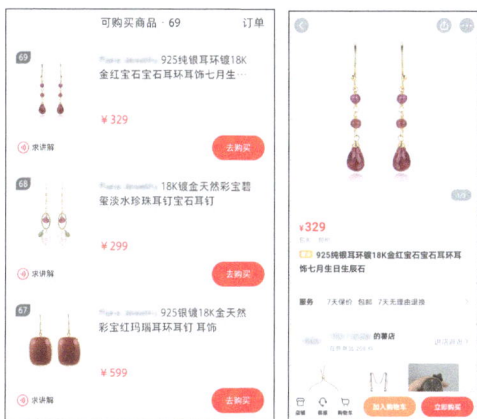

图3-101　提前上架商品

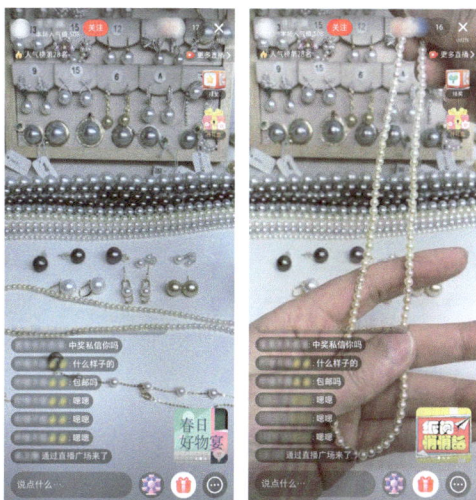

图3-102　为商品编号

4. 挖掘商品卖点

要让粉丝对商品产生兴趣，甚至下单购买，首先主播自己要充分了解商品，将商品的卖点展示给用户。图3-103所示为某头发护理商品的带货直播，主播为用户详细介绍了商品的成分及使用方法，帮助用户更好地了解商品。

图3-103　介绍商品卖点

5. 设计直播风格

独特的直播风格能够让粉丝对主播留下深刻印象，使直播更具吸引力。直播风格受到直播形式、直播间氛围、主播人设3种因素的影响。接下来为大家详细介绍。

（1）直播形式

在小红书平台，直播的形式包括聊天答疑、直播学习、带货营销等，不同形式的直播，其风格也相去甚远。带货直播就包括活动促销、商品试用、好物推荐等多种形式。

（2）直播间氛围

带货直播的营销气氛较浓，分享类直播学习氛围良好，而聊天类直播则比较随意轻松。图3-104所示为某场介绍手工旗袍的直播，主播向粉丝分享有关手工旗袍制作的知识，直播间的氛围也比较平静和睦，粉丝不仅耐心地倾听主播分享，还会在留言区提出自己的疑问。

图3-104　主播在分享手工旗袍制作的知识

（3）主播人设

主播的人设对直播风格的影响也很大。比如，热情激奋的主播直播节奏更快，直播间氛围更火热；知性路线的主播直播则比较有条理，按部就班；而"佛系"主播的直播风格相对温和。主播可以根据自己的举止习惯和优势打造人设。

6. 预告文案的写作

预告文案即直播预告的文案，它不仅可以发布在小红书平台，还可以发布在其他平台为直播吸引流量。精彩的预告文案能够为直播增加吸引力，为直播间带来更高的人气。预告文案的写作要注意以下几点。

（1）信息要全

预告中要包含直播的基本信息，如直播时间、观看直播的平台和方式、主播信息、福利等。图3-105所示为一些带货直播的预告，用户看完预告就能知道直播的大致内容，从而判断该直播是否为自己所感兴趣的内容。

图3-105　信息要全

（2）突出亮点

突出亮点是指在预告中告诉用户直播中有什么精彩内容，亮点主要包括大额的福利、神秘嘉宾、有趣的活动等。图3-106所示为某知识分享直播的预告，主播将会邀请"直播薯"官方号亲临直播间，为直播新手答疑解惑，因此该主播在预告文案中着重介绍了直播嘉宾。

图3-106　突出直播亮点

（3）体现必要性

必要性是指用户为什么一定要看你的直播，看了有什么好处。主播要充分考虑用户的实际需求，从用户想看什么、需要什么出发，让用户对直播产生兴趣。图3-107所示的直播预告中，主播分别从粉丝刚需和直播中商品的优惠价格进行介绍，吸引用户前来观看直播。

图3-107　观看直播的必要性

（4）制造悬念

在预告文案中制造悬念，能够激发粉丝的好奇心，让他们到直播间一探究竟。图3-108所示的直播预告中，主播保留了许多神秘单品信息，只有在正式直播中才能一探真面目，这就是一种制造悬念的方式。

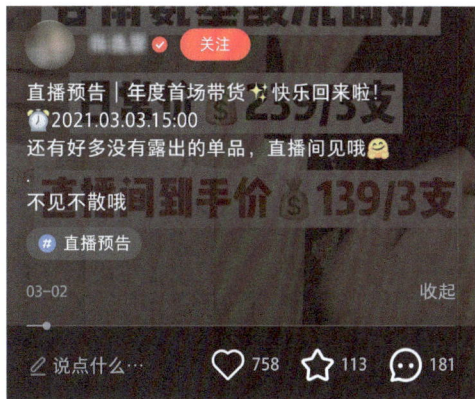

图3-108　在预告中制造悬念

（5）引导粉丝预约直播

预约直播功能是小红书推出的特色功能，用户需要在直播预告笔记中点击"预约直播"按钮并选择"立即预约"，就能获取正式直播时的观看提醒，避免错过直播，如图3-109所示。

图3-109　预约直播功能

因此，在预告文案中，主播可以提醒用户预约直播，这样就能在直播开始时发送定向的提醒推送，增加直播的观看人数，如图3-110所示。

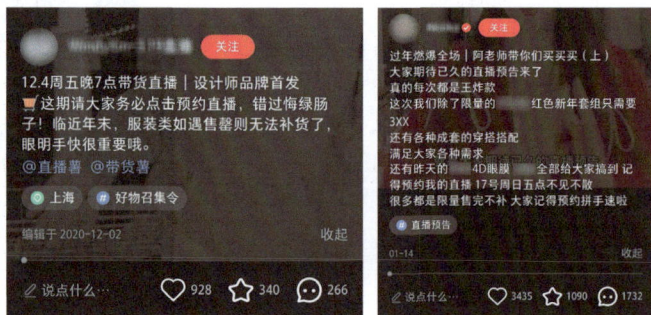

图3-110　在文案中引导用户预约直播

如何设置直播预告

开启预约直播功能需要创作者在笔记中添加"直播预告"按钮。接下来以手机端为例演示"直播预告"按钮的插入方法。

步骤01 在笔记编辑页面，点击下方"高级选项"按钮，进入高级选项页面，点击"直播预告"按钮即可进入直播预告的编辑页面，如图3-111所示。

图3-111　高级选项入口

步骤02 输入直播主题，描述文字不得超过20字，选择直播的开始时间，编辑完成后点击"确定"按钮，如图3-112所示。

图3-112 编辑直播预告

步骤03 点击右上方的ⓘ按钮，可以查看"直播预告小贴士"的详情，检查直播预告的内容无误且符合要求后，点击"保存设置"按钮即可完成直播预告的添加，如图3-113所示。

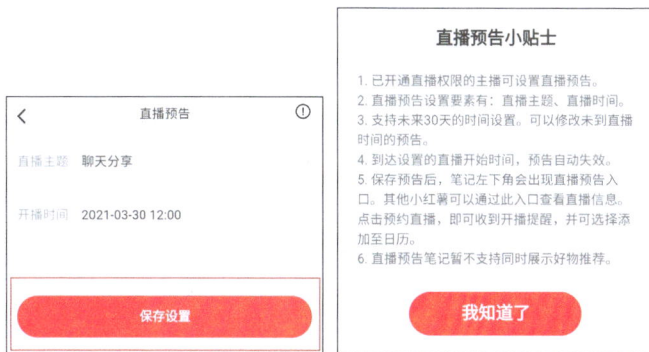

图3-113 查看贴士，保存设置

7. 直播前调整状态

主播的状态会影响到整个直播间的氛围。热情洋溢的主播能够让直播间的气氛更加昂扬，带动直播间粉丝的情绪，刺激粉丝进行互动和下单。因此，在直播前，主播要及时做好自我调整，以最佳的面貌开展直播工作。

3.4.3 开启直播的方法

第一次开启直播时，创作者需要先开通直播功能。接下来以手机端为例，介绍直播功能的开通和直播间开启的流程。

步骤01 打开小红书App，点击➕按钮，如图3-114所示。

图3-114 点击按钮

步骤02 点击"直播"按钮，进入开通直播功能的页面。在小红书开通直播功能需要满足3个条件，即绑定手机号、实名认证和年满18周岁。创作者应确保认证的身份能够满足年龄要求，点击"去认证"按钮就能进入实名认证页面，如图3-115所示。

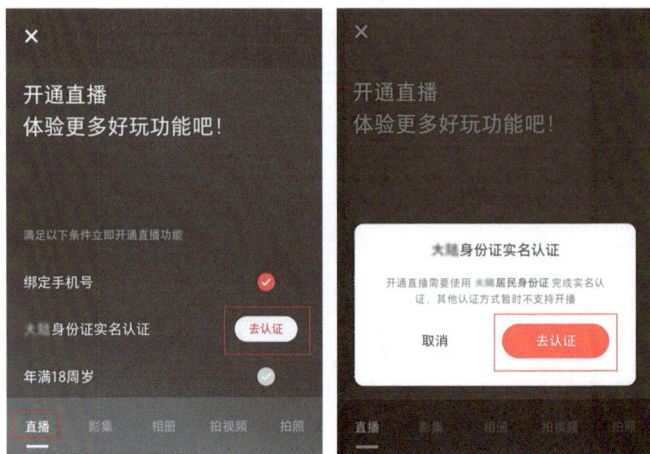

图3-115　开通直播功能

步骤03 填写真实姓名和身份证号，勾选"我同意《实名认证协议》"后点击"提交"按钮，如图3-116所示。

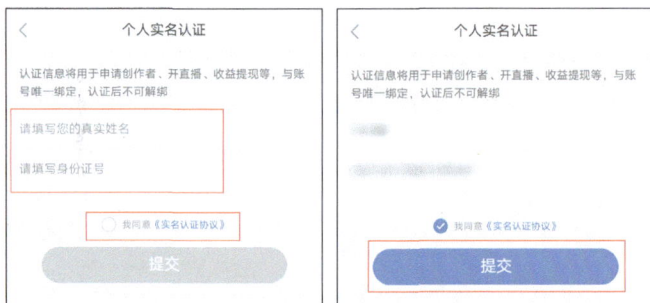

图3-116　实名认证

步骤04 勾选授权协议，点击"开始录制"按钮录制并上传一段时长1~2秒的本人正面出镜、多次眨眼的视频，保证视频的清晰度和面部的完整露出，以确保验证通过，如图3-117所示。

图3-117　录制验证视频

步骤 05 等待系统验证,当页面中显示"人脸验证通过"字样后,点击"完成验证"按钮即可完成实名验证,点击"确定"按钮即可完成直播功能的开通,如图3-118所示,进入直播间编辑页面。

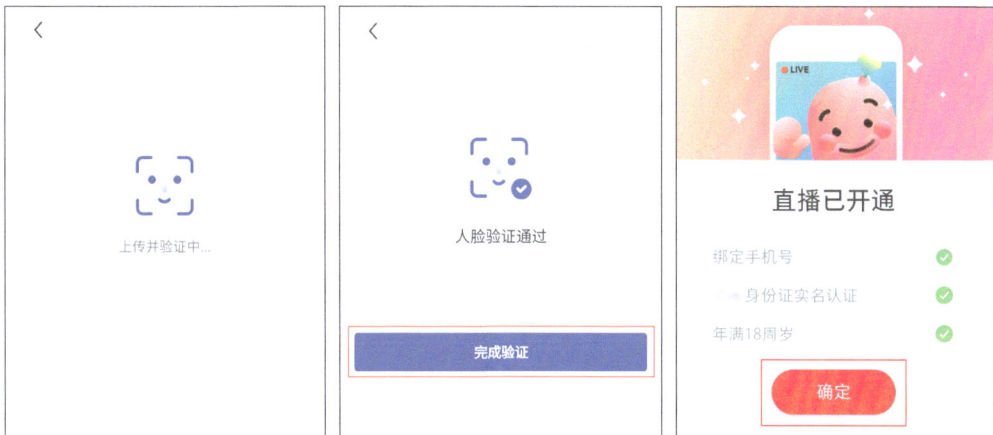

图3-118 直播功能开启成功

步骤 06 在直播间编辑页面中点击"选封面"按钮,在直播间封面页面中点击"上传封面"按钮,创作者就可以挑选直播间的封面图,如图3-119所示。建议创作者选择清晰度高的图片作为直播间封面,如果是露脸直播,则可以使用自己的高清艺术照,这样更容易吸引用户进入直播间。

图3-119 设置直播间封面

步骤 07 输入直播间名称,点击"所有人可见"按钮可以选择直播的可见范围,如图3-120所示。

小提示

直播间名称应当体现直播主题和直播内容,吸引对直播内容感兴趣的用户进入直播间。可见范围包括"所有人可见"和"仅对被分享用户可见"两种,前者面向小红书的所有用户,后者则更私密,适合小范围的直播,如分享到特定粉丝群,等等。

图3-120 输入直播间名称并选择可见范围

点击"心愿礼物"按钮即可设置本场直播的心愿礼物，点击"修改心愿"按钮即可自主设置心愿礼物和数量，设置完毕后点击"确定"按钮回到设置本场心愿礼物页面，点击"开启心愿"按钮，完成心愿礼物的设置，如图3-121所示。

图3-121　设置心愿礼物

步骤 09　点击"更多"按钮，在弹出页面中点击"直播公告"按钮，输入直播公告的内容，对本场直播的内容和相关福利进行简单介绍，点击"确定"按钮后公告自动生效，如图3-122所示。

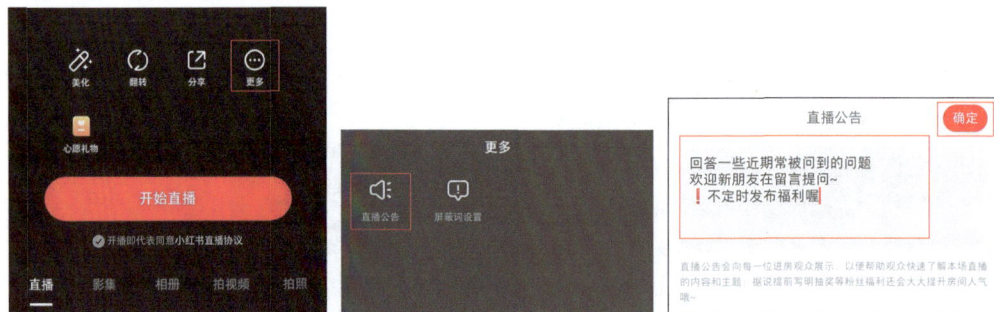

图3-122　编辑直播公告

步骤 10　点击"开始直播"按钮即可开始本场直播，如图3-123所示。

图3-123　开始直播

3.5　其他社区型平台的特色功能

除了"种草神器"小红书，还有许多社区型平台也成功探索出了自己的独特风格。本节将介绍3个时下热门的社区型平台——TapTap、知乎和豆瓣，帮助大家了解其特色与功能。

3.5.1 TapTap，玩家社区平台

TapTap是一个高品质手游的分享社区，实时同步全球各大应用市场游戏排行榜，为用户提供全面、新潮的游戏动态。同时，用户还可以通过多种功能与平台中的其他用户进行互动交流，共同发掘高品质手游。

当前，游戏社区日活用户达110万人次，月活用户达600万人次，用户总数已经超过2200万人，TapTap已然成为国内颇具影响力的热门游戏社区。接下来以手机端为例，介绍TapTap的特色功能。

1. 云玩

云玩功能可以让用户不需要下载游戏，直接通过TapTap平台在线玩游戏，既节省内存，又能快速体验游戏内容，十分方便。接下来演示云玩功能的使用方法。

步骤 01 打开TapTap，在首页下方的导航栏中点击"我的游戏"按钮，并点击页面上方的"云玩"按钮，进入云玩页面，如图3-124所示。

步骤 02 点击"挑选云玩游戏"按钮寻找感兴趣的游戏，点击游戏即可进入详情页，如图3-125所示。

图3-124　点击"云玩"按钮　　　　图3-125　挑选游戏

步骤 03 在游戏详情页中点击"免下载直接玩"按钮，每月首次点击该按钮时系统将弹出领取时长窗口，点击"领取礼包"按钮即可获得每月赠送的时长，如图3-126所示。

图3-126　领取每月赠送的时长

小提示

用户每月可获得平台赠送的60小时的云玩时长，通过签到还可以每日额外获得1小时时长，每月赠送时长的上限为10小时，未使用的时长将于月底清零，如图3-127所示。

图3-127　云玩体验卡

钮，等待系统完成游戏测速
即可进入游戏，如图3-128
所示。

图3-128　启动云玩

2. 统计游戏时长

TapTap可以统计用户的游戏时长，帮助用户了解自己的游戏偏好，合理分配和调整游戏时间。开通统计游戏时长功能需要开通授权，接下来为大家演示如何开通统计游戏时长功能。

步骤 01 打开TapTap，在下方点击"我的游戏"按钮，如图3-129所示，进入我的游戏页面。

图3-129　点击"我的游戏"按钮

步骤 02 打开"游戏时长统计"右侧的开关，系统将弹出页面提醒用户授权，点击"去开启"按钮即可快速前往相关设置页面开通权限，如图3-130所示。

图3-130　打开游戏时长统计

步骤 03 点击TapTap右侧的 按钮，打开"允许访问使用记录"这一项权限，如图3-131所示。
步骤 04 返回TapTap，刷新页面，在我的游戏页面中就可以查看各项游戏的时长了，如图3-132所示。

图3-131　允许访问使用记录

图3-132　查看游戏时长

3. 游戏论坛

在TapTap平台中，每款游戏都有专属论坛，方便用户了解游戏相关的新鲜资讯、交流讨论游戏相关的话题。论坛能够提升游戏的社交性，当用户在游戏中遇到无法独立解决的问题时，就可以在论坛中寻求帮助。接下来演示如何进入论坛。

步骤01 选择一款游戏，如图3-133所示，点击进入游戏详情页。

步骤02 在游戏详情页中，点击"论坛"按钮即可进入该游戏的论坛，如图3-134所示。

图3-133 选择一款游戏

图3-134 点击"论坛"按钮进入论坛

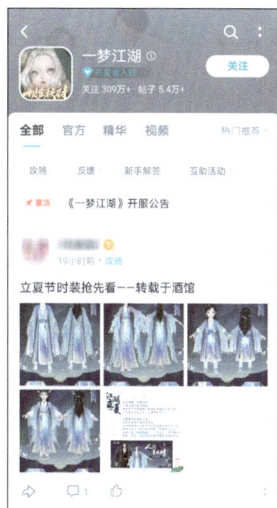

3.5.2 知乎，网络问答社区

知乎是高质量的网络问答社区和创作者云集的原创内容平台，自2011年1月正式上线至今，始终将"让人们更好地分享知识、经验和见解，找到自己的解答"作为品牌使命。

凭借认真、专业、友善的社区氛围，独特的产品机制，以及结构化和易获得的优质内容，知乎在中文互联网科技、商业、影视、时尚、文化等诸多领域中产生了巨大的影响力，同时不断拓展业务，建立起了以社区驱动的内容变现商业模式，力求成为综合性、全品类的知识分享社区。

截至2020年，已有超过4000万名答主在知乎创作，全站问题总数超过4400万，回答总数超过2.4亿。2021年1月13日，知乎将品牌slogan从"有问题，上知乎"更新为"有问题，就会有答案"。接下来介绍知乎的一些特色功能。

1. 盐选专栏

盐选专栏是知乎提供的优质付费内容，支持图文、音频和视频形式的内容消费体验。原"私家课"功能中的内容也被盐选专栏一并覆盖。盐选会员可以免费查看盐选专栏中的大部分内容，但部分内容仍然需要付费查看。接下来介绍盐选专栏的入口和使用方法。

步骤 01 打开知乎App，在下方点击"会员"按钮，如图3-135所示，进入会员页面。

步骤 02 在上方找到"盐选专栏"这一栏，点击即可查看海量专栏内容，点击感兴趣的专栏内容即可进入详情页面，如图3-136所示。

图3-135 点击"会员"按钮

图3-136 盐选专栏页面

步骤 03 进入详情页面后，此时专栏内容仍然显示为VIP内容，无法查看，用户需要点击"购买此内容"按钮进行付费，或点击"新会员首月仅9元 此内容会员免费看"按钮充值会员，如图3-137所示。

图3-137 付费查看专栏内容

步骤 04 选择充值方式、支付方式并完成支付即可查看专栏内容，如图3-138所示。

图3-138 直接付费或充值会员

2. 付费咨询

付费咨询功能是用户支付费用而答主提供咨询服务的功能。简单来说，知乎通过该功能为用户和答主提供了一个开放的交易平台。付费咨询是知乎平台的重要变现渠道。不过为了确保咨询服务的质量和专业程度，有效维护用户权益，向他人提供咨询服务的功能只对"盐值"超过500且通过实名认证的用户开放。

付费咨询分为发起咨询和旁听咨询两种类型，前者是直接向答主提问并获得解答，后者则是查看他人的提问与回答。接下来介绍发起咨询的方法。

步骤01 打开知乎App，在下方点击"我的"按钮即可进入个人主页，如图3-139所示。在功能面板中找到"付费咨询"一项，点击即可进入功能页面，如图3-140所示。

图3-139 点击"我的"按钮

图3-140 点击即可进入付费咨询功能页面

步骤02 选择需要咨询内容的所属领域，点击后平台将自动筛选对应领域的答主，用户可以根据答主的咨询次数、评分、咨询价格等因素进行综合考虑并选择，如图3-141所示，点击答主可以查看详情页面进一步了解答主的相关信息。

图3-141 选择领域和答主

步骤03 在详情页面中，用户不仅可以查看完整的答主介绍和账号使用情况，还能了解其他咨询用户对该答主的评价。点击"付费咨询"按钮，进入咨询页面，点击"￥69 发起咨询"按钮即可对该答主发起咨询，如图3-142所示。

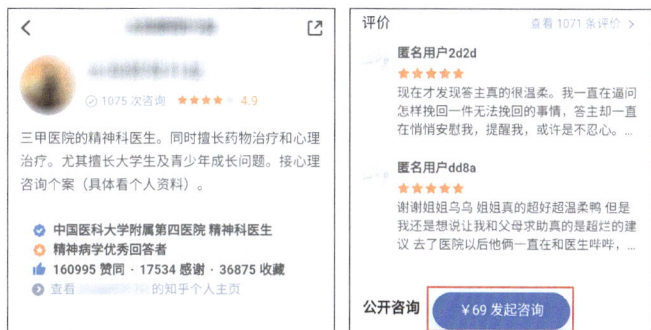

图3-142 答主详情页面及发起咨询

步骤 04 在输入框中输入需要咨询的内容，字数必须在30~300字之间，输入完毕后点击右上角"提问"按钮即可提交本次咨询，如图3-143所示。

步骤 05 在弹窗中选择支付方式并点击"确认支付"按钮进行支付，如图3-144所示，完成支付流程后咨询将发送至答主，用户只需耐心等待回答即可。

图3-143　编辑咨询内容

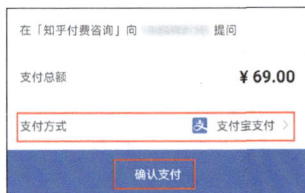

图3-144　支付

　　旁听咨询的费用相对实惠，常见的咨询问题可以通过使用旁听咨询功能获得对应的回答。旁听咨询的操作方法如下。

步骤 01 在付费咨询功能页面中，点击"问题"按钮，查找感兴趣的问题，如图3-145所示，点击问题即可了解问题详情。

步骤 02 在问题详情页中，用户可以查看问题的完整描述、价值、被旁听和点赞的次数，点击"¥1旁听"按钮即可申请旁听，如图3-146所示。

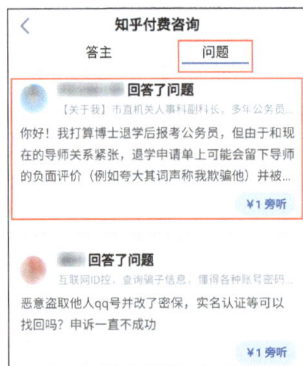

图3-145　查找需咨询的问题

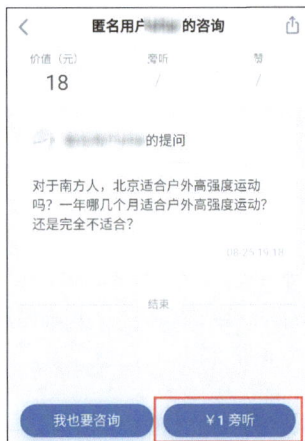

图3-146　问题详情页

步骤 03 支付成功后，用户可以在当前页面中查看完整的咨询过程，如图3-147所示。

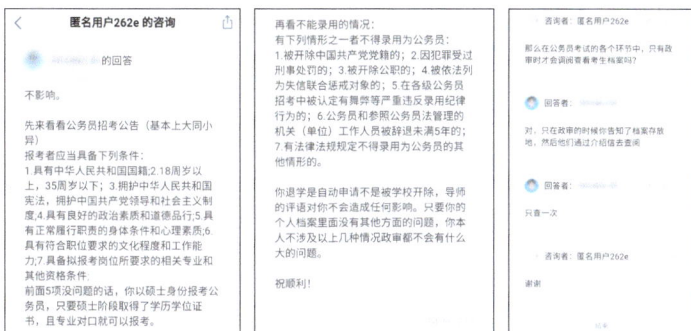

图3-147 查看完整咨询

3.5.3 豆瓣，知识分享社区

豆瓣是集Blog、交友、小组、收藏等多种功能于一体的文化生活社区和知识分享社区，围绕书影音为用户提供有趣多元的内容和开放互动的交流平台。接下来介绍豆瓣的特色功能。

1. 书影音标记

用户可以使用豆瓣了解感兴趣的书影音并对其进行标记。标记分为"想看"和"看过"两种类型，前者是对未观看的内容进行标记，以便记录感兴趣的内容并提醒及时观看；后者则是对已经看过的内容进行点评，记录观看后的心得体会，也为其他用户提供参考。接下来介绍如何使用豆瓣标记书影音。

步骤01 打开豆瓣App，在下方点击"书影音"按钮，如图3-148所示，进入书影音页面。

图3-148 点击"书影音"按钮

步骤02 点击搜索框进入搜索页面，在搜索页面中，平台将提供书影音的实时热门榜单，帮助用户发现感兴趣的内容，用户可以在搜索框中直接输入关键词进行搜索，也可以在下方榜单中点击书影音作品，进入对应作品的详情页，如图3-149所示。

图3-149 点击进入搜索页面

步骤 03 在作品详情页中，点击"想看"按钮或"看过"按钮，可以对书影音进行标记，如图3-150所示。

步骤 04 用户可以将感兴趣的未看作品标记为"想看"。在编辑页面中，用户可以在系统提供的相关标签中自主选择，点击"+新标签"按钮可以添加自定义标签，在下方输入框中填写"想看"的理由，更好地记录想法，如图3-151所示。

图3-150 作品详情页

图3-151 编辑"想看"

步骤 05 "看过"则是对看过的作品进行点评。在编辑页面中，用户可以为作品点亮星级评价，添加标签，填写观看后的感受，如图3-152所示。

步骤 06 同步发布到动态的标记内容可以在主页中查看，如图3-153所示。

图3-152 编辑"看过"

图3-153 查看标记内容

2. 豆瓣小组

豆瓣小组是豆瓣平台提供的用户交流分区，用户可以根据兴趣加入小组，在小组内通过发帖、回帖、点赞等多种操作同其他用户进行互动交流。

　　根据筛选逻辑和涉及领域的不同，豆瓣小组被系统整理成日榜、新组、专题、追剧、影视、读书、游戏、生活、人文、闲趣、情感、兴趣、时尚、娱乐、理财、美食、运动、旅行、宠物、摄影、艺术、科技、音乐、动漫、打卡、职场、校园、租房、求职和同城，共30张榜单，以供用户快速找到感兴趣的小组。

　　豆瓣小组内部通常设有专门的组规，对小组内讨论的内容、发帖格式等进行了明确规范，有的小组还需要通过审核才能加入，这些都是因小组而异。接下来为大家介绍如何找到感兴趣的豆瓣小组并加入。

步骤 01 打开豆瓣App，在下方点击"小组"按钮即可进入豆瓣小组页面，如图3-154所示。点击上方的搜索框可以跳转到搜索页面，如图3-155所示。

图3-154　点击"小组"按钮　　　　　　　图3-155　点击搜索框

步骤 02 点击"小组热门趋势榜 Top20"按钮可以进入发现小组页面，如图3-156所示。

步骤 03 在发现小组页面中，用户可以通过左侧分类快速寻找感兴趣的小组，点击小组名称即可进入小组，如图3-157所示。

步骤 04 用户可以在小组中浏览其他用户发布的内容，点击小组名称右侧的"+加入"按钮即可加入小组，如图3-158所示。

图3-156　点击"小组热门趋势榜 Top20"按钮　　　图3-157　发现小组　　　图3-158　点击加入小组

步骤 05 加入小组后，用户就可以发布主题帖。点击✐按钮开始编辑主题帖，根据主题帖的内容选择合适的分区，编辑完主题帖内容后点击"发布"按钮即可发布，如图3-159所示。

图3-159　编辑并发布主题帖

步骤 06 为了管理方便，人数较多的小组需要经过审核才能加入。点击小组名称右侧的"+申请"按钮，在弹出页面的输入框中填写申请理由，点击"申请"按钮完成提交，待小组管理员审核通过后就可以成功加入小组，如图3-160所示。

图3-160　申请加入小组

第 4 章

今日头条，基于数据挖掘的资讯平台

在互联网技术的推动下，新媒体行业得到了空前的发展，利用新媒体平台开展营销成了一种日益普遍的营销手段。今日头条就是众多新媒体平台中的一个，其凭借着自身的平台优势和巨大的发展前景，已然成为新媒体平台中的佼佼者。本章从认识头条号入手，细致讲解今日头条这一平台的相关操作，另外，本章还选取了几个其他的内容创作平台，梳理了不同平台间功能方面的特色。

4.1 注册头条号，开启创作关联

本节将从认识头条号入手，主要介绍头条号的注册途径与基本的信息设置，还会对头条号的身份验证与创作关联进行详细讲解。希望通过学习本节内容，读者可以对头条号有一定的认识，同时能够轻松掌握头条号的注册方法，顺利通过账号注册过程中的各项审核。

4.1.1 认识头条号

今日头条是北京字节跳动科技有限公司旗下的一个产品，创建于2012年3月，今日头条的创始人张一鸣认为："今日头条不仅是一个新闻客户端，还是一个信息分发平台。媒体公司一般有它的主张，它的内容风格，有的还写社论、主编语，我们没有，你可以说我们是一家具有媒体属性的技术公司。"今日头条的技术性体现在其利用人工智能驱动信息与内容平台，可以说智能化是今日头条成功的核心要素。

今日头条的智能化集中体现在其推荐引擎上，这种智能的推荐引擎可以根据每位用户的基本信息和兴趣爱好对其进行多维度的精准推荐，平台会将用户的浏览行为以数据的形式进行整合和统计，为用户贴上一个专属"标签"，然后通过关键词筛选等方法，将平台内符合该标签的信息推送给用户，力图提升对用户推荐的每一条信息的价值。图4-1所示为今日头条"看见更大的世界"的口号。

除了智能化的推荐引擎，大数据算法也是今日头条的王牌。今日头条采用的大数据算法首先会智能化地对用户的性别、年龄、职业、地理位置、阅读行为等进行分析，挖掘用户的兴趣所在，建立用户模型，随后会根据用户的每一次动作，在10秒内完成对用户模型的更新。在建立用户模型的同时，平台系统还会对抓取到的信息进行整合，从中提取几十到上百个高维特征，再将高维特征降维并去重，然后对信息进行机器分类、质量识别等处理，最后将信息实时推荐给每一位用户，整个过程仅用了不到一分钟的时间。图4-2所示为今日头条建立用户模型的示意图。

图4-1 今日头条"看见更大的世界"的口号

图4-2 今日头条建立用户模型的示意图

4.1.2 多媒介注册头条号

　　头条号的注册可以在PC端的网页中完成，也可以在手机端App中完成。本节将分别讲解头条号网页注册和手机端注册的具体操作步骤。

1. 网页注册

　　头条号的网页注册是较为常用的一种注册途径，用户打开浏览器进入头条号主页即可快速注册。下面梳理了头条号网页注册的具体步骤。

步骤 01 打开浏览器进入今日头条首页，单击页面左上方的"注册头条号"按钮，如图4-3所示，进入头条号主页。

图4-3　今日头条首页

步骤 02 单击"注册"按钮，进入注册页面，单击用户登录页面下方的"立即注册"按钮，如图4-4和图4-5所示。

图4-4　头条号主页

图4-5　单击"立即注册"按钮注册头条号

步骤 03 在注册页面中的输入栏中输入手机号码，单击下方的"获取验证码"按钮，将收到的验证码填入"验证码"一栏，如图4-6所示。

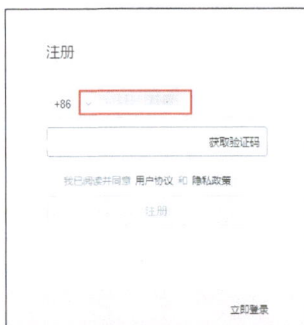

步骤 04 填写完验证码后，单击勾选用户协议，然后单击下方的"注册"按钮，即可完成注册，如图4-7所示。

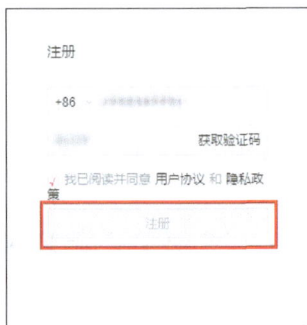

图4-6　输入手机号和验证码　　　　图4-7　勾选用户协议并注册

2. 手机端注册

除了上述的注册方法，头条号还支持手机端注册。和PC端网页注册相比，手机端注册较为灵活。下面简单介绍头条号在手机端的注册方法。

步骤 01 首先在手机的应用商店中下载安装今日头条App，在今日头条App首页的搜索栏中输入"头条号"并搜索，如图4-8和图4-9所示，点击头条号官网。

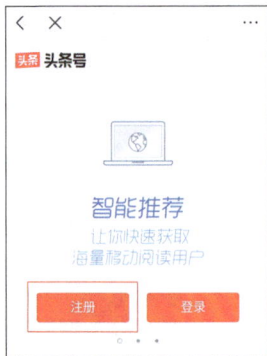

步骤 02 进入官网页面后点击下方的"注册"按钮，如图4-10所示，进入注册页面。

图4-8　手机下载安装今日头条App　　　图4-9　搜索头条号官网　　　图4-10　点击"注册"按钮

步骤 03 进入注册页面后在输入栏中输入手机号码，点击下方的"获取验证码"按钮，将收到的验证码填入"验证码"一栏，点击"登录"按钮，如图4-11所示。

步骤 01 进入申请头条号的页面，点击"申请个人头条号"按钮，即可完成头条号的注册，如图4-12所示。

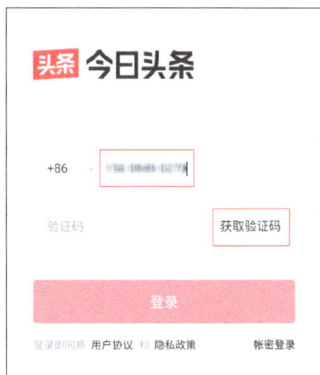

图4-11 输入手机号和验证码注册头条号

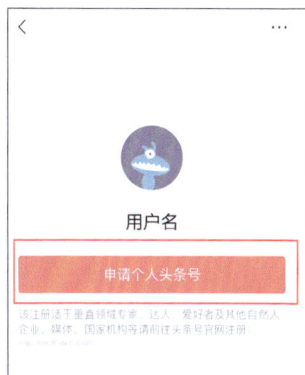

图4-12 申请个人头条号

3. 账号注册的主体类型

头条号注册的主体主要分为个人和机构两大类型，如图4-13所示，机构类型的头条号注册需要通过网页端完成。下面将针对机构类型中不同类型的机构主体，讲解其在注册时需要准备哪些材料。

根据机构自身属性的不同，机构可注册的头条号可分为群媒体、新闻媒体、国家机构、企业和其他组织5类，如图4-14所示。

图4-13 头条号的注册主体类型

图4-14 机构类型的头条号分类

- "群媒体"适合以公司形式进行内容生产，并以内容为主要产出的创作团体，例如运营自媒体的团队等；
- "新闻媒体"适合于有内容生产能力和生产资质的报社、杂志社、电台、电视台等新闻单位，以及正规新闻媒体旗下的品牌或子栏目；
- "国家机构"适合中央及全国各地的各级行政机关、行政机关直属机构、党群机关，以及参照公务员法进行管理的事业单位；

- "企业"适合企业、公司及其分支机构，以及运营企业相关品牌、产品与服务等的团体；
- "其他组织"适合各类公共场馆、公益机构、学校、社团、民间组织等机构团体。

不同的账号类型在功能的使用上存在一些差异，具体可参考表4-1。

表4-1 不同类型头条号的功能差异

类型	个人	群媒体	新闻机构	国家机构	企业	其他组织
微信内容源同步功能	×	×	√可申请	√可申请	×	×
RSS内容源同步功能	×	×	√可申请	√可申请	×	×
头条广告	√可申请	√可申请	√可申请	×	√可申请	×
自营广告	√可申请	√可申请	√可申请	√可申请	√可申请	√可申请
原创功能	√可申请	√可申请	√可申请	×	√可申请	
千人万元	√可申请	×	×	×	×	×

无论哪种机构类型的头条号，注册的流程都大同小异。用户只需选择需要创建的账号类型，然后填写相关信息并上传相关证明材料，等待平台方审核通过即可。

根据运营主体的不同，注册时所需上传的运营主体相关材料也有一些差别，表4-2所示是各运营主体所需填写和上传的具体材料。

表4-2 各运营主体申请头条号所需上传的材料

群媒体	新闻媒体	国家机构	企业	其他组织
组织名称	组织名称	机构名称	企业名称	组织名称
组织机构代码证/营业执照的照片	组织机构代码证/营业执照的照片		企业营业执照照片	组织机构代码证/营业执照的照片
《头条账号申请确认书》	《头条账号申请确认书》	《政府机构入驻确认书》	《头条账号申请确认书》	《头条账号申请确认书》
所在地	所在地	所在地	所在地	所在地
运营人姓名	运营人姓名	运营人姓名	运营人姓名	运营人姓名
运营人身份证号	运营人身份证号	运营人身份证号	运营人身份证号	运营人身份证号
运营人手持身份证照片	运营人手持身份证照片	运营人手持身份证照片	运营人手持身份证照片	运营人手持身份证照片
联系邮箱	联系邮箱	联系邮箱	联系邮箱	联系邮箱

图4-15所示为《头条账号申请确认书》和《政府机构入驻今日头条申请信息表》，在填写运营主体信息时需要按照主体类型从头条官网下载《头条账号申请确认书》或《政府机构入驻今日头条申请信息表》，下载后填写并加盖公章，然后以扫描文件的形式上传。

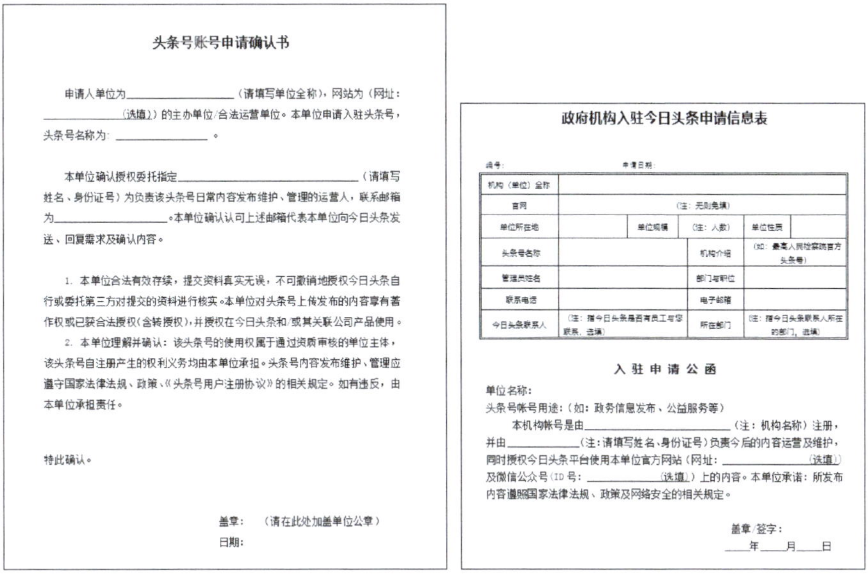

头条号账号申请确认书

申请人单位为________________（请填写单位全称），网站为（网址：________________(选填)）的主办单位/合法运营单位。本单位申请入驻头条号，头条号名称为：______________。

本单位确认授权委托指定________________________________（请填写姓名、身份证号）为负责该头条号日常内容发布维护、管理的运营人，联系邮箱为__________________。本单位确认认可上述邮箱代表本单位向今日头条发送、回复需求及确认内容。

1. 本单位合法有效存续，提交资料真实无误，不可撤销地授权今日头条自行或委托第三方对提交的资料进行核实。本单位对头条号上传发布的内容享有著作权或已获合法授权（含转授权），并授权在今日头条和/或其关联公司产品使用。

2. 本单位理解并确认：该头条号的使用权属于通过资质审核的单位主体，该头条号自注册产生的权利义务均由本单位承担。头条号内容发布维护、管理应遵守国家法律法规、政策、《头条号用户注册协议》的相关规定。如有违反，由本单位承担责任。

特此确认。

盖章：（请在此处加盖单位公章）

日期：

政府机构入驻今日头条申请信息表

编号： 申请日期：

机构（单位）全称					
官网	（注：无则免填）				
单位所在地		单位规模	（注：人数）	单位性质	
头条号名称		机构介绍	（如：最高人民检察院官方头条号）		
管理员姓名		部门与职位			
联系电话		电子邮箱			
今日头条联系人	（注：指今日头条是否有员工与您联系，选填）	所在部门	（注：指今日头条联系人所在的部门，选填）		

入 驻 申 请 公 函

单位名称：

头条号帐号用途：（如：政务信息发布、公益服务等）

本机构帐号是由________________（注：机构名称）注册，并由__________（注：请填写姓名、身份证号）负责今后的内容运营及维护，同时授权今日头条平台使用本单位官方网站（网址：__________(选填)）及微信公众号（ID 号：__________(选填)）上的内容。本单位承诺：所发布内容遵照国家法律法规、政策及网络安全的相关规定。

盖章/签字：

____年____月____日

图4-15 《头条账号申请确认书》和《政府机构入驻今日头条申请信息表》

此外，不同主体类型的头条号可以上传的资质证明的相关材料是可选的，部分资质证明材料可以不上传，但对于一些涉及医疗、金融等行业的账号，上传相关资质证明可以大大提高审核的通过率。资质证明要求上传JPG、JPEG和PNG格式的图片，图片不能超过5张，内容可以是品牌的授权许可书、专利证书等，或与行业相关的执业证书、资格证书和许可证书等。

4.1.3 正确设置信息，规避设置违规

在头条号的个人主页中可以设置用户名、用户简介、头像等信息，这些设置可以让头条号变得个性十足，便于用户进行识别，还有利于品牌形象的树立。今日头条平台对用户信息的设置有一定的要求和限制，下面以手机端为例，讲解头条号基础信息的设置方法，以及设置信息时的相关注意事项。

步骤 01 打开今日头条App，在“我的”页面中点击“个人主页”按钮，进入账号主页，点击头像右侧的“编辑资料”按钮，如图4-16和图4-17所示。

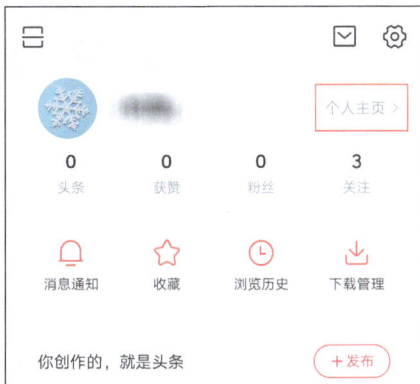

图4-16 点击“个人主页”按钮

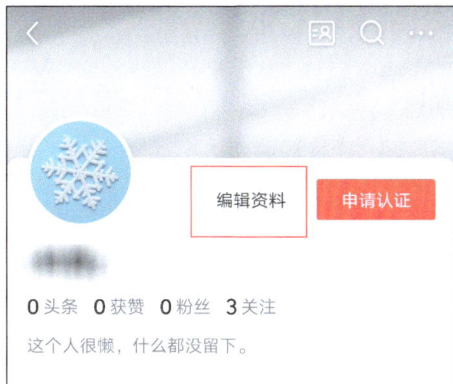

图4-17 编辑资料入口

步骤 02 在编辑资料页面中点击"用户名"按钮，在弹出的用户名编辑页面中输入新的用户名，每个自然月只有一次修改用户名的机会，长度上限为10个字，其中不能使用特殊符号和有营销推广意图的字眼，也不能使用存在误导信息的用户名，输入完毕后点击"提交"按钮，如图4-18所示。

图4-18 编辑用户名

步骤 03 点击"简介"一栏右侧的"待完善"按钮，进入简介编辑页面，输入用户简介的具体内容并点击"提交"按钮，如图4-19所示，每月可编辑并保存简介的次数有限，简介内容要求语句完整通顺，无特殊符号，无联系方式。

图4-19 编辑简介

步骤 04 点击"背景图"一栏右侧的"去更换"按钮，在弹出的页面中点击"从手机相册选择"按钮导入本地图片，调整图片至合适后点击"完成"按钮即可提交新的背景图，如图4-20所示。

图4-20 更换背景图

步骤 05 自主编辑"性别""生日""地区"3项信息，如图4-21所示。

图4-21　编辑其他资料

步骤 06 点击头像图片可以更换头像，点击"从手机相册选择"按钮可以导入本地图片，如图4-22所示。

步骤 07 从本地选择一张图片上传作为头像，然后对其进行修剪，编辑完成后点击右上角☑按钮保存设置，如图4-23所示。头条号的头像默认修剪为圆形，因此推荐选择尺寸较大的图片上传，这样才能保证头像内容的完整性。

图4-22　更换头像

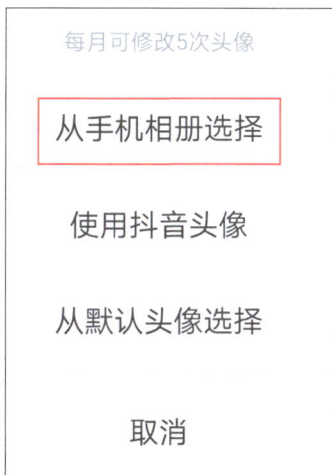

图4-23　编辑新头像

步骤 08 资料编辑完毕后，点击 ＜ 按钮返回主页，资料将自动保存，用户只需等待头像和背景图审核完成即可，如图4-24所示。

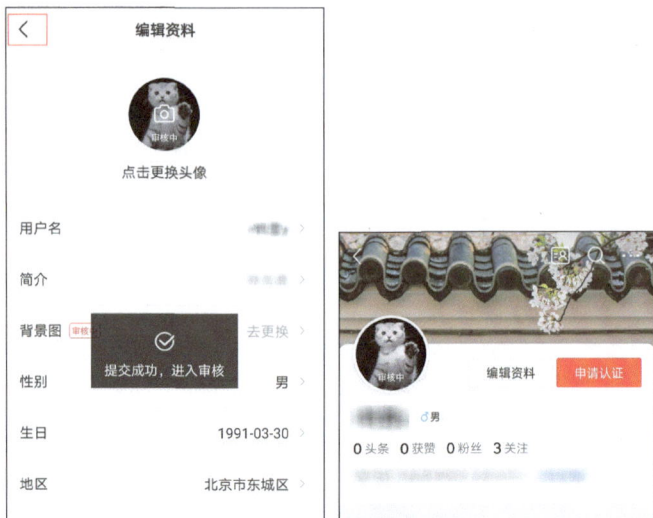

图4-24　完成编辑

4.1.4 身份实名认证，关联其他账号

应网络实名制要求，注册完头条号后需要进行实名认证，只有完成实名认证才可以在头条号内发布图文、视频等内容。下面将讲解头条号实名认证的具体步骤。

步骤 01 头条号的实名认证需要在手机App内完成，下载安装好今日头条App后登录账号，点击页面下方的"我的"按钮，如图4-25所示，进入我的页面。

步骤 02 点击头像右侧"个人主页"按钮即可进入个人页面，如图4-26所示。

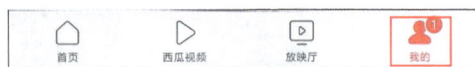

图4-25　点击"我的"按钮

图4-26　点击"个人主页"按钮

步骤 03 在个人页面中点击头像右侧的"申请认证"按钮，如图4-27所示，进入头条认证页面。

步骤 04 进入头条认证页面后，点击头像右侧的"实名认证未完成"按钮即可进入实名认证页面，如图4-28所示。

图4-27　点击"申请认证"按钮

图4-28　点击按钮即可进入实名认证页面

步骤 05　上传身份证照片，点击上传按钮将身份证的正反面照片上传，如图4-29所示，身份证照片可以从相册中获取，也可以直接拍摄。

图4-29　上传身份证照片

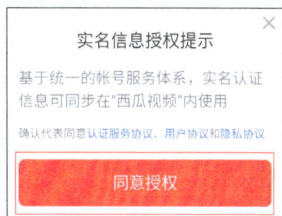

图4-30　同步授权实名认证信息

步骤 06　上传身份证照片后点击勾选下方的"我已阅读并同意今日头条服务条款"，然后点击"提交"按钮，如图4-31所示。

步骤 07　确认姓名和身份证号与上传的证件一致，如有错误可手动修改，确保信息无误后点击"确定"按钮，如图4-32所示，进入下一步。

步骤 08　点击"开始认证"按钮，打开摄像头开始人脸检测，如图4-33所示，检测通过后就完成了实名认证的所有操作。

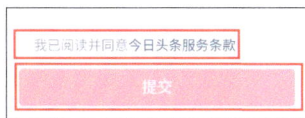

图4-31　勾选条款，提交认证

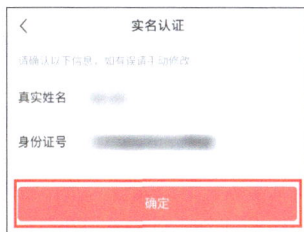

图4-32　确认身份信息

图4-33　人脸检测

头条号可以与其他自媒体账号相关联，关联账号便于内容的同步发送，还可以将不同平台的粉丝相互转换，有利于提高账号运营的收益。更重要的是，自媒体账号之间的关联能向平台展示运营者的创作能力，有利于运营者获取平台提供的更多、更优质的资源和服务。

运营者可以在手机端将头条号同bilibili、微博、知乎、百家号、企鹅号等进行关联，关联微信公众号需要在PC端完成。下面以PC端为例，具体介绍将头条号与其他平台账号关联起来的操作方法。

步骤 01 在PC端登录头条号，进入后台页面，在左侧的导航栏中单击"头条认证"按钮，如图4-34所示，进入头条认证页面。

步骤 02 在头条认证页面中找到"资质证明"功能，并单击 "创作能力证明"一项右侧的"去证明"按钮，如图4-35所示。

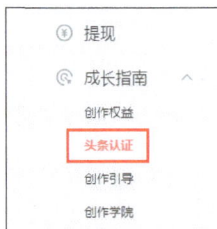

图4-34 点击"头条认证"按钮

图4-35 单击"去证明"按钮

步骤 03 在关联自媒体账号时有两种不同的途径：一种是以扫描二维码的方式进行关联，另一种则是向平台提交关联申请。扫描二维码的途径仅能用于关联微信公众号，单击 "+关联新账号"按钮，如图4-36所示。

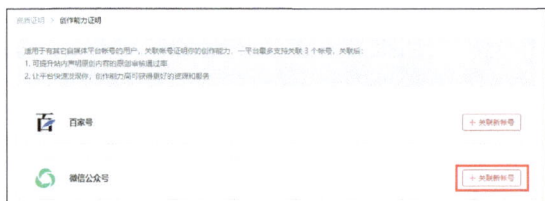

图4-36 单击"+关联新账号"按钮

步骤 04 使用微信公众号绑定的管理员个人微信扫描二维码，点击"授权"按钮，完成对关联公众号的授权，如图4-37和图4-38所示。

步骤 05 除微信公众号外的其他自媒体平台在与头条号关联时，都需要提交关联申请，以关联bilibili账号为例，单击 "+关联新账号"按钮，如图4-39所示。

图4-37 扫描二维码关联账号

图4-38 授权关联公众号

图4-39 单击"+关联新账号"按钮

步骤 06　在弹出的关联bilibili账号页面的输入框内填入关联账号的账号昵称和个人主页地址，然后上传手机端或PC端个人主页截图，截图支持JPG和PNG格式且大小不超过2MB，最后单击右下角的"提交"按钮提交关联申请，如图4-40所示。

图4-40　填写并提交关联申请

小提示

关联申请的审核结果将在3个工作日内通过发送"消息通知"告知。

关联除微信公众号外的其他自媒体平台账号时都需要填写个人主页的地址。创作者可以在PC端登录自媒体平台，快速进入个人主页并复制账号主页链接。

4.2 内容创作，提高效率

本节将从头条号的内容创作入手，结合不同的案例，介绍头条号中不同形式的内容各自有何特点，以及内容的创建方法与发布技巧。此外，本节还将介绍今日头条平台提供的提高创作效率的工具及其各项功能，帮助没有自媒体内容创作经验的人更快掌握头条内容创作的方法与技巧。

4.2.1 如何发布不同类型的内容

头条号可以发布5类内容，分别是微头条、文章、问答、视频和直播。不同类型的内容体量各异，特点也不同，创作者需要根据需要进行选择。

1. 微头条

微头条是一种基于社交的内容形式，它和朋友圈、微博的性质类似，用户可以随时分享内容，与他人互动。微头条的一大特点是内容简洁明了，用户利用琐碎的时间就能完成信息的交流与分享，同时读者所需的阅读成本也较低。接下来介绍微头条的发布方法。

步骤 01　打开并登录今日头条App，点击"我的"按钮进入个人主页并点击"+发布"按钮，如图4-41所示。

步骤 02　点击"微头条"按钮，如图4-42所示，进入编辑页面。

图4-41　进入个人主页，点击"+发布"按钮

图4-42　点击"微头条"按钮

步骤 03 点击⊕按钮可以在微头条中插入投票，页面将自动跳转至投票编辑页面，如图4-43所示。

图4-43 发起投票

步骤 04 编辑投票标题及选项，点击"添加选项"按钮可以增加新选项，点击▬按钮则可以移除现有选项，如图4-44所示。

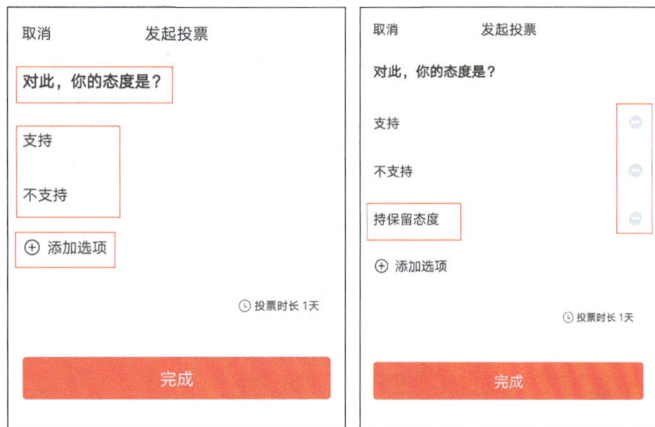

图4-44 编辑投票内容

步骤 05 投票的默认时长为一天，点击"投票时长"按钮可以修改投票时长，完成后点击"确认"按钮，如图4-45所示。

步骤 06 确认投票内容无误后，点击"完成"按钮，如图4-46所示，回到编辑页面。

图4-45 修改投票时长

图4-46 完成投票

步骤 07 点击 # 按钮进入话题榜，点击话题名称即可快速添加话题，如图4-47所示，用户也可以在上方输入框中通过关键词搜索合适的话题。

步骤 08 在输入框中输入正文内容，完成后点击"发布"按钮即可发布微头条，如图4-48所示。

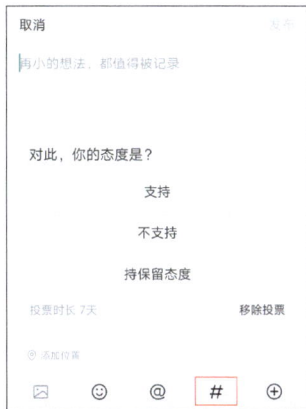

图4-47 添加话题　　　　　　　　　　　　　图4-48 编辑正文并发布

2. 文章

文章是头条号常见的内容形式，通常用来发布正式的推文，内容需要具有一定的深度和质量。创作者可以通过图片和文字来向读者传达不同的信息，借由今日头条平台的信息分发机制，文章会被平台推荐给相关受众，因此用户不需要依靠搜索，也能读到各式的文章。

创作者还可以在文章中投放广告，通过文章中广告的曝光量获取收益，这也是头条号变现的重要途径之一。PC端的文字排版功能更加全面，因此，接下来以PC端为例，介绍头条号文章的发布方式。

步骤 01 登录头条号，进入后台页面，在左侧的菜单栏中单击"文章"按钮，如图4-49所示，进入文章编辑页面。

步骤 02 输入标题和正文内容，运用上方工具栏的各项工具对文章进行排版，如图4-50所示。标题字数应在5至30字之间。

图4-49 点击"文章"按钮　　　图4-50 输入标题和正文内容并排版

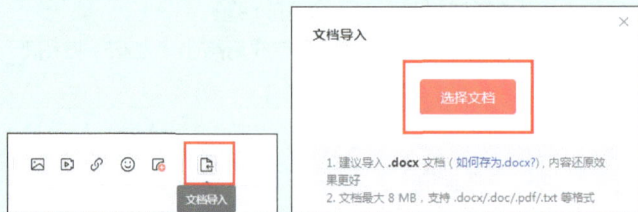

图4-51　"文档导入"功能

步骤 03 单击输入框下方的"发文设置"按钮,如图4-52所示,使页面快速跳转至下方的发文设置处。

图4-52　点击"发文设置"按钮

步骤 04 在"展示封面"一栏选择文章封面数量,创作者可以选择添加单图封面、三图封面或不添加封面(即"无封面"),单击+按钮,并在弹出框中单击"本地上传"按钮即可导入本地图片,如图4-53所示,单击"预览"按钮则可以预览封面效果。

图4-53　导入图片

一座岳麓山,半部湖南史

清明节祭祖,牢记"吃3样,忌3事",老传统别丢,日子越过越顺

未来之城 雄安加速度
置顶 央视新闻 69评论

图4-54　手机端中的文章

步骤 05 单击"定时发布"按钮,如图4-55所示,设置文章发布的时间,编辑好的文章将在指定时间自动发布。

图4-55　定时发布

　　微头条与头条文章类似，内容多由图片和文字构成，但微头条与头条文章各自的特点也十分鲜明，二者的差别主要体现在以下两个方面。

　　（1）篇幅和内容题材不同

　　微头条和头条文章在篇幅和内容题材上存在差异。微头条适合篇幅较短的内容，内容题材多样，多以图片、链接等形式丰富内容，且受账号定位的约束较小。另外，因其互动性强的特点，微头条更适用于社交。而头条文章适合文字较多的内容，内容选题更加讲究，内容要体现深刻的内涵，文章要满足读者的需求。图4-56和图4-57所示分别是关于消防知识的微头条和头条文章。

图4-56　关于消防知识的微
　　　　头条

图4-57　关于消防知识的头条文章

　　（2）变现收益不同

　　微头条可以吸引粉丝的关注但无法创造直接收益，而头条文章可以在文章中插入广告，以广告浏览量来计算收益并变现。尽管微头条无法直接变现，但其也有独特的优势。

　　首先，发布微头条所耗费的成本较低，其基于社交的特性能迅速吸纳很多粉丝，在微头条中进行互动还可以提升粉丝黏性。其次，微头条的传播速度较快，更容易获得高阅读量，在微头条中进行互动还能提高账号的活跃度，高阅读量和高活跃度有益于提高头条指数。

3．问答

　　问答是头条号内一种互动性和话题性较强的内容形式。每位用户都可以成为问题的提出者和回答者，问答内容涉及多个领域，用户可以针对问题提出自己的见解，为他人提供有价值的信息。头条号的问答内容可以在PC端发布，也可以在今日头条App中发布，问答内容在App中的发布方式与头条文章的发布方式相似，本节不再赘述。这里主要以PC端操作为例，首先讲解提问的操作步骤。

步骤 01 登录头条号，在"创作"一栏中单击 "问答"按钮，如图4-58所示，进入发布"问答"页面。

步骤 02 首次发布问答内容前需要选择擅长的领域，单击"选好了"按钮进行添加，如图4-59所示。

图4-58　单击"问答"按钮

图4-59　选择擅长领域

步骤03 单击页面右上角的"提问"按钮，如图4-60所示，进入问题编辑页面。

步骤04 输入一个5~30字的问题，在输入问题时，输入栏下方会显示相似的提问，用户可根据具体情况选择是否单击使用相似的提问，如图4-61所示。

图4-60　单击"提问"按钮

图4-61　输入问题

步骤05 在问题输入栏下方可以选填一段关于该问题的具体描述，也可以上传和问题相关的图片，图片不能超过3张，完成后单击下方"提问"按钮，即可发布提问，如图4-62所示。

图4-62　完善提问并发布

除了提出问题，用户还可以根据自己擅长的领域选择合适的问题进行回答。发布回答的具体方法如下。

步骤01 在问答页面中单击"推荐"查看一些话题度较高的问题，也可以通过输入关键词搜索的方式查找问题，如图4-63所示。

步骤 02 单击要回答问题右侧的"查看回答"按钮，如图4-64所示，进入问题回答的编辑页。

图4-63　选择提问

图4-64　回答问题

步骤 03 在输入框内输入对问题的回答，回答主要是文字形式，可以添加图片、视频和链接，回答完毕后单击右下角的"发布"按钮发布回答，如图4-65所示。

图4-65　回答提问并发布

小提示

如果提出的问题与他人的提问相似，提问会被合并，问题的回答也会被共享。另外，通过审核的提问一经发布就无法删除，只能通过设置为匿名来隐藏个人信息。

4. 视频

　　如今，生活节奏日益加快，人们对信息的获取方式更加追求快速高效。比起文字和图片，视频是一种更加生动直观的内容表现形式，既能满足用户多样化的需求，又能节省用户的时间成本。接下来以手机端为例，简单介绍视频的发布方法。

步骤 01 打开并登录今日头条App，在个人主页点击"+发布"按钮，点击"视频"按钮，进入编辑页面，如图4-66和图4-67所示。

步骤 02 上传视频片段，点击"下一步"按钮进入编辑页面，如图4-68所示。

图4-66　点击"+发布"按钮

图4-67　点击"视频"按钮

图4-68　选择视频并点击"下一步"按钮

点击"添加封面"按钮，选择一张封面图片，封面图片可从相册导入也可从视频中截取，选择完毕后点击"去制作"按钮即可上传封面图片，如图4-69所示。

图4-69　添加封面

封面图片上传后会进入制作封面的页面，可以对封面图片进行适当的裁剪，添加文字和滤镜的效果，文字可以通过"模板"功能快速添加，点击"完成"按钮后即可完成封面制作，如图4-70和图4-71所示。

图4-70　裁剪封面

图4-71　添加文字和滤镜

步骤 05　为视频添加标题和简介，标题控制在5~30个字，视频简介为选填，但字数要控制在400字以内，如图4-72所示。

步骤 06　点击"参与活动"按钮可以查看活动列表，在对应的活动右侧点击"参与"按钮即可参与活动，如图4-73所示。参与活动能够增加视频的曝光机会。

图4-72　添加视频标题和简介

图4-73　参与活动

步骤 07　点击"定时发布"按钮和"视频同步至抖音"按钮，为视频进行发布设置，完成所有设置后点击页面下方的"发布"按钮，即可发布视频，如图4-74所示。创作者也可以将编辑的内容存为草稿，但定时发布的内容无法存草稿。

图4-74　完成所有设置并发布

图4-75 竖屏视频

5. 上传视频的要求

今日头条平台对头条号内发布的视频内容有详细的规范和要求，创作者在发布视频时必须遵循平台的要求，才能让视频通过审核并得到更高的曝光。平台要求可以概括为以下4个方面。

（1）格式要求

根据上传视频的方式不同，所支持的视频格式会存在差异。若是使用电脑上传视频，支持的格式主要有MP4、WMV、AVI、MOV、DAT、ASF、RM、RMVB、RAM、MPG、3GP、M4V、DVIX和WEBM等；通过安卓系统上传的视频仅支持MP4、FLV、MOV、MPEG格式；使用iOS设备，只要相册能显示的视频格式都可上传。

（2）画质要求

画面清晰稳定，分辨率不得低于480p，无明显噪点，横竖屏均可，无明显黑边，无水印、二维码等信息，无马赛克或其他模糊画面的特效。如要添加字幕，需要保证字幕清晰完整，不影响观看体验。

（3）音质要求

音质清晰，音量稳定，声音无卡顿，音量不忽大忽小，不使用低俗配乐。可以根据音频的内容配以字幕、关键词或其他辅助理解的内容。

（4）内容质量要求

视频不得含有色情、暴力、赌博、违禁药品等违反法律法规的内容，提倡发布内容丰富、可看性强的原创内容。推荐上传尺寸为16：9、18：9、21：9的横版视频，视频时长要大于10秒，视频大小要小于16GB。

4.2.2 擅用创作功能，提高效率

除了多样的内容形式，今日头条还提供了一些创作相关的功能，以帮助创作者便捷高效地产出各类优质内容。接下来为大家详细介绍两个与内容创作相关的功能，具体讲解如何利用这些功能提高创作效率，创作出更多优质的头条内容。

1. 发文助手

发文助手是头条号中一种智能检测的工具。创作者在发布内容前，发文助手会对文章内容进行识别检测，并给出一定的修改建议。发文助手主要具备以下3个具体功能。

（1）标题检测功能

今日头条平台出台了严格的标题创作规范，坚决打击"标题党"的行为。为避免创作者在写作时出现因标题违规而导致文章无法过审的情况，创作者在写作标题时，可以借助编辑页自带的发文助手对标题内容进行检测。图4-76所示是发文助手检测到疑似"标题党"时的提示。

（2）纠正错别字

发文助手还具备纠正错别字的功能。与一般错别字检测工具相比，发文助手的错字识别功能更加智能，它会根据文章段落的含义匹配正确的词汇。另外，发文助手对标记的错别字还提供了一键修改功能，创作者只需单击修改按钮就能完成全文修改。图4-77所示是发文助手的错别字检测结果。

（3）文章配图推荐

除了对文字进行检测和甄别，发文助手还能给予文章配图推荐。当发文助手检测到文字过多且无配图时，会识别文章的内容或主题，并以此为依据推荐合适的配图，创作者只需点击需要的配图，就能将图片插入文中。图4-78所示是发文助手识别自然主题的文章后，给出的配图推荐。

图4-76　发文助手检测到疑似
"标题党"时的提示

图4-77　发文助手错别字检测结果

图4-78　配图推荐

2. 作品管理

作品管理是对完成的头条内容进行分类管理的功能。依靠作品管理功能，创作者可以查看作品审核进度和已发布作品的数据，还能实现内容同步与分享等操作。以下重点介绍作品管理的用途和操作方法。

（1）查看审核进度

今日头条平台上的所有内容在发布时都需要经过平台的严格审核，只有通过审核的内容才能被发布。创作者完成内容编辑后，可以在作品管理中查看审核的进度，具体操作如下。

步骤01 打开浏览器登录头条号，在左侧菜单栏中选择"管理"栏，然后单击下方的"作品管理"，如图4-79所示，进入作品管理页面。

步骤02 在作品管理页面上方选择需要查看的作品类型。这里以文章类型的内容为例，单击"文章"按钮，然后找到新发布的文章内容，在标题下方可以看到该篇作品的审核状态，如图4-80所示。

图4-79 点击"作品管理"按钮

图4-80 查看审核进度

（2）查看发布作品的数据

今日头条的平台系统会自动为已发布的内容进行数据收集和统计，创作者可以通过作品管理功能查看数据详情，这有利于创作者从中总结规律，不断提高作品质量。下面以问答内容为例，简单讲解通过作品管理功能查看内容数据的操作方法。

步骤01 打开浏览器登录头条号后，进入作品管理页面，然后单击页面上方的"问答"按钮，进入问答内容管理页面，如图4-81所示。

图4-81 问答内容管理页面

步骤02 在问答内容管理页面下方可以查看问答的展现量、阅读量、点赞量和评论量，单击右下角的"查看数据"按钮，如图4-82所示，进入数据详情页面。

图4-82 单击"查看数据"按钮

步骤03　在数据详情页面中可以看到该条问答内容的数据概览，如图4-83所示。单击概览下方的"流量分析"按钮，查看问答内容的流量分析，如图4-84所示。单击"互动分析"按钮，可以查看该内容的互动数据，如图4-85所示。

图4-83　查看数据概览

图4-84　流量分析

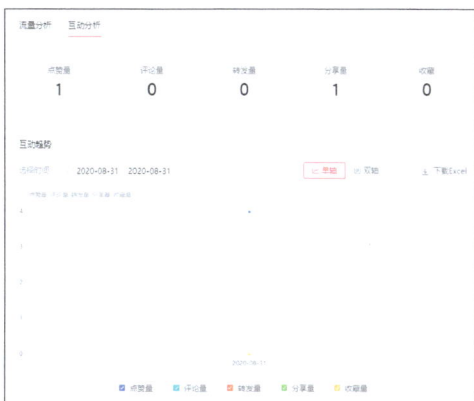

图4-85　互动分析

小提示

在"流量分析"和"互动分析"页面中可以单击"下载Excel"按钮将数据转换为表格，以便导入数据工具中进行比对和分析。

（3）内容同步与分享

在今日头条中发布的视频内容可以同步发送至抖音短视频，通过视频同步可以为头条号吸引更多的粉丝关注。除了视频内容的同步，图文形式的内容还可以在作品管理页面中被分享至QQ、微博等其他平台。

这里以视频内容为例，介绍内容同步的方法。

步骤01　在浏览器内登录头条号，进入作品管理页面，单击页面上方的"视频"按钮，进入视频作品管理页面，如图4-86所示。

图4-86　进入视频作品管理页面

步骤 02 单击同步抖音短视频推荐右侧的"同步部分视频"按钮，如图4-87所示，随后会弹出绑定抖音账号的页面。

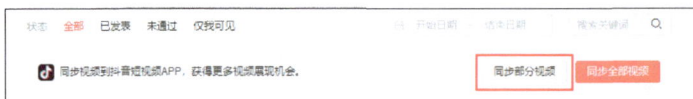

图4-87 同步部分视频

步骤 03 使用手机打开抖音短视频App，登录抖音账号，然后扫描二维码绑定抖音账号，如图4-88所示。

步骤 04 接下来在同步页面中单击选中需要同步的视频内容，单击右下角"确定同步"按钮，即可完成视频内容的同步操作，如图4-89所示。

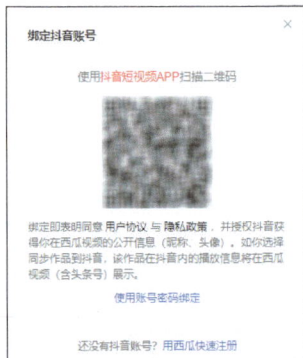

图4-88 扫描二维码绑定抖音账号

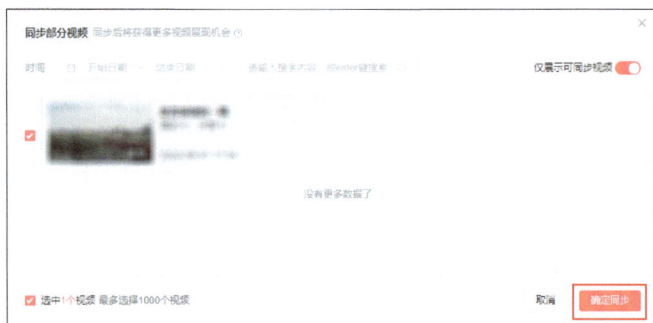

图4-89 确定同步内容

4.2.3 擅于使用图片素材库

图片素材是今日头条推出的一项图片素材管理功能。创作者可以将搜集到的图片素材上传至该功能中，以便在内容创作的过程中随时调取使用，既提高了创作的效率，也能有效减少图片素材占用的存储空间。接下来介绍图片素材功能的使用方法。

步骤 01 打开浏览器登录头条号，在菜单栏中单击"工具"按钮，然后单击下方的"图片素材"按钮，如图4-90所示，进入素材管理页面。

步骤 02 单击"上传图片"按钮，从本地文件夹中选择图片上传至素材管理中，如图4-91所示。

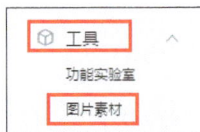

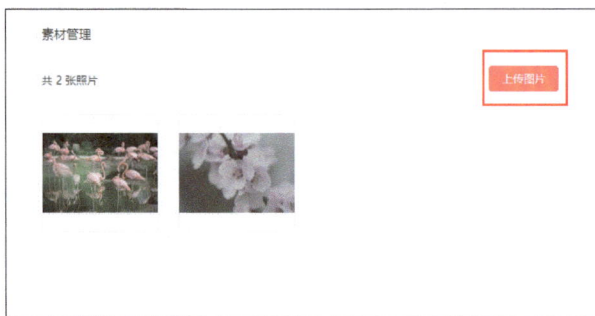

图4-90 点击"图片素材"按钮

图4-91 上传图片

步骤 03 在创作头条内容的过程中如果需要插入图片，在图片上传页面中单击"素材库"按钮，然后单击选中需要插入的图片即可，如图4-92所示。

图4-92 使用素材库中的图片

4.2.4 创作引导，打开创作思路

为了引导头条号创作者创作出更多优质的内容，同时也为了激发广大头条用户的创作热情，今日头条推出了创作功能。创作功能主要包含两项：创作灵感和创作活动。接下来为大家简要介绍。

1. 创作灵感

创作灵感是今日头条平台将各大创作领域的热点话题搜集、排列，并实时更新。创作者可以在创作灵感的功能页面中查看这些热点话题的热度，并发布与热点话题相关的内容，以提高内容的推荐量。图4-93所示是教育领域的创作热点。

图4-93 教育领域的创作热点

创作者创作热点内容一方面可以获得流量曝光，让自己的头条号获得更多的关注，另一方面，创作者发布的优质内容还能参与今日头条官方评选，有机会获得平台颁发的现金奖励及荣誉奖励。

2. 创作活动

创作活动是指由平台举办的内容创作活动，创作者按照活动的要求进行投稿，就有机会获得创作奖励，甚至还能得到头条签约机会，成为头条签约作者。平台将不定期发起和更新创作活动，为创作者提供更多的参与机会，如图4-94所示。

图4-94 创作活动

4.2.5 内容管理与评论管理

头条号有高质量的内容，容易吸引更多用户的关注，但让用户关注还只是第一步。头条号要想长期稳定地运营下去，就需要与用户保持沟通与互动。接下来介绍如何利用头条号的内容管理和评论管理功能，在提高用户体验的同时与用户建立良好的沟通。

1. 内容管理——"自定义菜单"功能

图4-95所示为某头条号主页，在页面下方可以发现一排菜单按钮，点击"课堂"按钮后会发现，页面会跳转至果壳提供的课程页面，这就是头条号推出的自定义菜单功能。当头条号设置了自定义菜单后，用户通过App查看头条号主页时，页面底部会显示菜单按钮，用户点击菜单中的按钮就可以跳转至不同的页面。自定义菜单能有效提高头条号的服务能力，便于用户快速获取想要的内容和服务。下面简单介绍设置自定义菜单的方法。

图4-95 头条号主页下方的自定义菜单

步骤01 打开浏览器，登录头条号，单击导航栏中的"设置"按钮，即可进入设置页面，如图4-96所示。

图4-96 进入设置页面

步骤 02 单击页面上方的"功能设置"按钮，即可进入功能设置页面，如图4-97所示。

图4-97　进入功能设置页面

步骤 03 单击"自定义菜单"一项后方的"修改"按钮，即可进入自定义菜单页面，如图4-98所示。

图4-98　进入自定义菜单页面

步骤 04 首次使用自定义菜单需要单击页面中的按钮 ，开启自定义菜单功能，如图4-99所示，若功能已开启则可直接进行自定义菜单的设置。

图4-99　开启自定义菜单按钮

步骤 05 在菜单管理一栏中单击 + 按钮，在弹窗中输入菜单名称并单击"确定"按钮，即可完成自定义菜单的创建，如图4-100所示。

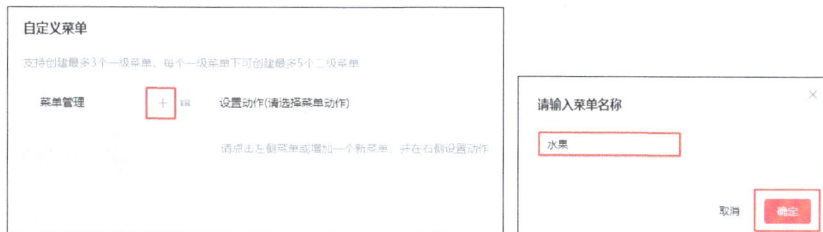

图4-100　创建自定义菜单

步骤 06 在页面右侧输入页面链接并单击"保存"按钮，即可完成菜单的跳转设置，如图4-101所示。

图4-101　设置菜单的跳转

2. 评论管理

当用户观看了头条号发布的内容后，可以对发布的内容进行评论，创作者可以在头条号的后台中通过评论管理功能阅读这些留言和评论，并进行回复、置顶等操作。评论能直观地反映出用户的态度，创作者可以根据用户的评论来分析用户的兴趣爱好。有些用户还会在评论中提出意见，创作者如果能予以回复并听取意见，这样能给用户留下一个良好的印象，让用户更愿意关注创作者发布的动态，最终实现从用户到粉丝的转化。下面将具体介绍评论管理功能的使用方法。

步骤 01 打开浏览器，登录头条号，在首页的菜单栏中单击"管理"按钮，然后单击下方的"评论管理"按钮，如图4-102所示，进入评论管理页面。

步骤 02 在评论管理页面上方单击"全部"按钮，查看所有评论，如图4-103所示。所有的评论均按照评论先后的顺序排列。

步骤 03 在页面上方可以选择查看不同内容类型的评论。以文章类型为例，单击页面上方的"文章"按钮，页面左侧会将所有已发布的文章罗列出来，单击选中一篇文章，可以在页面右侧的评论区查看该篇文章的所有评论，如图4-104所示。

图4-102　点击
"评论管理"按钮

图4-103　点击"全部"按钮查看
全部评论

图4-104　查看文章评论

步骤 04 在评论区上方，可以单击设置评论的排序方法，或在右上角勾选"仅看粉丝"，如图4-105所示。

步骤 05 在评论下方可以单击"回复"按钮进行回复，单击点赞按钮 👍赞 为评论点赞，也可以单击"置顶"按钮，将评论置顶，被置顶的评论会出现在文章评论区中的首条，如图4-106所示。

图4-105　设置评论排序

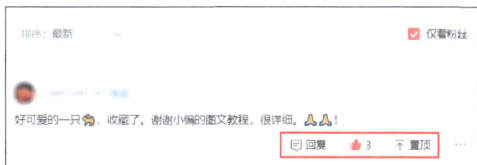

图4-106　回复、点赞与置顶

步骤 06　如遇到恶意评论可以进行举报和删除，单击评论下方的扩展按钮…，可以对评论进行举报和删除，如图4-107所示。单击"举报"按钮，在举报页面中选择举报的项目，单击"确定"按钮提交即可完成举报，如图4-108所示。单击"删除"按钮可以直接将评论删除，但要注意被删除后的评论无法恢复，如图4-109所示。

图4-107　举报与删除

图4-108　选择举报类型

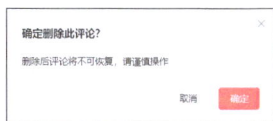

图4-109　评论删除不可恢复

　　在头条号发布新的内容后，回复用户的评论能够拉近与用户之间的距离，利用回复与用户建立起联系，增加用户的好感。当评论较多时，可以选择热度较高的评论将其置顶并予以回复，这样可以引起其他用户的关注，为头条内容制造一定的话题度。

4.3　头条号后台的实用功能

4.3.1　头条号的数据分析

1. 作品数据

　　作品数据主要是指发布的各类内容的数据统计，以展现量、阅读量、点赞数和评论量为基础，通过不同类型的统计表呈现对作品流量、用户特征的分析等。下面将按照不同分类方法对作品数据进行详细介绍。

　　（1）作品整体的数据分析

　　作品整体的数据分析是将头条号内发布的所有内容视作一个整体，然后将其各项数据进行整理统计。整体数据能够直观反映出用户对发布内容的阅读（观看）情况，整体数据的统计以日为单位，每日14:00前更新前一日的数据。下面讲解作品整体数据的查看方法。

步骤 01　打开浏览器，登录头条号，在首页菜单栏中单击"数据"按钮，然后单击"作品数据"按钮，即可进入作品数据页面，如图4-110所示。

步骤 02　单击页面上方的"整体"按钮，可以查看整体数据，如图4-111所示。

步骤 03　在"整体"按钮下方有一排作品分类的按钮，单击"全部"按钮可查看所有作品的总体数据，单击其他类型的按钮，如"文章"按钮、"视频"按钮等，可以查看对应类型的作品数据，如图4-112所示。选择好需要查看数据的作品类型后，整体数据页面下方就会展示具体的作品数据和图表。

图4-110 单击
"作品数据"按钮

图4-111 单击"整体"按钮

图4-112 查看分类数据

作品整体的数据以展示核心数据为主，核心数据包括展现量、阅读（播放）量、点赞数和评论量。如图4-113所示。

图4-113 作品核心数据

一段时间内作品获得的展现次数之和称为展现量，简单来说，展现量就是内容被用户看到的次数。一般情况下，用户在搜索查询时，如果作品内容符合搜索要求的关键词被触发，该关键词所对应的内容就会出现在搜索结果页，这被称为内容的一次展现。今日头条平台拥有智能推荐系统，因此除了用户搜索这一途径外，平台的推荐也会将内容展示给用户，能显著提高内容的展现量。另外，在展现量下方有单独的粉丝展现量，一般是平台将内容以分发推荐的方式分享给活跃度较高的粉丝。

阅读（播放）量是指用户通过点击展现的内容，进入内容页面进行阅读和播放的次数。阅读（播放）量常被用作衡量作品受欢迎的程度，阅读（播放）量越高意味着该作品越有人气，越能吸引读者的关注。创作者可以通过比较不同内容间阅读（播放）量的差距，寻找用户的兴趣点。

图4-114所示为今日头条App中展示的一篇文章，文章下方会显示其阅读量，从读者的角度来看，读者在筛选内容时会存在一定的从众心理，因此阅读量较高的文章会更容易引发读者的兴趣。

图4-115所示是文章和视频的点赞数显示，用户通过单击页面下方的点赞按钮👍，可以为喜欢的内容点赞，作品整体数据中统计的点赞数为头条号发布的所有内容的点赞数之和。点赞是用户对作品内容表达认可的一个主要途径，点赞数越高，说明作品越受用户的认可与喜爱。

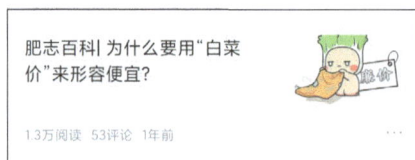

图4-114 今日头条App中展示的一篇文章

图4-115　文章和视频的点赞数显示

评论量可以反映文章或视频引起的话题度的高低。评论能够促进用户与头条号之间的交流与互动，还能体现出文章或视频的热度。对于头条号的创作者，要擅于引导用户为文章或视频做出评论，同时要对用户的评论进行管理，以点赞、回复和置顶等方式让用户感受到自己被重视，这样既能拉近和用户的距离，又能赢得用户的好感。

（2）流量分析

今日头条的流量分析主要包含两个方面的内容：流量趋势折线图和流量来源分析图。流量趋势折线图主要反映的是头条内容的流量与时间的关系，通过折线图的表现方式可以清楚地看到作品流量的峰值是在什么时间，创作者可以以此来优化自己的创作与发布等环节。图4-116所示为某头条号的流量趋势图。

图4-116　某头条号的流量趋势图

流量来源分析是指将流量按照用户来源的渠道进行划分，统计出各渠道用户的百分比。图4-117所示是某头条号流量来源的分析图，该图能直观反映出头条号流量的来源组成与所占比例。由图可知该头条号的流量主要来自于个人主页与搜索，这说明这个头条号的流量很多来自粉丝。另外，头条号内容的关键词也能较好地迎合用户需求，但从平台的推荐流量来看，该头条号的内容还有更大的提升空间。

图4-118所示是头条号各来源流量趋势图，它主要展现的是不同流量来源的展现量与阅读量的变化趋势。从图中可以看出，平台对内容的推荐量明显呈上升趋势，平台将头条号的内容展现给了更多的用户，但并未因展现量提升而带来较高的阅读量，出现这样的情况很可能是因为头条的内容没有成功吸引到用户。

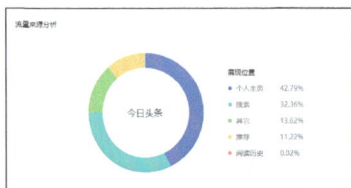

图4-117　某头条号流量来源的分析图

图4-118　头条号各来源流量趋势图

（3）单篇作品的详细数据

在头条号的数据分析中，除了可以查看作品整体的数据，也可以查看单篇作品的详细数据，这对头条号的内容创作具有一定的参考价值。在头条号中查看单篇作品详细数据的方法同查看作品整体数据的方法相同，在此不做赘述。

作品的详细数据除了展示展现量、阅读量、点击率、评论量、点赞数、转发量、分享量和收藏量等数据外，还有两个值得关注的数据——平均阅读完成率与平均阅读时长。

平均阅读完成率越高，说明用户对作品的阅读、观看越完整，平均阅读完成率可以反映作品内容对用户的吸引程度。举个例子，一些只靠标题和封面吸引用户阅读的文章，其平均阅读完成率不会太高，因为当用户阅读到文章发现和自己预期不同后就不会继续读下去。

平均阅读时长是指用户阅读文章所耗费的时间。碎片化阅读习惯会让用户的阅读时间缩短，创作者可以根据用户的阅读时长，适当调整文章的篇幅，让用户能在较短的时间内掌握文章的主要内容。

2. 粉丝数据

粉丝数据是今日头条平台中数据分析的重要一环。通过对粉丝数据的分析可以对头条号的受众有清晰的认识，便于头条号明确自身的定位，有利于创作出更能迎合受众群体的作品。下面主要介绍粉丝数据的查看方法。

步骤 01 打开浏览器登录头条号，在首页菜单栏中单击"数据"按钮，然后单击"粉丝数据"按钮，如图4-119所示，进入粉丝数据页面。

步骤 02 在粉丝数据页面上方单击"概况"按钮，可以查看粉丝的概况数据，如图4-120所示。概况数据主要包括粉丝特征、年龄分布、地域分布、机型价格分布等。

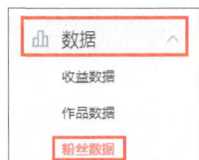

图4-119　进入粉丝
数据页面

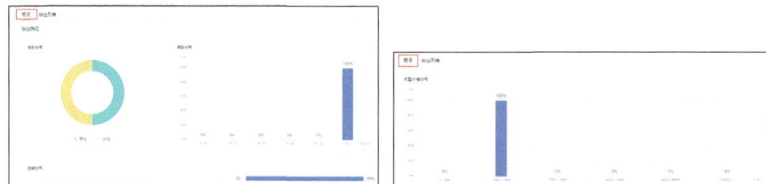

图4-120　点击"概况"按钮

步骤03 单击"粉丝列表"按钮，可以在页面中查看所有粉丝，单击粉丝头像下面的"关注"按钮，可以关注粉丝的头条号，单击"私信"按钮可以与粉丝互发消息，如图4-121所示。

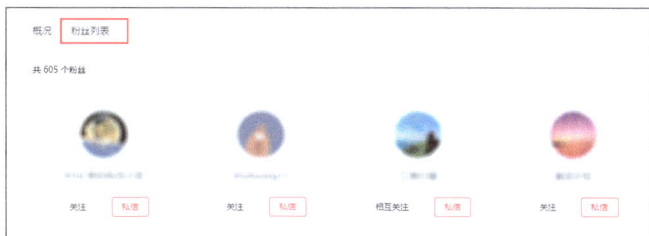

图4-121 查看粉丝列表

3. 收益数据

除作品数据与粉丝数据外，在头条号的数据功能中还能查看头条号的收益情况。分析收益数据可以帮助头条号的创作者总结创作经验，不断发掘高收益的创作题材。下面简单介绍收益数据的查看方法。

步骤01 打开浏览器登录头条号，在首页菜单栏中单击"数据"按钮，然后单击"收益数据"按钮，如图4-122所示，进入收益数据页面。

步骤02 单击页面上方的"整体收益"按钮，进入"整体收益"页面，可以查看昨日或本月的收益情况，页面下方还提供了收益趋势分析表，可以详细了解一定时间段内不同类型作品的收益变化情况，如图4-123所示。

图4-122 单击"收益数据"按钮

图4-123 查看整体收益数据

步骤03 在整体收益页面中，单击"可提现金额"下方的"查看明细"按钮，可以查看可提现金额的结算详情。单击"前往提现"按钮，还可以进入提现页面，将收益金额提现，如图4-124和图4-125所示。

图4-124 查看结算详情

图4-125 将收益金额提现

步骤 04 单击页面上方的"创作收益"按钮，进入"创作收益"页面，在该页面中可以查看图文类型作品的收益统计与收益组成，如图4-126所示。

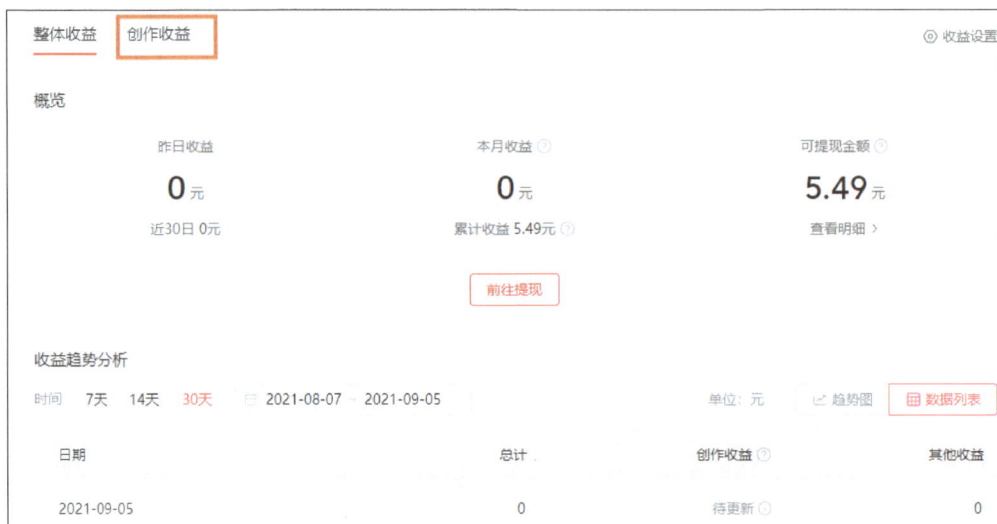

图4-126　进入创作收益页面

4.3.2 开启内容的原创保护

原创保护是今日头条为原创作者开辟的维权通道，原创作者可以通过原创保护功能实现跨平台维权。原创作者在确认侵权行为后，平台会在第一时间将侵权投诉交由专业的第三方维权机构代理维权，并且，平台帮助作者维权不会收取任何的费用，大大减少了原创作者的维权成本。下面主要介绍原创保护功能的使用方法。

步骤 01 打开浏览器登录头条号，在首页菜单栏中单击"工具"按钮，然后单击下方的"原创保护"按钮，即可进入原创保护页面，如图4-127所示。

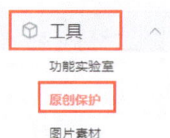

图4-127　单击"原创保护"按钮

步骤 02 原创保护分为文章原创与视频原创两类，这里以文章的原创保护为例展开讲解。在文章原创页面中单击右上角的"签约"按钮，如图4-128所示，仔细阅读《作者授权须知》，然后上传作者的个人信息完成与头条维权骑士的签约，如图4-129所示。需要注意填写的姓名与上传的身份证件照片均为作者真实的身份信息。

图4-128　与头条维权骑士签约

图4-129　上传作者身份信息

步骤03 完成签约后，在发表的原创文章下方会显示"疑似被转载次数"的内容，如图4-130所示。通过查看该显示内容，创作者可以判断文章是否存在被侵权的情况。

图4-130　疑似被转载次数

步骤04 在原创保护页面中，单击"文章列表"按钮，在下方表格中可以查看到文章的发表时间、标题及抄袭与维权的具体情况。如发现存在疑似抄袭的情况，可以在下方的操作栏中单击"一键维权"按钮，快速为文章维权，也可以单击"详情"按钮，查看文章被侵权的具体情况，如图4-131所示。

图4-131　查看文章的侵权情况

步骤05 在文章侵权的详细页面中列出了疑似抄袭文章列表，单击列表下方的"站内抄袭"按钮，可以查看文章在站内的被抄袭情况。在操作栏中单击"举报删除"按钮，可以举报站内抄袭的文章并要求系统对其进行删除处理，如图4-132所示。

图4-132　对站内抄袭采取举报删除的措施

步骤06 单击"站外抄袭"按钮，可以查看文章在不同平台中的抄袭情况。在操作栏中单击"确认抄袭"按钮，可以对检测到的站外抄袭进行确认，也可以单击"确认授权"按钮，对其他平台的文章转载与使用进行授权确认，如图4-133所示。

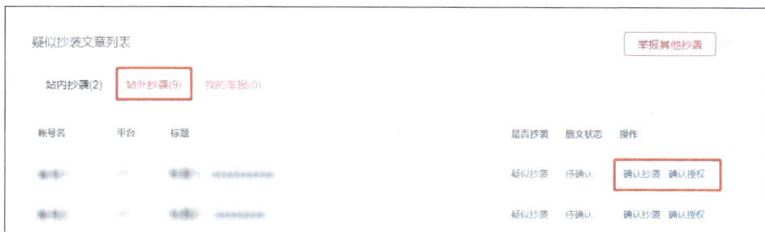

图4-133　站外抄袭的确认与授权

步骤 07 当创作者发现有其他未被平台监测到的抄袭行为时，可以单击"疑似抄袭文章列表"右侧的"举报其他抄袭"按钮，如图4-134所示，然后在抄袭举报的申请页面中填入平台类型、平台名称及侵权文章的链接，单击"确认"按钮，提交举报申请，如图4-135所示。

图4-134 单击"举报其他抄袭"按钮

图4-135 提交举报申请

步骤 08 当创作者对其他账号授权转载时，可以通过设置白名单的方法来避免被认定抄袭。在原创保护页面中的数据详情栏中单击"白名单"按钮，如图4-136所示。

步骤 09 单击"新增白名单账号"按钮，然后选择平台，输入账号名称、ID和备注，单击"确定"按钮，添加白名单，如图4-137所示。

图4-136 单击"白
名单"按钮

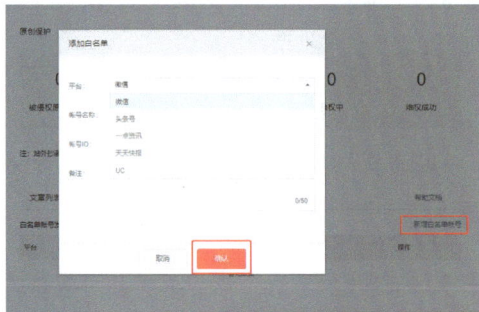

图4-137 添加白名单

4.3.3 功能实验室拓展头条号功能

今日头条在其功能实验室模块中为创作者提供了创作工具、管理工具及变现工具，以便创作者能随时使用。功能实验室中的各项工具需在浏览器端口中登录头条号后才能使用，功能实验室的模块在首页菜单栏的工具分类中可以找到，如图4-138所示。

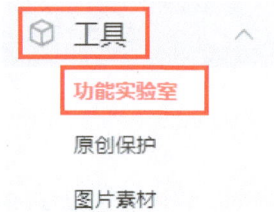

图4-138 功能实验室

功能实验室中包含了3种类型的工具，它们分别是创作工具、管理工具与变现工具。下面将逐一介绍这些工具的作用与使用方法。

1. 懂车帝

懂车帝是今日头条母公司字节跳动旗下的一个汽车媒体服务平台，懂车帝为汽车领域的创作者提供了详细而权威的汽车配置参数及大量高清的汽车图片素材，创作者可以筛选或查找相关的车型获取需要的素材并保存至头条号的素材库中，以便在创作中可以随时使用。

2. 番茄小说

图4-139所示是番茄小说的首页，番茄小说是由今日头条孵化的免费网文阅读平台，一些热衷网络文学创作的作者可以与番茄小说平台签约，成为网络文学的作者，他们的作品会被番茄小说网与今日头条推荐给过亿用户，而签约作者则有机会获得丰厚的广告分成收入及由番茄小说设立的各类奖励。

图4-139　番茄小说首页

创作者只需利用浏览器登录头条号，从功能实验室中进入番茄小说的首页，单击页面末尾的"成为作者"按钮，填写作者信息并完成提交即可成为番茄小说的作者，如图4-140所示。成为番茄小说作者后就可以开始网络文学的创作，作品将会在番茄小说网和今日头条内推荐给用户。

图4-140　申请成为番茄小说作者

3. 西瓜直播

西瓜直播是基于西瓜视频的一个直播平台，如图4-141所示。西瓜直播的内容可以通过西瓜视频和今日头条推荐给不同的用户，推荐对象不局限于关注账号的粉丝，一些潜在粉丝和对视频内容感兴趣的用户都能收到相关推荐。不同直播类型的主播可以通过西瓜直播分享自己的内容，一些直播达人甚至能受到平台的邀请，参与直播带货，以此提高直播带来的收入。

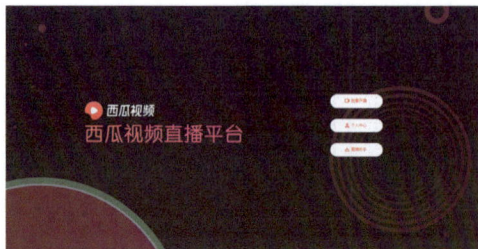

图4-141　西瓜直播

4. 大纲编辑器

图4-142所示是头条号提供的大纲编辑器——幕布。字节跳动公司在2018年全资收购了一款思维概要整理工具"幕布"，并将其作为大纲编辑器免费提供给头条号的创作者使用。利用幕布这一工具，创作者可以用树形结构来组织创作的内容，让内容层次更加清晰；可以快速地整理创作思路，构建思维导图，以便细化内容创作中的每一个环节；还可以用其捕捉创作灵感，随时随地梳理内容创作的具体进程。

在头条号中使用幕布大纲编辑器需要获得今日头条的授权登录。在"功能实验室"中单击"大纲编辑器"按钮，然后利用头条号绑定的手机号登录授权即可，如图4-143所示。幕布大纲编辑器可以在PC端使用，也可以在手机端使用。

图4-142　大纲编辑器

图4-143　授权登录幕布大纲编辑器

用户在使用时只需创建文档，输入内容，调整层级，然后使用工具栏中的工具进行相关的设置，操作方便简单，容易上手。此外，还可以一键将文档切换为演示模式和思维导图，如图4-144所示。

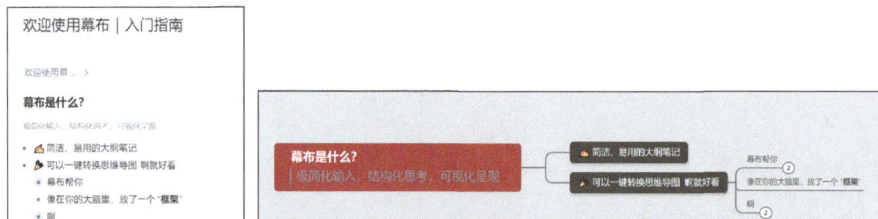

图4-144　演示模式和思维导图模式

5. 小程序

2018年11月，今日头条小程序正式上线。平台提供了文章详情页、微头条、小视频、搜索、账号主页、个人中心、钱包和信息流广告位8个为小程序带来流量的途径，用户通过以上途径可以使用不同功能的小程序。

头条小程序的诞生让不少头条创作者可创作的内容得以延伸，不仅如此，小程序还为内容创作者提供更多的变现模式。图4-145所示是某头条号在其文章详情页中添加的购书小程序，用户通过点击小程序按钮可以进入购书页面内进行书籍的选购。

要想在头条号内添加小程序，创作者需要进入字节跳动公司提供的小程序开发平台，如图4-146所示，在开发平台中完成小程序的创建，然后在头条号中进入小程序页面，使用小程序ID进行新增绑定，如图4-147和图4-148所示。这样创作者便可以选择不同的流量入口接入小程序了。

图4-145　头条号在其文章详情
页中添加小程序

图4-146　字节跳动小程序开发平台

图4-147　新增绑定小程序

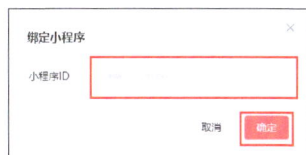

图4-148　利用小程序ID完成绑定

6. 头条小店

图4-149所示是今日头条功能实验室中的头条小店首页。头条小店是今日头条平台提供的一款电商变现工具，创作者通过这一工具可以有效提高变现收入。开通头条小店后，创作者可以在不同的渠道利用不同的载体投放店铺的页面。目前，头条小店的店铺已连通今日头条、西瓜视频、抖音、抖音火山版等多个平台，店铺中的商品可通过文章、微头条、小视频、视频、直播等多种方式呈现。

图4-149　头条小店

4.4 头条号的信用积分与权益

今日头条平台以粉丝数为衡量标准，针对不同粉丝级别的创作者开放不同的创作权益，粉丝级别越高，创作者获得的权益也就越丰富。信用积分制度则为创作内容和创作者自身作出了明确的规范。以下主要介绍今日头条平台为广大创作者提供的创作权益与信用积分制度。

4.4.1 创作权益的申请

今日头条平台根据创作者的能力开放不同的权益，一方面能助力创作者高效、高质量地创作，另一方面也让创作者享受了创作带来的更多收益。接下来将按照创作权益申请的难度，由低到高地介绍各项权益的作用、使用方法和申请条件。

1. 基础权益

基础权益是对于每一位头条创作者都开放的，它包括文章创作收益、文章原创、视频原创声明和视频创作收益。创作者只需要遵照平台方的创作规范并确保信用分值符合标准，都是可以申请开通并享受这些基础权益的。下面主要介绍这几种权益的作用及使用方法。

（1）文章创作收益

文章创作收益是指创作者发布文章时在文章中投放广告，以此赚取收益。文章创作收益是在作者加入头条创作计划后，自动开通且无须额外申请广告投放而赚取的收益，全部归创作者所有。只有当创作者的信用分值低于70分时，按照平台收益的相关规则收益会有所减损；当创作者的信用分值低于60分时，文章创作收益会被平台强制关闭。

（2）文章原创

文章原创就是指创作者在发布文章时声明文章为原创作品，平台会对原创文章加注原创标识。声明原创的头条文章相较于一般文章可以获得更多的平台推荐，同时在文章分成与收益方面也明显高于普通文章。另外，开通文章原创后平台支持站内维权，这为创作者提供了原创保护，当侵权行为发生时，创作者能及时向平台进行反馈。

申请原创声明的账号信用分需为100分，账号类型为个人、群媒体、新闻媒体、企业或其他组织。另外，文章声明原创时需至少满足以下条件：

作品为创作者原创，创作者拥有文章作品的合法版权；

获得著作权人本人的授权，可以对原作品进行改编、翻译、注释和评议；

获得著作权人本人的独家授权，有且仅有该账号可以在今日头条发布该作品内容。

（3）视频原创声明

视频原创声明是今日头条平台提供的，允许用户自愿就已发布的视频作品进行原创声明的功能。所有开启了原创声明的视频都会受今日头条平台的原创保护，另外，声明原创的视频还能获得更多推荐和创作收益。

今日头条平台为防止视频原创声明的功能被滥用，出台了一系列相关的规则，违规使用原创声明会导致视频下架，扣除账号信用分，限制视频推荐，严重者甚至会被平台予以封号处理。

（4）视频创作收益

视频创作收益和文章创作收益类似，但想要赚取视频创作收益，要同时满足两个条件，一是发布的视频必须是横版视频，竖版的视频无法赚取创作收益；二是在发布视频时必须声明视频为原创作品，如图4-150所示。

视频创作收益的分值联动规则与文章创作收益相同，当创作者的信用分值低于70分时，视频的收益会有所减损；当创作者的信用分值低于60分时，视频创作收益会被平台强制关闭。图4-151所示为信用分与收益折损的计算规则。

图4-150　在创作类型中选择"原创"分类　　　图4-151　收益折损规则

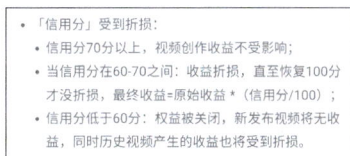

2. 百粉权益

百粉权益是指当创作者的粉丝数达到100（计算方式为头条号与西瓜视频账号粉丝之和）时可以申请的权益。百粉权益主要包括文章原创收益和问答原创两项内容，下面分别介绍这两项百粉权益的使用条件及使用方法。

（1）微头条创作收益与问答创作收益

微头条创作收益是指创作者发布非转发抽奖类的微头条内容可获得的创作收益，问答创作收益是指创作者发布优质原创回答可获得的创作收益。这两项权益不需要用户再进行其他操作，只需直接发布相关内容，平台就会按照内容的质量、阅读量、账号粉丝量等综合因素自动为账号计算收益。

微头条创作收益和问答创作收益都需申请，申请权益的账号需要满足百粉条件，账号的类型需要为非国家机构和其他组织。当条件达成时，在浏览器中登录头条账号，从首页中进入创作权益页面，在对应权益旁会显示"申请开通"按钮，如图4-152所示，单击按钮申请开通，等待审核通过后创作微头条或回答提问即有机会获得一定的收益。

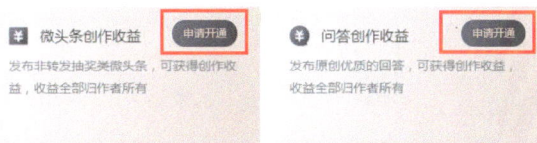

图4-152　申请开通权益

需要注意的是，微头条创作收益与问答创作收益都对账号的信用积分有一定要求，当创作者因发布违规的内容导致信用分被扣至60分及以下时，微头条创作收益将被平台关闭，而问答创作权益则会被冻结，被冻结的权益需要信用分恢复至100分才可重新申请。

（2）问答原创

问答原创是指创作者在发布问答时声明问答为原创作品，平台会对原创作品加注原创标识，并给予更多的平台推荐和分成，但创作者想要获得分成需要先开通"问答创作收益"功能。问答原创的开通条件与文章原创相同，此处不再赘述。

3. 千粉权益

当粉丝数量到达1000（计算方式为头条号与西瓜视频账号粉丝之和）时，创作者可以申请微头条创作收益、问答创作收益、问答原创、图文赞赏、视频赞赏、热点图库和自营广告7项权益。接下来将介绍后4项权益的申请条件、使用方式及注意事项。

（1）图文赞赏

账号开通图文赞赏权益后，用户可对创作者发布的头条文章进行一定金额的赞赏，赞赏所得全部归创作者所有，平台不参与分成。

图文赞赏的开通与使用包括以下几个主要步骤。

步骤 01 打开浏览器，登录头条号，在首页中单击"成长指南"按钮，然后单击"创作权益"按钮，如图4-153所示，进入创作权益页面。

步骤 02 在千粉权益的分类下找到"图文赞赏"，然后单击"申请开通"按钮，如图4-154所示。

步骤 03 开通权益后，进入文章编辑页面，编辑所需上传的内容并设置好封面。

步骤 04 在文章末尾找到"发文特权"，单击勾选"允许赞赏（今日还有5次机会）"，如图4-155所示，开启文章赞赏。

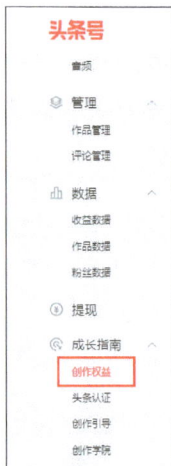

图4-154 单击"申请开通"按钮

图4-153 单击"创作权益"按钮

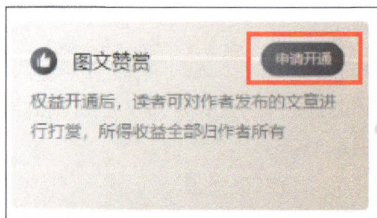

图4-155 勾选允许赞赏

开启图文赞赏的文章会出现"赞赏"按钮，读者只需点击…按钮即可查看，如图4-156所示，点击"赞赏"按钮后会进入支付页面，选择赞赏的金额，然后选择支付方式完成付款，如图4-157所示，创作者便可以得到赞赏的全部收益。

图4-156 图文赞赏入口

图4-157 赞赏支付页面

图文赞赏每天最多能使用5次，文章发布后随即扣除相应次数。如果文章审核未通过，或创作者删除文章，赞赏次数同样也会被扣除；如果文章被设置为定时发布，则扣除提交文章当天的赞赏次数，而非发布当日的。另外，文章一经发布，赞赏相关的功能无法修改也不可撤销。

开通图文赞赏的账号必须遵守平台规范，并将信用分保持在100分，如果发布违规内容或信用分低于60分时，图文赞赏权益将被关闭。

（2）视频赞赏

视频赞赏权益同样是今日头条平台开放的一项千粉权益，其功能和开通条件与图文赞赏相同，通过视频赞赏获得的收益同样不会被平台抽成，其开通功能和发布设置的方法也类似，在此不再赘述。图4-158所示为视频赞赏的支付入口。

图4-158 视频赞赏的支付入口

当用户发布违规内容或信用分低于60分时，视频赞赏权益将被冻结使用，直至分值恢复到100分时才能重新使用。

（3）热点图库

热点图库是今日头条平台推出的一项快速获取图片素材的功能。当创作者粉丝数量超过1000，便可在千粉权益中点击开通热点图库的功能。图4-159所示为热点图库的使用页面，创作者在上传图片时即可使用热点图库的功能。比起之前介绍过的免费正版图片，热点图库中的图片资源更加丰富，图片来源于全球200多家图片社及100多万名专业摄影师。

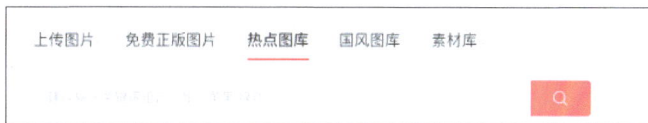

图4-159 热点图库的使用页面

热点图库中的图片分为全部、国内、体育、国际、时尚、商业、娱乐、汽车、大片、精选、旅游和档案12个类别，每张图片均为优质高清的版权图片，能为创作者节省收集图片素材的时间，同时还能提高文章配图的质量，让图片为文章增光添彩。需要注意的是，在使用热点图库中的图片素材时，图片左下角会自带不可移除的印有"版权图片"字样的水印，创作者需注意保护图片的版权，不可将水印删除。另外，从热点图库中下载的图片仅能用于今日头条平台中的内容创作，严禁用于其他途径。

（4）自营广告

自营广告是指创作者将各类推广内容制作成广告素材并投放于文章中，自营广告的载体可以是图片、文字或落地页。图4-160所示为某头条号于文章末尾投放的自营广告，广告以文字和图片为载体，指引读者扫描二维码关注其运营的公众号。

图4-160　在文章末尾投放的自营广告

下面简单介绍自营广告的开通方法与使用步骤。

步骤 01 打开浏览器，登录头条号，单击"创作权益"按钮，进入创作权益页面，找到"千粉权益"的分类。

步骤 02 当账号满足开通条件时，在"自营广告"页面中单击"申请开通"按钮，然后需要等待审核通过，如图4-161所示。

步骤 03 审核通过后需要对投放的自营广告进行设置，在首页菜单栏中单击"收益数据"按钮，进入收益页面，然后单击"自营广告"按钮，进入自营广告页面，如图4-162所示。

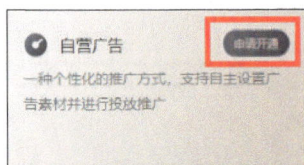

图4-161　申请开通自营广告

图4-162　自营广告页面

步骤 04 在设置栏中新增自营广告，选择类型，上传广告内容和其他相关材料，然后单击"提交"按钮，如图4-163所示，提交自营广告并等待审核，一般自营广告的审核时间为1~3天。

图4-163　设置自营广告

步骤05 待自营广告审核通过后即可在文章中投放。进入文章的编辑页，完成文章编辑后，在投放广告一栏中单击选择投放自营广告，如图4-164所示。

图4-164 投放自营广告

在投放自营广告时需要注意，今日头条平台公布的《关于自营广告内容要求的通知》对自营广告的内容做出了严格要求，投放的自营广告禁止涉及健康、医疗、保健、彩票、财经、金融、法律、两性、教育、广告招商、微商、二类电商等相关内容。

以图文为主要形式的自营广告不得出现违法、虚假欺诈、低俗、敏感色情类信息，不能有吸烟、饮酒的形象，不得涉及第三方的负面信息，广告中出现微信号或微信公众号的，不能出现明显售卖倾向的描述。

以落地页为主要形式的自营广告必须在移动端适配，大小不超过1MB，不能进行二次跳转，不能为第三方媒体平台页面，不能含有自动播放的音频或视频。

4. 万粉权益

当头条号的粉丝数量积攒至10000时，今日头条平台会面向创作者开放新的创作权益，即付费专栏、头条抽奖、商品卡和付费直播。这4项权益可以有效拓宽内容变现的渠道，能让创作者享受用户知识付费带来的收益。

（1）付费专栏

付费专栏是今日头条平台为创作者打造的一种内容变现的新途径，其特点在于可以将创作者发布的优质内容进行整合，以内容专栏的形式让用户进行知识付费阅读。创作者可以按内容的类型、质量等标准进行衡量，为专栏设置一个合理的价格。图4-165所示为某头条号发布的美食食谱免费专栏；图4-166所示为某头条号发布的手机摄影教学付费专栏。

图4-165 美食食谱免费专栏

图4-166 手机摄影教学付费专栏

在头条号中开通付费专栏时要确保专栏内容符合平台制定的《专栏内容管理规范》和《优质专栏评定标准》中涉及的相关要求。付费专栏有2种版权类型，分为原创和被授权，如图4-167所示，创作者在创建专栏时可根据实际情况选择，如创建的专栏并非原创，而是原创作者授权创建的，则需要上传相关的作品版权证明材料。

图4-167　付费专栏的版权类型

付费专栏的创建除了需要设置标题、封面和简介等常规项目，还需要为专栏定价，并设置专栏的预计更新节奏和预计更新章节数量，如图4-168所示。机构类账号可于每月2~4日在PC端的头条号后台申请提现，个人类账号则可以在每周四9：00-23：00通过今日头条App进行提现操作。

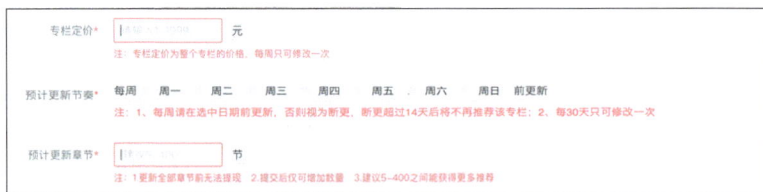

图4-168　设置付费专栏的定价、更新节奏和章节数量

付费专栏的开通和章节发布都需要经过平台审核，专栏中至少有一种体裁（图片或视频）发文数不少于5篇，财经类和健康类账号还需要满足付费内容资质要求才能申请付费专栏。

（2）头条抽奖

头条抽奖是头条号内常见的一种互动模式，用户通过关注、转发的方式参与抽奖活动，就有机会获得不同程度的奖励。对头条号的创作者而言，通过头条抽奖活动，可以在短时间内扩大内容的传播范围，在快速"涨粉"的同时又能提高粉丝黏性。图4-169所示为某头条号发起的抽奖活动，在短时间内这则微头条内容获得了7.8万的展现量，同时也获得了大量用户的关注和转发。

头条抽奖活动仅能以微头条的形式发布，且每天发布的抽奖微头条不得超过10条，在发布抽奖内容时需要注明抽奖活动的内容描述、参与方式（目前仅支持转发或转发+关注的参与方式）、奖品名称（必须有明确的市场定价）、奖品数量及开奖时间，如图4-170所示。

图4-169　头条号发起的抽奖活动　　图4-170　抽奖微头条所需注明的内容

用于抽奖活动的奖品需为实物奖品或现金红包，奖品需要有明确的市场定价，不得以网络虚拟的奖券、抵扣券、在线课程等充当奖品。对于中奖者而言，奖品应该是无差别的，所有中奖者获得的奖品需保持相同，不支持设置阶梯式奖品。

（3）商品卡

商品卡就是依靠电商为头条创作者提高收益的一项权益，包含了商品卡、橱窗和电商工具箱3项具体的功能应用。

1）商品卡

头条创作者开通商品卡权益后，可以在创作过程中插入商品卡，若读者通过商品卡进入选购页面并产生了实际的购买行为（以确认收货为准），那么创作者便可以获得一定的佣金。图4-171所示是某头条号发布的一则微头条，微头条的内容以儿童睡衣为主，创作者在微头条配图的下方插入了一张商品卡，读者可以点击该商品卡购买到同款儿童睡衣。

商品卡可以在头条文章、微头条、视频、问答和直播等内容中使用，单个自然日内，每个账号可发布的含有商品卡的内容（文章、微头条、问答）不得超过5篇。在开通商品卡权益后，进入内容编辑页面，单击页面上方"插入更多卡片"按钮，然后单击"商品推广"按钮，从不同的渠道选择商品并将其添加为商品卡插入即可，如图4-172和图4-173所示。

图4-171 在微头条内容中插入商品卡

图4-172 在编辑页中插入商品卡

图4-173 选择商品添加为商品卡

2）橱窗

橱窗就是将商品展示于头条号的个人页面中，用户通过查看橱窗选购心仪的商品，当交易达成后该头条号可以赚取一定的佣金。图4-174所示是某头条号展示的橱窗页面，该账号发布的内容主要以零食推荐为主，在橱窗中主要售卖各类零食，且销量不小。

头条号的橱窗中需要添加商品才能在个人页面进行展示，橱窗的商品可以从电商工具箱中的橱窗管理中添加：在商品橱窗页面内点击"橱窗管理"按钮，然后点击"添加商品"按钮，选择合适的商品添加至橱窗即可，如图4-175所示。

图4-174 头条号的橱窗页面

图4-175 在橱窗中添加商品

3）电商工具箱

开通商品卡功能后，今日头条App会展示"电商工具箱"入口，支持橱窗管理、佣金收入、账号绑定、个人主页展示内容和意见反馈等功能。

4）付费直播

付费直播是一项在头条直播的基础上向观众提供付费直播内容的权益，付费直播会向用户提供3分钟的试看，用户要想观看完整直播或直播回放需要先支付费用。付费直播相较于普通直播有4个显著的特点。

- 直播可预约，可以在今日头条平台中发布直播预告，以此推广直播。
- 支持实时互动，在直播过程中可以与观众充分互动，有利于及时为用户答疑解惑。
- 操作门槛较低，可以使用电脑、手机直接开播，不需要专门录制。
- 自动生成回放，已付费的观众可以随时查看直播回放。

5. 5万粉权益

当头条号的粉丝数积攒至50000时，今日头条平台会向创作者提供VIP客服和创作者社群这2项新权益，为创作者提供更好的服务，帮助创作者更好地创作和管理粉丝。

（1）VIP客服

头条创作者在后台反馈的意见和问题，每天都可获得人工客服响应，以此协助创作者更好地使用平台。VIP客服功能在PC端和手机端中都可以使用。需要注意的是，在咨询问题时，创作者需要具体阐述问题，并提供相关链接或者截图，以提高解决问题的效率。

（2）创作者社群

头条创作者可以通过平台提供的创作者社群功能，建立用户社群，提高账号的关注度。创作者在圈子内可以与用户进行互动与交流，为用户提供有价值的内容，同时可以以付费加入圈子的方式来获取收益。图4-176是头条号的一个付费圈子"摄影故事集"，用户通

图4-176 头条号的一个付费圈子"摄影故事集"

过购买圈子就可以查看圈子内分享的各类摄影作品。

在功能实验室开通付费圈子的权益后，可以创建圈子，除了需填写圈子的名称、简介、封面等基本信息外，还可以对圈子进行付费设置，如图4-177所示，创建成功后即可在圈子中发布动态，如图4-178所示。

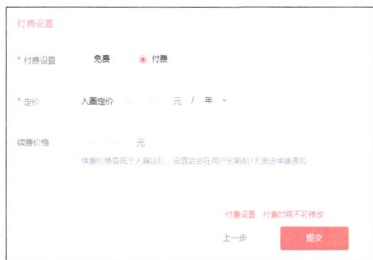

图4-177　付费设置

图4-178　发布动态

6. 10万粉成就

当头条号的粉丝数积攒至100000时，创作者将获得成就表彰这一权益。成就表彰是指平台每季度将根据创作者的粉丝数量、各体裁内容的发布数量及质量、平台影响力、账号内容稀缺度、对平台生态的贡献等因素进行综合考量，评选表彰账号，获奖者将获得平台定制的奖牌和IP-UP计划报名资格。奖牌分为3种：今日头条优质创作者、今日头条百万粉丝创作者和今日头条千万粉丝创作者。当创作者的粉丝量达到10万、100万、1000万时，账号将自动进入下季度的评选池参与评选。

这一表彰旨在奖励坚持原创、通过创作不同体裁的内容获得用户广泛认可的优质账号，它能帮助创作者在平台收获更大的影响力。账号入选后不会二次奖励，但如果在每个季度的评选期间，创作者的粉丝量级产生变化，并再次入围奖励名单，将会得到新一档的奖牌。

4.4.2 头条号信用积分制度

为约束用户内容发送的行为，今日头条制定了信用积分制度，并将该制度中的信用积分与账号收益联动。以下将详细讲解今日头条信用积分制度和对应的惩罚措施。

1. 信用积分制度

每个账号都拥有100分起始积分，如触发惩罚条例，将被扣除相应分数，扣分会影响账号高级权限的开通。头条号被扣分后，平台会设置7天的考察期，考察期从扣分当天的24时开始算起。若7天内无违禁行为（即无新的扣分产生），7天后每两天恢复1分；若7天内仍有违禁行为，则考察期重新计算。

2. 违规内容的扣分规则

今日头条平台对违规账号采取的惩罚方式分为扣分、禁言、关闭权限和账号封禁。表4-3为平台针对违规程度制定的扣分细则。

表4-3 今日头条违规内容扣分细则

违规内容	扣除分值
被投诉侵犯他人著作权	扣40分
扭曲事实、恶意发布他人或机构负面信息	扣40分
上传色情低俗内容	扣20分
上传非法来源或违反相关政策和法律法规的内容	扣20分
虚假宣传或欺诈用户	扣20分
发布与事实不符的各类信息	扣20分
虚构社会恶性事件	扣20分
违规声明原创	扣20分
发布内容侵犯他人合法权益	扣10分
发布过时旧闻	扣10分
标题夸张	扣10分
标题与内容不符	扣10分
封面与内容无关	扣10分
违规发布广告或营销推广	扣10分
标题含有错别字	扣10分
视频音画低质	扣10分

平台规定累计扣分30分以内，只对作者进行扣分处罚，若扣分累计达到30分，则作者将被禁言3天，此后，每新增扣分10分，禁言1天，禁言期间账号无法发文，账号的微信同步和RSS接入等功能也将被禁止。表4-4所示是平台对扣分达到一定标准的作者采取的惩罚措施。

表4-4 今日头条采取的惩罚措施

账号分值	对应处罚
新增扣分<30分	扣除违规项目对应的分值
新增扣分≥30分	扣除最近一次违规对应的分值且禁言，禁言天数=累计新增扣分/10
累计扣分≥30分后，每新增10分	扣10分且禁言1天
当前信用积分≤50分	关闭头条广告和自营广告权限
当前信用积分=0分	账号封禁且不可恢复

3. 信用积分与收益联动制度

头条号的信用积分会直接影响账号的收益，平台规定账号一旦被扣分至70分以下（含70分），该账号当天的头条广告收益将受到相应折损，折损率和信用积分相关。另外，有过收益折损记录的账号，其账号收益将始终与信用积分保持联动。收益折损的具体计算公式如下。

当天信用系数=当天信用积分/100

头条广告收益=原始头条广告收益×当天信用系数

视频收益 = 原始视频收益×当天信用系数

举个例子，假设账号当天的信用积分为60分，则账号当天的信用系数为0.6，假设账号的原始头条广告收益为100元，那么账号当天的实际收益为60元。

4.5　其他内容创作平台的特色功能

除了"头条系"的App，百度、腾讯也推出了自己的内容创作平台，即百家号与企鹅号。本节将对这两个平台进行简单介绍，帮助创作者快速了解这两个平台的基本情况和特色功能。

4.5.1　百家号，从这里影响世界

百家号是百度为创作者打造的集创作、发布、变现于一体的内容创作平台，也是众多企业实现营销转化的运营新阵地。创作者通过百家号发布的内容可以进入百度信息流、百度搜索等分发渠道，从而影响亿万用户。接下来介绍百家号的特色功能，帮助创作者更好地了解百家号的使用方法。

1.　素材管理

创作者可以将常用素材上传至素材库中，以便在创作过程中更加方便快捷地找到并使用素材，同时节省本地存储空间。接下来介绍素材管理功能的使用方法。

步骤01 打开百家号App，在下方点击"我的"按钮进入主页，如图4-179所示。

图4-179　点击"我的"进入主页

步骤02 在"常用功能"面板中找到"素材管理"按钮，如图4-180所示，点击进入素材库。

步骤03 点击"上传新素材"按钮开始上传素材，如图4-181所示。

图4-180　点击"素材管理"按钮

图4-181　点击"上传新素材"按钮

步骤 04 在相册中选择图片素材，点击"确定"按钮即可上传，如图4-182所示。

步骤 05 退出素材库，在下方点击➕按钮，如图4-183所示。

图4-182 选择图片素材并上传

图4-183 发布入口

步骤 06 选择"图文"这一内容形式，进入编辑页面，点击🖼按钮在文章中添加图片，如图4-184所示。

图4-184 在文章中添加图片

步骤 07 点击"素材库图片"按钮，选择已上传的图片素材，点击"确定"按钮完成图片的添加，如图4-185所示。

图4-185 从素材库中添加图片

2. 自动回复

自动回复包括被关注自动回复和关键词自动回复两种。被关注自动回复是指用户关注账号后将收到一条固定回复，关键词自动回复则是指用户在留言时可以通过发送关键词获得一条固定回复，后者可以发送多条。接下来介绍如何设置这两种自动回复。

步骤 01 在个人主页中找到"更多功能"面板，点击"消息设置"按钮即可进入消息设置页面，如图4-186所示。

图4-186 点击"消息设置"按钮

步骤 02 自动回复是通过私信留言而触发和发送的，因此需点击"私信设置"按钮进行设置，如图4-187所示。

步骤 03 点击"被关注自动回复"按钮，如图4-188所示。

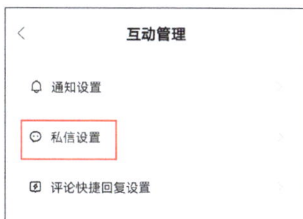

图4-187 点击"私信设置"按钮

图4-188 点击"被关注自动回复"按钮

步骤 04 打开"被关注自动回复"功能，选择回复类型并编辑回复内容，完成后点击"保存"按钮，回复将自动生效，如图4-189所示。回复类型分为文字回复、图片回复和文章回复3种，只能选择其中一种。需要注意的是，文字回复不得超过600字，文章回复不能超过5篇文章，文章形式包括图文、视频和图集。

步骤 05 回到私信设置页面，点击"关键词自动回复"按钮，如图4-190所示。

图4-189 打开并编辑被关注自动回复

图4-190 点击"关键词自动回复"按钮

步骤 06 打开"关键词自动回复"功能，点击"添加自动回复规则"按钮，编辑规则名称、关键词，选择回复类型并编辑回复内容，完成后点击"保存"按钮，回复将自动生效，如图4-191所示。关键词是触发自动回复的文字，回复内容是用户收到的内容。关键词自动回复同样分为文字回复、图片回复和文章回复3种，编辑要求与被关注自动回复相同，此处不再赘述。

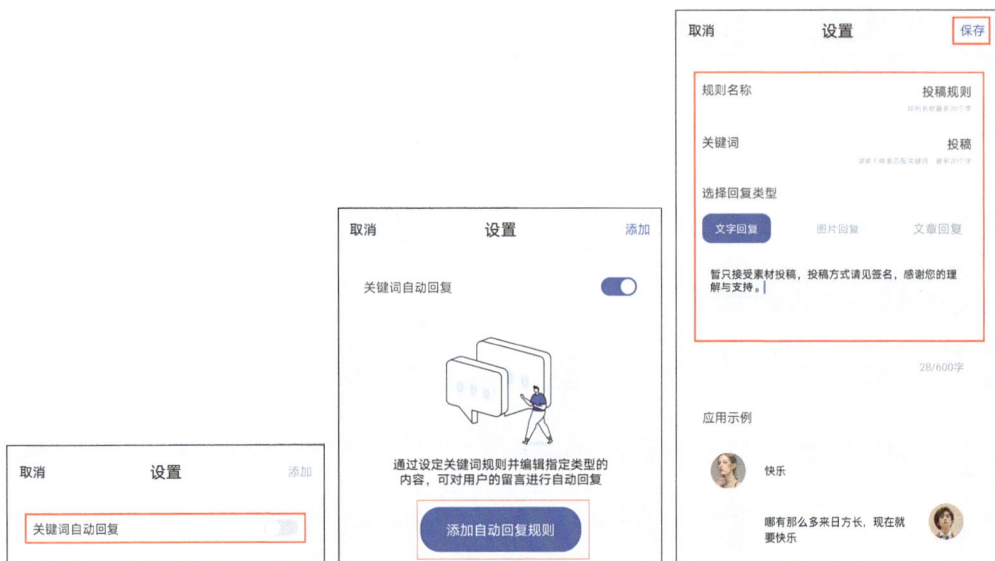
图4-191　开启关键词自动回复，添加并编辑规则

4.5.2 企鹅号，腾讯内容开放平台

企鹅号是腾讯旗下的一个一站式内容创作运营平台，也是腾讯"大内容"生态的重要入口。企鹅号的运营宗旨是谢绝"标题党"，孵化真正有营养、有内涵的精品内容。接下来简单介绍如何使用企鹅号。

1. 注册并绑定企鹅号

注册企鹅号需要通过微信账号或QQ账号授权并绑定。因此，创作者需要准备一个未注册过企鹅号的微信账号或QQ账号。接下来介绍注册的具体步骤。

步骤 01 打开企鹅号App，点击"戳我登录"按钮进入登录页面，如图4-192所示。

步骤 02 勾选"同意隐私政策和软件许可协议"，点击"注册"按钮，即可开始企鹅号的注册流程，如图4-193所示。

图4-192　点击"戳我登录"按钮

图4-193　点击注册企鹅号

步骤 03 选择使用微信账号或 QQ账号绑定企鹅号，点击对应的图标并在授权页面中点击"授权登录"即可完成授权绑定，如图4-194所示。

图4-194　授权绑定微信账号或QQ账号

步骤 01 勾选"阅读并同意《腾讯内容开放平台服务协议》"，点击个人类型右侧的"选择"按钮即可选定账号的主体类型，如图4-195所示。需要注意的是，账号一旦注册成功，主体类型不得更改。

图4-195　选择主体类型

<table>
<tr><td align="center">小提示</td></tr>
</table>

主体类型共有5种，即个人主体、媒体主体、企业主体、政府主体和其他组织主体。不同主体所需的注册材料不同，平台对各主体的范畴和账号运营目的都进行了简单说明，创作者可以根据实际情况进行选择，如图4-196所示。

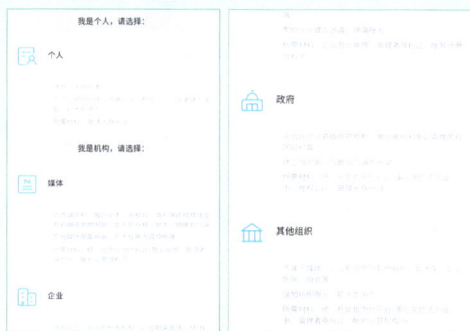

图4-196　5种主体类型

步骤 05 逐项填写账号信息，完成后在下方点击"下一步"按钮，如图4-197所示。

步骤 06 按照要求填写管理者信息并上传资质文件，完成身份验证，点击"提交"按钮，如图4-198所示，平台将在3个工作日内完成信息审核并反馈结果。

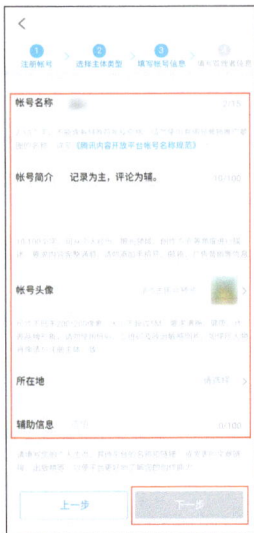

图4-197 填写账号信息

图4-198 填写管理者信息并提交

2. 记录灵感

创作者可以在"我的灵感"功能中随时随地记录自己的创作想法，整理创作计划。接下来介绍灵感功能的使用方法。

步骤 01 打开企鹅号App，点击"我的灵感"按钮，如图4-199所示。由于当前尚无灵感记录，点击后将直接进入灵感编辑页面。

图4-199 点击"我的灵感"按钮

步骤 02 在输入框中输入需要记录的灵感内容，也可以点击下方的 🎙 按钮进行语音输入，输入完毕后点击"完成"按钮保存灵感，如图4-200所示。

步骤 03 回到首页，点击"我的灵感"按钮即可进入灵感记录页面，点击灵感可以查看该条灵感记录的详情，点击 🗑 按钮可以删除灵感，如图4-201所示。

图4-200 编辑灵感内容

图4-201 管理灵感

第 5 章

关注新浪微博，随时随地
发现新鲜事

新浪微博常被简称为微博，它是新浪公司旗下的一个内容社交媒体平台，用户可以使用微博实时公开发布内容，还能对其他用户发布的内容进行点赞、评论和转发，在互动中增强用户间的联系。微博拥有十分广泛的用户群体，除普通用户外，名人、达人和其他公众人物都可以开通微博账号，此外，政府部门、机构也可以通过微博的官方账号实时更新动态。本章以新浪微博作为社交平台的典型代表，讲解新浪微博的功能和玩法。

账号申请与设置

　　微博本质是一个社交媒体平台。为了能让社交顺利进行，注册账号并设置基础信息是第一步，只有注册账号并完成实名验证，才能享受在微博平台发表内容的权益。本节将从微博的账号申请开始讲起，具体介绍微博账号的注册登录和账号的基础信息设置。

5.1.1 注册登录新浪微博

　　用户可以通过网页和手机App等方式进入新浪微博浏览信息，下面以手机端安卓系统为例，讲解注册并登录新浪微博的具体方法。

步骤 01 在手机应用商城中搜索"微博"，下载并安装微博App，如图5-1所示。

步骤 02 点击微博图标打开微博App，在弹出的提示页面中点击链接阅读微博的《用户协议》和《微博个人信息保护政策》，点击"同意并继续"按钮，如图5-2所示，进入登录页面。

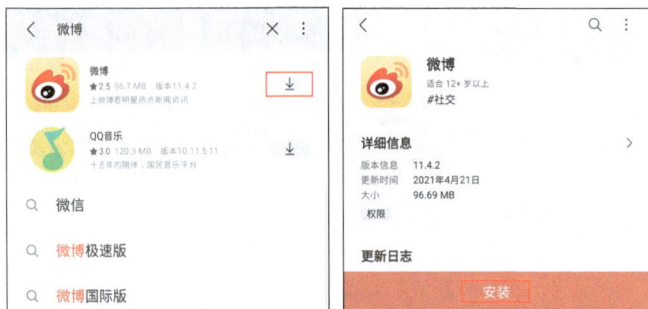

图5-1　下载并安装微博App

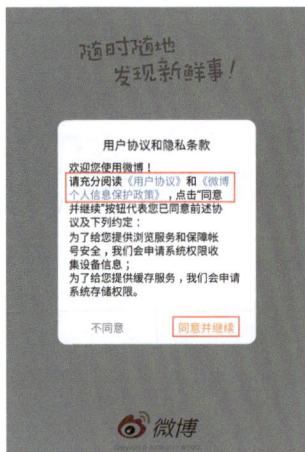

图5-2　打开微博App

步骤 03 输入手机号码，点击"获取验证码"按钮，获取验证码并填入输入框内，点击"注册"按钮注册账号，如图5-3所示。

图5-3　输入手机号和验证码完成注册

步骤 04 仔细阅读《微博服务使用协议》，勾选"我已阅读并同意上述条款"，点击下方的"下一步"按钮，开始设置账号基本信息，如图5-4所示。

步骤 05 点击上方图标选择性别，设置生日，点击"完成"按钮，进入下一步，如图5-5所示。

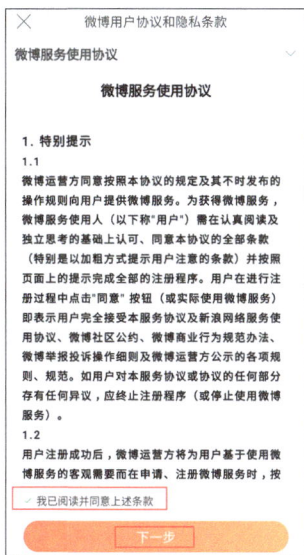

图5-4　勾选协议并进入下一步　　　　图5-5　设置性别与生日

步骤 06 点击标签按钮，选择至少4个兴趣标签，点击"下一步"按钮，选择4位想要关注的微博博主，点击右侧的　按钮关注，点击下方的"下一步"按钮，进入下一步操作，如图5-6所示。

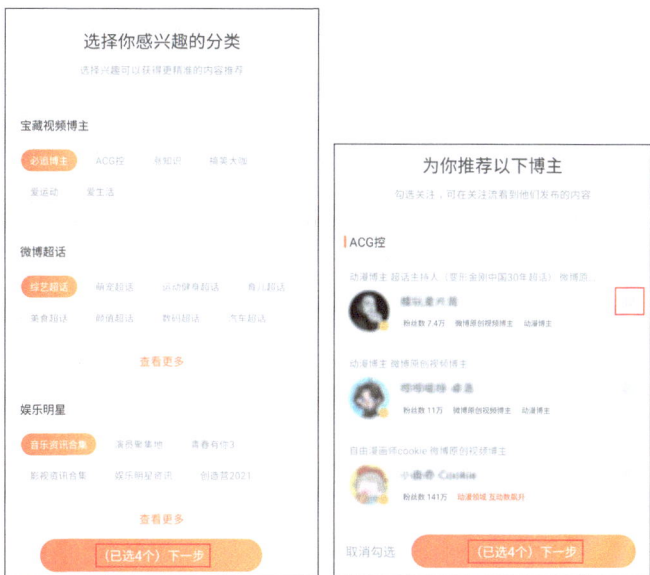

图5-6　选择兴趣标签并关注博主

步骤 07 点击头像右下角的相机按钮 ◎ ，选择一张图片作为头像，调整头像显示的范围，点击下方的"确定"按钮，完成头像的设置，如图5-7所示。

图5-7 设置头像

步骤 08 在头像下方的输入框内输入昵称作为微博用户名，点击下方"开启我的微博之旅"按钮，即可完成账号注册和登录的操作，如图5-8所示。

图5-8 设置微博用户名

5.1.2 账号安全

为了提高微博账号的安全性，避免被他人盗取账号，在完成账号注册后还应该对账号进行相应的安全设置。下面主要介绍微博中关于账号安全相关的功能与设置。

1. 添加信任的手机号码

为了保障账号安全，在利用不同的移动设备登录微博时需要提前设置信任登录的手机号码，具体操作如下。

步骤 01 登录微博并点击页面下方的"我"按钮，如图5-9所示，进入个人页面。

图5-9　点击"我"按钮

步骤 02　点击个人页面右上角的设置按钮⚙，进入设置页面，点击"账号与安全"按钮，即可进入账号与安全页面，如图5-10和图5-11所示。

图5-10　点击设置按钮进入设置页面　　图5-11　点击"账号与安全"按钮

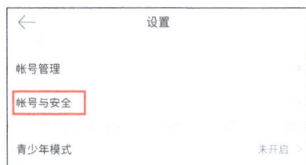

步骤 03　点击"手机号码"按钮，进入手机号码的设置页面，点击"添加受信任的手机号"按钮，进入页面前先进行身份验证，如图5-12和图5-13所示。

图5-12　进入手机号码设置页面　　　　　图5-13　完成身份验证

步骤 04　点击"获取短信验证码"按钮，进入手机号码验证页面，输入收到的验证码，点击"下一步"按钮，在输入框内输入信任的手机号并点击"获取验证码"按钮，将验证码填入输入框后点击"确认"按钮，即可添加信任的手机号码，如图5-14所示。

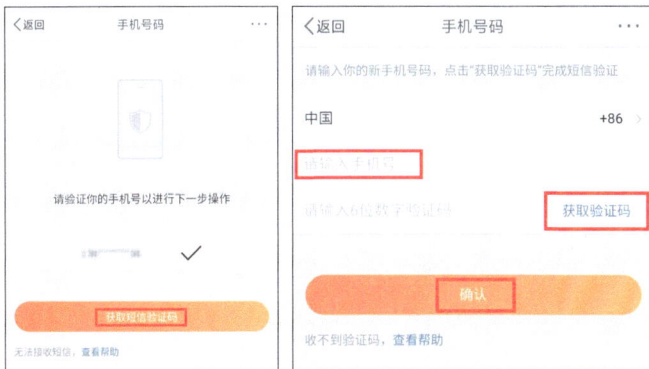

图5-14　添加信任手机号并验证

2. 修改密码并开启登录提示

在微博的账号与安全页面中，可以修改微博账号的登录密码。当账号面临被盗号的风险时就需要及时更换密码。在账号与安全页面中点击"修改密码"按钮，在输入框内输入手机号并获取验证码，输入验证码，然后输入6~16位的新密码，点击"完成"按钮即可完成密码的修改，如图5-15所示。

图5-15 修改微博账号的密码

除了修改账号密码，在账号与安全页面中还可以开启微博账号登录的提醒，提醒有两种类型，分别为陌生登录提醒和双重登录验证，如图5-16所示。陌生登录提醒是指当微博账号在陌生设备上登录时本机会及时收到私信提醒，若非本人登录，还可以踢除该陌生设备的登录。双重登录验证则是指用不同类型的设备登录微博账号时，还需通过特定的方法取得验证才可成功登录账号，例如在陌生手机上登录账号需要输入短信验证码验证，在陌生电脑设备上登录账号则需扫描二维码。

图5-16 陌生登录提醒和双重登录验证

3. 账号安全中心

微博账号安全中心可以通过账号与安全页面进入。在微博安全中心页面，系统会根据微博账号的安全性能给予综合性的危险评估，用户根据评估结果点击下方的"立即优化"按钮，可以查看系统给出的优化建议，根据优化建议进行相关设置，更好地保障微博账户的安全，如图5-17所示。

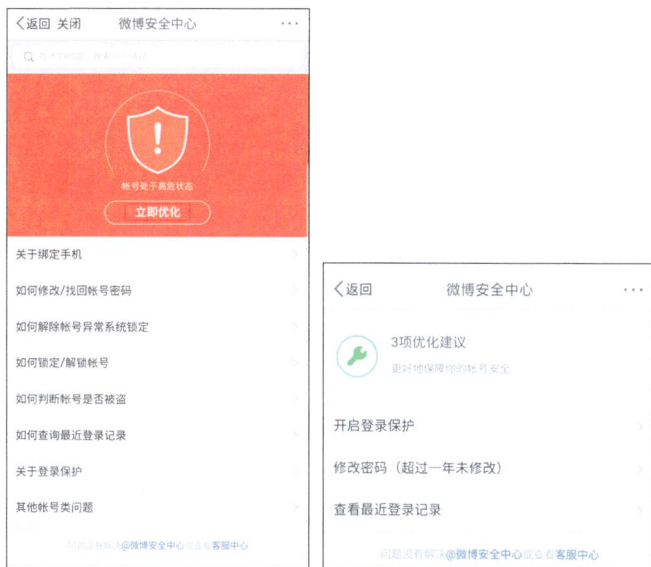

图5-17　微博安全中心与安全优化

5.1.3 完善账号基础设置

　　微博账号的基础设置包括微博功能使用相关的设置，如推送通知设置、屏蔽设置、隐私设置和通用设置等，这些设置可以帮助用户更好地使用微博查看不同的信息，分享自己创作的内容。此外，微博账号的基础设置还包括昵称、头像在内的更多个性化设置，设置这些个性化信息一方面可以让账号变得更有特色，更容易被粉丝记住；另一方面设置个性化信息，也能让系统推送更多感兴趣的信息。下面分类介绍不同的基础设置应该如何设置。

1. 功能使用相关的基础设置

　　在微博中关于功能使用相关的基础设置主要有通知设置、屏蔽设置、隐私设置和通用设置，下面具体介绍它们的设置方法。

步骤01 打开微博，点击右上角的设置按钮⚙进入设置页面，点击页面中的"推送通知设置"按钮，如图5-18所示，进入推送通知设置页面。

步骤02 点击推送免打扰一栏右侧的按钮调整推送信息的提示状态，　为推送消息会正常提醒，🌙为推送消息不会提醒。在互动消息栏中点击对应的按钮可以打开或关闭互动消息的推送提醒，如图5-19所示。

图5-18　点击"推送通知设置"按钮

图5-19　打开或关闭互动消息的推送提醒

小提示

通过点击按钮还可以打开好友圈查看好友的微博信息，也可以选择是否接收微博热点消息。

步骤 03 在社交关注栏中点击"新粉丝"按钮可以设置关注通知的范围,点击"特别关注微博"按钮可以调整特别关注微博的通知方式,如图5-20和图5-21所示。

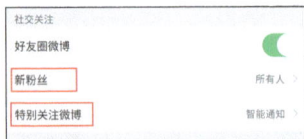

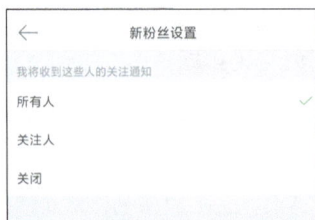

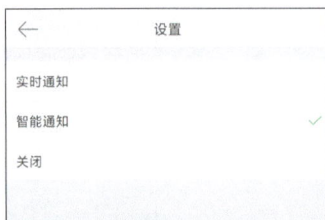

图5-20 社交关系设置   图5-21 调整新粉丝关注和特别关注的通知方式

2. 完善个性化设置

微博的个性化设置主要体现在微博账号的个人主页中,除了在5.1.1节中提到的设置账号昵称和头像外,还有很多个性化设置需要完善,具体操作方法如下。

步骤 01 打开微博进入个人页面,点击头像进入微博的个人主页,点击头像下方的 ∨ 按钮展开页面并点击"查看和编辑基本资料"按钮,如图5-22所示,进入编辑资料的页面。

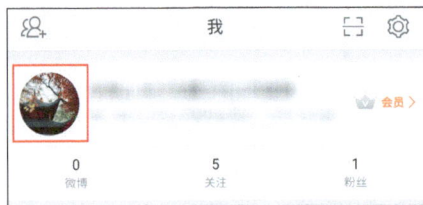

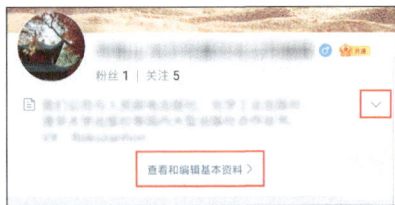

图5-22 进入编辑资料的页面

步骤 02 在编辑资料页面中点击简介一栏旁的 > 按钮,进入编辑简介页面,输入微博简介的内容,点击右上角的"完成"按钮,完成简介的编辑,如图5-23所示。

图5-23 输入简介

步骤 03 在下方的个人信息栏中点击各项目后的 > 按钮,进行个人信息的设置,个人信息并非必填项,用户可以根据自己的需求进行设置,如图5-24所示。

步骤 04 回到微博个人主页,在下方的精选照片栏中点击"展示你的精选照片"按钮,从本地上传照片,点击右上角的"下一步"按钮,如图5-25所示。

图5-24 设置个人信息

图5-25 上传精选照片

步骤 05 利用系统提供的修图工具适当调整上传的图片，点击右上角的"下一步"按钮，进入精选照片的发布页面，在发布页面中输入文字描述并点击右上角的"发送"按钮，即可将精选照片发布在个人主页中，如图5-26和图5-27所示。

图5-26 发布精选照片

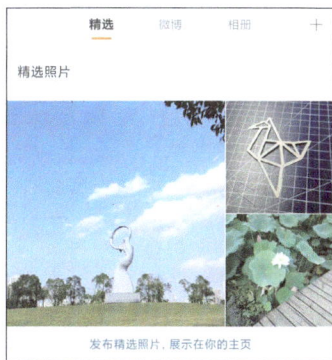

图5-27 精选照片发布后的效果

步骤 06 在个人主页的下方可以展示用户的兴趣爱好，在喜欢的电影一栏右侧点击"编辑"按钮，输入电影名称查找影片，点击右侧的👍按钮完成设置，如图5-28和图5-29所示。

图5-28 设置喜欢的电影

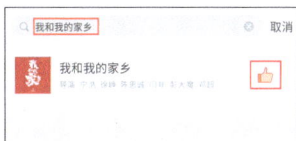

图5-29 完成设置后的主页效果

步骤 07 参照喜欢的电影的设置方法，将喜欢的音乐和喜欢的图书展示在微博的个人主页，即可完成个人主页的基础设置，如图5-30所示。

图5-30　设置喜欢的音乐和图书

5.2 多样的微博内容新玩法

　　注册了微博账号，用户就可以正式开启对微博各项功能的探索。本节将对微博的内容发布方法进行简单介绍。

5.2.1 专栏文章的发布

　　用户可以将发布的头条文章按照主题整理成专栏，统一管理。专栏文章通常是系列文章，如科普专业知识、发表连载小说、记述见闻与分享经验等，方便其他用户阅读更多系列文章。

　　专栏的创建和添加文章都需要在PC端完成，但头条文章的发布可以直接在手机端进行操作。接下来以手机端为例，介绍头条文章的发布方法。

步骤 01 打开微博，在首页右上方点击➕按钮，点击"写微博"按钮开始发布微博，如图5-31和图5-32所示。

图5-31　微博发布入口

图5-32　点击开始发布微博

步骤 02 在工具栏中点击⊕按钮，点击"头条文章"按钮即可进入头条文章的编辑页面，如图5-33所示。

图5-33 添加头条文章

步骤 03 输入头条文章的标题和正文，正文不能超过10万字；封面和导语是选填项，用户可以自行选择编辑与否；用户还可以自主选择是否开启打赏和设置阅读权限，开启打赏后用户有机会获得收益，勾选"仅粉丝阅读全文"选项后非粉丝用户只能阅读文章的部分内容，而完整内容仅限粉丝查阅，如图5-34至图5-36所示。

图5-34 输入标题与正文　　图5-35 设置封面图，编辑导语　　图5-36 其他设置内容

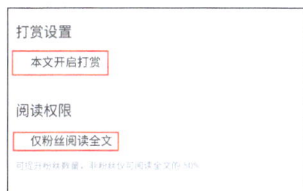

步骤 04 文章编辑完成后，在右上方点击"下一步"按钮即可预览头条文章，检查无误后点击"完成"按钮回到微博发布页面，点击"发送"按钮即可发布头条文章，如图5-37和图5-38所示。

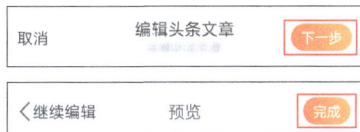

图5-37 预览头条文章　　　　　　图5-38 发布头条文章

接下来以PC端为例，介绍如何创建文章专栏并将已发布的文章添加至该专栏中。

步骤 01 打开浏览器，进入微博首页并登录微博账号，在编辑框下方单击"头条文章"按钮，如图5-39所示，进入头条文章编辑页面。

步骤 02 切换至专栏编辑页面，单击"创建专栏"按钮开始设置文章专栏，如图5-40所示。

图5-39　单击进入头条文章编辑页面

图5-40　单击创建专栏

步骤 03 为专栏设置封面，封面图可以使用本地上传的图片，也可以从系统提供的默认封面中选择；填写专栏标题和简介，标题长度不超过20字，简介不超过140字；为专栏选择合适的领域，选填相关话题，设置完成后单击"保存"按钮，如图5-41至图5-43所示。

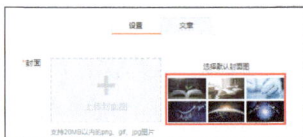

图5-41　设置封面

图5-42　设置标题和简介

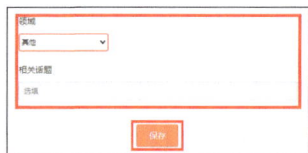

图5-43　选择领域和选填相关话题

步骤 04 在上方单击"文章"按钮切换至专栏文章编辑页面，单击"添加文章"按钮后，已发布的头条文章将显示在弹窗中，单击"添加"按钮和"完成"按钮即可将头条文章添加至当前专栏中，如图5-44和图5-45所示。

图5-44　单击添加文章

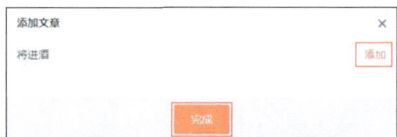

图5-45　选择头条文章并添加

5.2.2 发布话题与点评

发布话题通常有两种情况：一是发布原创话题，二是参与热议话题的讨论。接下来介绍发布原创话题的具体步骤。

步骤 01 打开微博App，在首页右上方点击➕按钮，点击"写微博"按钮开始发布微博，如图5-46和图5-47所示。

图5-46　微博发布入口

图5-47　点击开始发布微博

步骤 02 在工具栏中点击#按钮即可插入话题，如图5-48所示。

图5-48　插入话题

步骤 03 在搜索框中输入需要添加的话题名称并按Enter键，话题将自动添加至微博中，继续编辑微博内容，点击"发送"按钮即可完成话题的发布，如图5-49和图5-50所示。

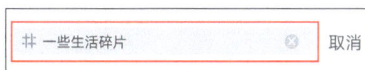

图5-49　编辑话题

图5-50　编辑微博并发送

　　微博会为用户推送时下热议的话题，鼓励用户参与热议话题的讨论，交流观点，发布带有热议话题的微博也能方便用户快速同其他用户进行讨论。接下来介绍如何参与热议话题的讨论。

步骤 01 在微博的发现页面中找到"热议话题"模块，在右侧点击"更多"按钮，可以查看热议话题榜，如图5-51所示。

步骤 02 选择感兴趣的热门话题，点击话题名称即可查看话题详情，如图5-52所示。

图5-51　点击查看热议话题榜

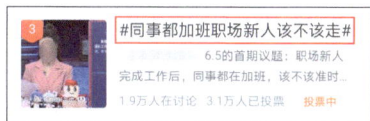

图5-52　点击话题名称

步骤 03 在话题详情页中，在下方点击输入框即可快速进入微博发布页面，编辑微博并点击"发送"按钮即可成功参与讨论，如图5-53和图5-54所示。

图5-53　点击参与讨论

图5-54　编辑微博并发布

微博点评是指对关联物品、电影或地点等进行评分并发布自己的看法，又称"微评"。接下来介绍发布微评的具体步骤。

步骤01 打开微博App，在首页右上方点击➕按钮，点击"微评"按钮开始发布微评，如图5-55和图5-56所示。

图5-55 微博发布入口　　　　　　　　　图5-56 点击开始发布微评

步骤02 在"关联物品/电影/地点等"一栏的右侧点击"选择"按钮，搜索需要点评的物品、电影或地点，点击关联项即可选中并添加至微评中，如图5-57所示。

图5-57 关联点评对象

步骤03 为点评对象评分，并根据评分星级选择对应的小标题，如图5-58所示。

步骤04 继续编辑微评内容，点击 按钮可以添加图片，编辑完毕后点击"发送"按钮即可发布微评，如图5-59所示。

图5-58 评分并添加小标题

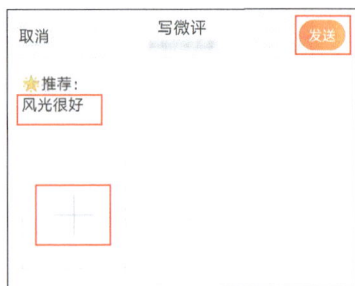

图5-59 编辑微评并发布

5.2.3 参与微博微公益

参与微博微公益有两种方式：一种是参与爱心捐款，为公益项目贡献自己的一份力；另一种是参与公益传播，即发布带有公益话题的微博，扩大公益项目的影响力，让更多人参与到公益中来。接下来介绍参与微博微公益爱心捐款的具体步骤。

步骤01 在发现页面中下拉页面，点击"更多"按钮展开功能模块，找到"微公益"功能，点击即可进入微公益主页，如图5-60和图5-61所示。

图5-60　点击展开更多功能　　　　　图5-61　点击进入微公益主页

步骤 02　选择感兴趣的公益项目，在项目详情页面中可以了解关于该项目的内容介绍、进度等信息并进行捐款，如图5-62所示。

图5-62　公益项目详情页

小提示

微公益捐款有两种方式：一是月捐，即每月从账户自动扣款参与捐赠，用户需要提前设置捐赠金额并开通免密支付，捐赠金额每月相同，最高不超过199元/月，开通后用户可随时取消月捐，如图5-63所示；二是单笔捐，即手动单次捐款，如图5-64所示。

图5-63　月捐

图5-64　单笔捐

参与公益传播对公益项目的宣传同样具有重要意义，了解和参与公益的人越多，公益才能发挥更大的作用，通过转发、评论等方式为公益话题增加阅读量和讨论量，都是对公益项目的宣传。接下来介绍参与公益传播的具体步骤。

步骤 01 在微公益页面中点击"公益传播"按钮切换页面，选择感兴趣的公益项目，点击项目右侧的"参与"按钮即可进入详情页，如图5-65和图5-66所示。

图5-65　点击"公益传播"按钮　　　　图5-66　点击参与公益传播

步骤 02 在详情页中选择一条微博，点击 ⤴ 按钮，选择"转发"，进入转发编辑页面，如图5-67和图5-68所示。

图5-67　转发微博　　　　　　　　图5-68　选择"转发"

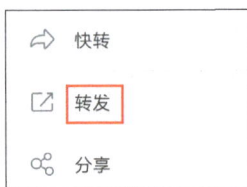

步骤 03 点击 # 按钮插入话题，在搜索框中输入关键词，并在系统推荐的关联话题中选择需要的公益话题，点击话题即可将其添加至微博中，如图5-69和图5-70所示。

步骤 04 继续编辑微博并发布，如图5-71所示。

图5-69　点击插入话题　　　　　图5-70　选择话题　　　　　图5-71　编辑微博并发布

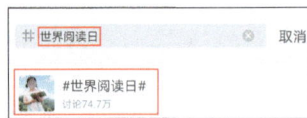

5.2.4 发布新鲜事

新鲜事是微博推出的一款新产品，它是一个能够收纳整理微博的"盒子"，能够按照用户的创意收录微博并分享给他人。新鲜事允许用户自建主题，所整理的微博既可以是用户自己发布的原创微博，也可以是其他用户发布的微博。接下来介绍创建与发布新鲜事的具体步骤。

步骤01 点开一条与需要创建新鲜事主题相关的微博，在右上方点击…按钮，找到"新鲜事投稿"功能，点击即可进入新鲜事管理页面，如图5-72和图5-73所示。

图5-72　点击展开更多功能　　图5-73　"新鲜事投稿"功能

步骤02 点击"创建我的新鲜事"按钮开始创建新鲜事，如图5-74所示。

图5-74　创建新鲜事

步骤03 点击"+添加封面"按钮上传封面，填写新鲜事的标题、导语等各项基本信息，完成后点击"下一步"按钮，如图5-75所示。

图5-75　编辑新鲜事的基本信息

小提示

新鲜事频道包括资讯、地区、明星、娱乐剧综、情感集、摄影美图、书影音、锦鲤、时尚美妆、旅行、美食、爱生活、游戏、体育、财经、运动健康、二次元、教育、科技、人文艺术等。

步骤04 用户可以在近期发布（包括原创和转发）、点赞、评论和收藏的微博中选择需要添加至该新鲜事中的微博，选中微博后在下方点击"发布"按钮即可成功添加，如图5-76所示。

步骤05 在新鲜事主页下方点击"编辑"按钮，可以对新鲜事进行添加微博、更新信息、设置是否接受和展示投稿等管理，如图5-77所示。

图5-76 选择需要添加的微博并发布

图5-77 管理新鲜事

成功创建新鲜事后，用户要对新鲜事进行更新，丰富新鲜事的内容，增加新鲜事的曝光度。接下来介绍快速更新新鲜事的具体步骤。

步骤 01 点开一条与需要创建新鲜事主题相关的微博，在右上方点击…按钮，找到"新鲜事投稿"功能，点击即可进入新鲜事投稿页面，如图5-78和图5-79所示。

图5-78 点击展开更多功能

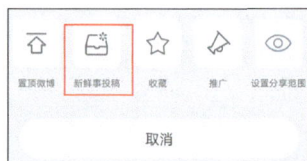

图5-79 "新鲜事投稿"功能

步骤 02 选择需要更新的新鲜事，点击"确定"按钮完成更新，如图5-80所示。

步骤 03 新鲜事更新成功后，用户需要设置是否开启推送通知、展示热门评论、同时分享到微博3项内容，完成后点击"确定"按钮即可，如图5-81所示。其中，推送通知是向所有关注该新鲜事的用户推送本次更新的内容，每天只有一次推送机会。

图5-80 选择新鲜事并添加

图5-81 更新后设置

5.2.5 创建超话

申请创建超话需要满足4个条件：超话应具有持续讨论性、非短期热点；超话名称不含空格、标点符号及除英文外的外文字符；申请创建的超话和已存在的超话不能过度重合；超话名称不能超过32个字符，限汉字、字母、数字和下划线。另外，申请创建该超话的人数超过10人将优先审核。接下来介绍创建超话的具体步骤。

步骤 01 在主页中找到"超话社区"模块，点击"立即签到"按钮即可快速进入超话社区页面，如图5-82所示。

图5-82　点击"立即签到"按钮

步骤 02 切换至超话社区首页，在上方输入框中输入需要创建的超话名称，查找当前是否已存在该超话，如图5-83所示。

步骤 03 在搜索结果显示当前无该超话后，点击"申请创建XXXX超话"按钮即可开始创建超话，如图5-84所示。

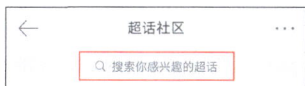

图5-83　搜索超话名称

图5-84　点击开始创建超话

步骤 04 确认超话名称无误后，点击"申请创建"按钮发送申请，如图5-85所示。

步骤 05 在"申请已提交"提醒页面中，系统将自动推送互关好友名单，点击好友右侧的"邀请"按钮即可向好友发送邀请，共同助力创建超话，如图5-86所示。

图5-85　提交申请

图5-86　邀请好友助力创建

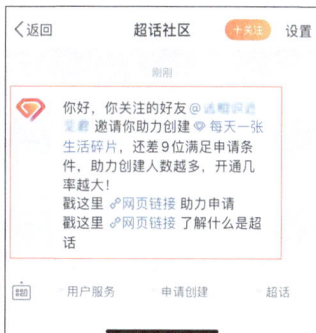

步骤 06 提交申请后，其他用户可以通过点击分享微博中的链接进入申请页面参与助力创建超话，如图5-87所示。

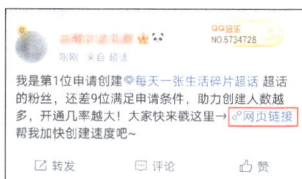

图5-87　发布微博助力创建超话

5.2.6 微博视频号

为了有效扶持优质视频作者，鼓励创作，微博推出了微博视频号计划。微博视频号能够根据账号运营情况获得不同等级的权益，即产品权益、进阶权益和高阶权益。产品权益是加入即享有的权益，进阶权益则需要满足对应条件才能解锁，高阶权益仅限深度合作的微博视频号享有。因此，加入微博视频号后，用户要不断创作优质内容，提升微博视频号的内容质量和人气。

开通微博视频号的门槛并不严格，用户发布一条微博即可开通。接下来介绍开通微博视频号的具体步骤。

步骤 01 打开微博，在首页右上方点击 ➕ 按钮，点击"视频"按钮开始发布视频，如图5-88所示。

图5-88　发布视频入口

步骤 02 在弹出页面中了解微博视频号的产品权益，确认是否需要开通微博视频号。点击"继续发布"按钮，选择要上传的视频，点击"下一步"按钮完成视频上传，如图5-89所示。

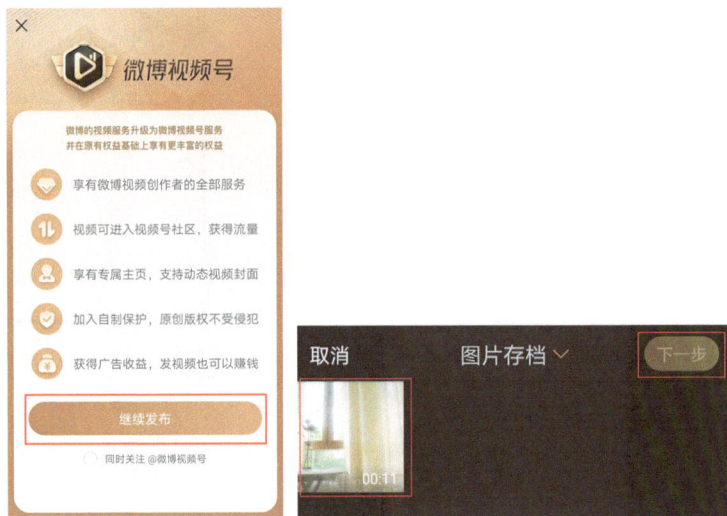

图5-89　了解权益，继续发布

步骤 03 点击"修改封面"按钮，为视频设置封面，点击下方的"添加信息，获得更多流量"按钮，展开更多视频相关信息，完善这些信息能够让视频获得更多的曝光，如图5-90所示。

图5-90　修改封面并完善视频信息

步骤 04 点击"请选择合集"按钮，页面显示当前无合集，在右上角点击"+新建合集"按钮，开始创建新合集，如图5-91和图5-92所示。

图5-91　选择合集　　　　　　　　图5-92　新建合集

步骤 05 输入需要创建的合集名称，点击"确定"按钮，将视频添加到刚刚创建的合集中，点击"确定"按钮，如图5-93所示。

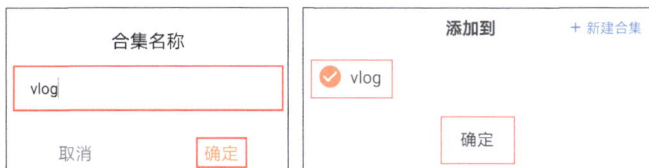

图5-93　新合集创建成功，添加视频至合集

步骤 06 点击"发送"按钮，视频发布成功后，进入个人主页，主页中将出现"视频"分类和专属标志，如图5-94所示，代表微博视频号权益成功开通，用户可以在这里管理视频内容。

图5-94 发布视频，获得专属标志

5.2.7 创作中心

创作中心围绕"创作"这一中心为用户提供了多样化的功能，如管理已发布的作品、查看数据和收益、保护原创、管理权益等，除了这些基础功能，用户还可以在创作中心快速参与创作活动，学习创作课程，并运用互动工具、变现工具等探索更多玩法。创作中心可以在个人主页中快速进入，如图5-95所示。接下来简单介绍一些创作中心的常用工具。

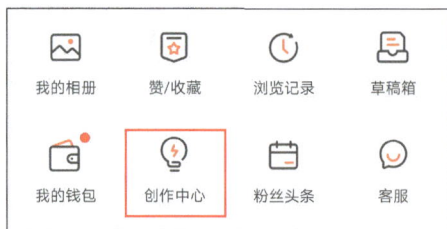

图5-95 创作中心功能入口

1. 抽奖平台

用户可以通过抽奖平台设置抽奖，平台将于用户设置的时间自动开奖。抽奖平台能够起到规范抽奖活动、维护抽奖公平的作用。接下来介绍如何通过抽奖平台设置抽奖。

步骤01 发布一条抽奖微博。

步骤02 在创作中心找到"互动工具"栏，点击下方的"抽奖平台"按钮，选择一条微博，点击该微博右下方的"设置抽奖"按钮，如图5-96所示。

图5-96 设置抽奖

步骤03 点击"+添加奖品"按钮，设置奖品名称和中奖人数，点击"确定"按钮，如图5-97所示。

图5-97　设置奖品和中奖人数

步骤04 逐项完成互动方式、开奖时间等基本设置，点击"开始抽奖"按钮，在弹窗中再次确认抽奖设置内容无误后，点击"确定"按钮发布抽奖，如图5-98所示。

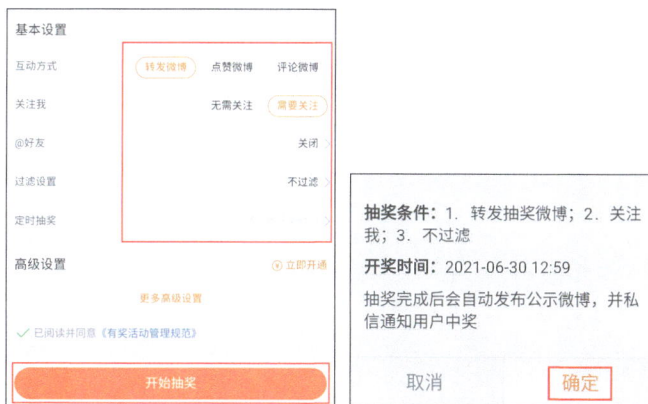

图5-98　完成设置，发布抽奖

小提示

开通超级粉丝服务包后，用户可以享受更多特权，其中就包括在抽奖时设置"@好友""同时关注""命中关键词"这3个抽奖条件，还可以获得过滤垃圾用户、自动报备等多项特权。此外，用户还可以享受到许多粉丝服务平台特权和营销特权。

2. 粉丝红包

粉丝红包即用户向特定群体发送现金红包。粉丝红包可以分为普通红包和口令红包两种，其中口令红包需要回复口令才能领取。接下来以普通红包为例，介绍发送粉丝红包的具体步骤。

步骤 01 在创作中心点击"粉丝红包"按钮，如图5-99所示，进入粉丝红包设置页面。

步骤 02 设置红包的总金额和个数，点击"参与条件"右侧的"任何人可领"按钮，选择可领取红包的粉丝类型，只有满足设置要求的粉丝才能领取粉丝红包，如图5-100所示。

图5-99 点击"粉丝红包"按钮   图5-100 设置红包

步骤 03 点击"塞钱进红包"按钮，确认信息后点击"确定"按钮，红包将自动发放，未被领取的红包将于7天后自动退款，如图5-101所示。

图5-101 发送红包

3. V+粉丝订阅

V+粉丝订阅是微博为"大V"和粉丝进一步升级关注关系推出的功能，粉丝可以按月付费开通此项功能，以表达对博主的喜爱和支持。开通V+粉丝订阅功能需要满足两个条件：粉丝数达1万，完成微博认证。

V+粉丝订阅功能可以通过付费订阅这一形式，为用户筛选出核心粉丝，并实现核心粉丝的持续活跃和留存，在沉淀社交资产、获得订阅收入的同时，建立粉丝良性发展的生态圈。对于粉丝而言，V+粉丝订阅也是他们拉近同"大V"的关系的快捷通道，开启订阅后还能获得一些专属的权益，如付费内容、专属群等。

4. 打赏

博主发布作品后，用户可以通过微博打赏的方式向博主支付一定的款项以示支持。接下来介绍如何开通打赏功能。

步骤 01　在创作中心点击"打赏"按钮，点击"打赏设置"按钮即可进入打赏通用设置页面，如图5-102所示。

图5-102　打赏入口

步骤 02　开启打赏功能，并设置单次打赏的默认金额，如图5-103所示。

图5-103　开启打赏功能，设置默认金额

步骤 03　点击"求打赏文案"按钮，进入编辑页面，输入12个字以内的求打赏文案，点击"保存"按钮，如图5-104所示。

步骤 04　点击"保存"按钮，当前设置将自动生效，如图5-105所示。

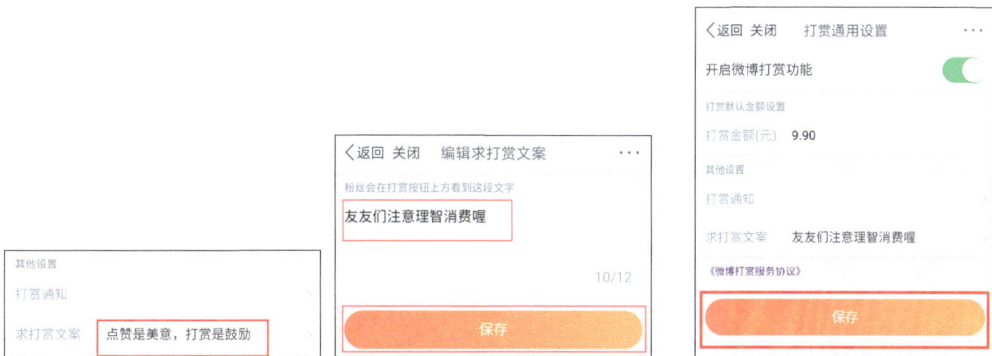

图5-104　修改求打赏文案

图5-105　保存设置

5.2.8 直播

随着直播的热度越来越高，微博也于2020年10月10日上线了直播功能，用户可以通过手机端和PC端进行直播，同粉丝实时互动。接下来介绍开启直播的方法。

步骤 01 打开微博，在首页右上方点击➕按钮，点击"直播"按钮即可开启直播，如图5-106所示。

步骤 02 开启直播需要开放两项权限，即相机访问权限和麦克风访问权限，点击蓝字完成开启访问权限操作即可进入下一步，如图5-107所示。

图5-106　直播入口

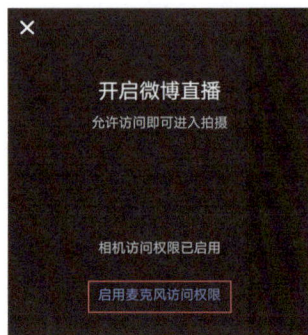

图5-107　确认权限开启

步骤 03 开启直播还需要完成身份认证，点击"去认证"按钮，根据系统指示完成信息输入和面部识别认证，完成身份验证，点击"确定"按钮即可进入直播间设置页面，如图5-108所示。

图5-108　完成身份认证

步骤 04 为直播间选择合适的封面，输入直播间标题，为直播间添加合适的话题，选择可观看范围和开播时间，如图5-109和图5-110所示。

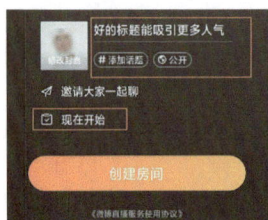

图5-109　输入直播间标题

图5-110　编辑直播间

步骤 05　点击左侧的封面图片，拍摄或上传一张图片作为直播间封面，如图5-111所示。

步骤 06　在右上角点击◎按钮，如图5-112所示，进入直播设置页面。

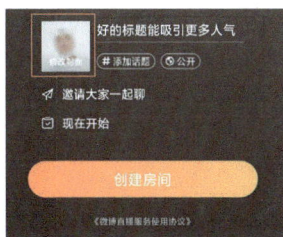

图5-111　设置封面

图5-112　点击即可进入直播设置
页面

步骤 07　点击"美颜"按钮，根据需要调节美白、磨皮、瘦脸、大眼4项美颜参数，以及对比度、饱和度2项画面参数，让直播画面更加美观，如图5-113所示。

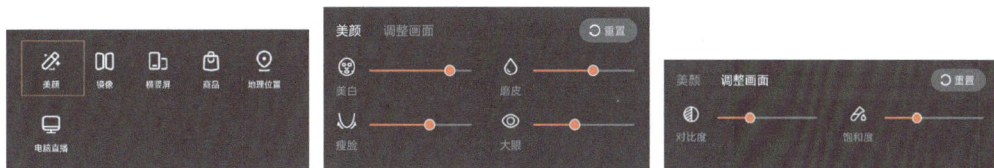

图5-113　调节美颜参数

步骤 08　点击"商品"按钮，进入推广商品须知页面，点击"去开通"按钮完成微博小店功能的开通，如图5-114所示，完成后就可以在直播间添加商品进行带货。

图5-114　添加商品

步骤 09　如要使用电脑进行直播，点击"电脑直播"按钮，点击"点击复制"按钮获取直播间地址，如图5-115所示，在PC端使用浏览器打开该地址就可以用电脑进行直播。

图5-115　电脑端直播

步骤 10 回到直播间编辑页面，点击"创建房间"按钮即可开始直播，如图5-116所示。

图5-116　创建房间开始直播

5.2.9 问答

为了丰富用户与粉丝之间的交流互动方式，微博推出了问答这一新玩法，粉丝可以提出感兴趣的问题，用户也可以分享自己的独到见解和专业知识。问答包括付费和免费两种类型。问答的发布通常在PC端进行，接下来以PC端为例，介绍发布问答的具体步骤。

步骤 01 登录微博并打开首页，在发布框的下方单击…按钮展开更多发布类型，单击"提问"按钮发布提问，如图5-117和图5-118所示。

图5-117　单击展开更多发布类型

图5-118　选择发布提问

步骤 02 发布免费提问只需要编辑问题及问题描述，在提问中可以插入一张封面图，如图5-119所示。

步骤 03 发布悬赏提问不仅要编辑问题及问题描述，还需要设置悬赏金额，如图5-120所示。

图5-119　发布免费提问

图5-120　发布悬赏提问

步骤 04 用户还可以选择向"大V"付费提问，在搜索框中搜索想要提问的"大V"，再发布问题，提问将自动派送给该"大V"，如图5-121所示。

图5-121　向"大V"付费提问

在手机端，用户只能通过已开通问答功能的用户主页进行提问。接下来介绍在手机端如何使用问答功能。

步骤 01 点进已经开通问答功能的用户主页，点击"提问"按钮，如图5-122所示。

图5-122　提问入口

步骤 02 编辑提问内容可以向该用户提问，点击右上角的"免费提问"按钮可以切换为免费提问，点击"悬赏提问可获得专业回答 >"按钮可以发布悬赏提问，如图5-123所示。

图5-123　发布提问

如果想要开通问答功能，接受其他用户的提问，必须先满足2项条件：粉丝数达到1000，完成微博认证。申请开通只需要私信"微博问答"官方账号并发送"申请开通付费问答"，官方账号收到申请后，将通过私信的方式提示用户完成擅长领域、定价等相关信息的设置，用户可以在1~10000元这一价格区间进行选择，确定后如需修改，可以在"微博问答模块——信息设置"页面中操作。

5.3 微博会员的特权

开通微博会员后，用户可以享受38项权益，体验更加完整的微博功能。本节将对微博会员的各项特权进行介绍，并演示相关功能的使用方法，帮助用户探索微博运营中更加丰富的可能性。

5.3.1 会员装扮与身份特权

成为微博会员后，用户可以获得十几项装扮特权和身份特权，以充分彰显其会员身份。接下来分别对其作简单介绍。

1. 装扮特权

微博会员享有的装扮特权包括卡片背景、头像挂件、主题皮肤、粉丝认证号和个性封面图5项。接下来逐项为大家介绍。

（1）卡片背景

微博会员可以使用专属的卡片背景，使用期间用户发布的微博将会带上个性装扮。用户可以在模板专区中随意更换会员专属卡片背景。会员过期后，所有微博不再显示此装扮。接下来介绍设置卡片背景的具体步骤。

步骤 01 打开并登录微博App，在"我"页面中点击"会员"按钮，如图5-124所示，进入会员详情页面。

图5-124 点击"会员"按钮

步骤 02 在功能面板中点击"卡片背景"按钮，如图5-125所示，进入卡片背景商城。

图5-125 点击"卡片背景"按钮

步骤 03 选中一款卡片背景，上方展示区将显示该卡片背景的装扮效果，点击"设为卡片背景"按钮即可完成设置，如图5-126所示。设置完毕后，微博首页的装扮效果如图5-127所示。

图5-126　设置卡片背景

图5-127　微博首页的卡片背景装扮效果

　　粉丝认证号是一种特殊的卡片背景，需要通过加入粉丝团获取，并且每个加入粉丝团的用户都会获得一个专属号码。接下来介绍获得粉丝认证号的具体步骤。

步骤 01 在会员详情页面中点击"粉丝认证号"按钮，如图5-128所示。

步骤 02 选择自己想要加入的粉丝团，点击"加入粉丝认证"按钮即可获得专属号码，如图5-129所示。

图5-128　点击"粉丝认证号"按钮

图5-129　选择粉丝团并加入

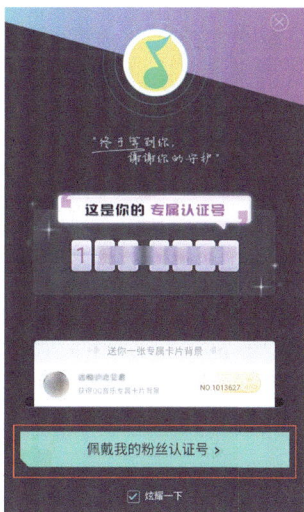

步骤 03 点击"佩戴我的粉丝认证号"按钮即可修改卡片背景，点击"确定"按钮关闭弹窗，如图5-130所示，返回微博首页。

步骤 04 发布一条新微博，微博的卡片背景将变为专属的粉丝认证号，如图5-131所示。

图5-130　佩戴粉丝认证号

图5-131　发布微博

一些特殊的粉丝认证号需要通过"抢占靓号"功能获得，只有续费会员才能抢占靓号。靓号又分为明星号、珍稀号、典藏号3种，不同类型的靓号对应的续费会员的时长和价格也不同，但基本的操作步骤是相同的。接下来介绍抢占靓号的具体步骤。

步骤 01 在粉丝认证号页面中，点击"靓号"一栏右侧的▶按钮，如图5-132所示。

步骤 02 在搜索框中输入喜欢的号码，搜索对应的靓号，点击靓号即可进行抢占，如图5-133和图5-134所示。

图5-132　点击抢占靓号

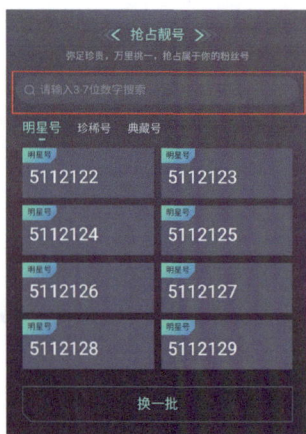
图5-133　搜索感兴趣的靓号

图5-134　点击占用

步骤 03 选择会员套餐，完成续费后即可获得靓号，如图5-135所示。用户可在对应套餐的有效时间内使用靓号。

步骤 04 回到粉丝认证号页面，点击"设为卡片背景"按钮将获得的靓号设为卡片背景，如图5-136所示。

步骤 05 回到微博首页，发布一条新微博，就会显示刚刚获得的靓号，如图5-137所示。

图5-135　完成会员续费

图5-136　点击设置卡片背景

图5-137　发布微博

（2）头像挂件

头像挂件是微博会员专享的头像装饰配件，在首页、个人主页皆可显示。会员用户可以在头像挂件商城中自主挑选更换。头像挂件的设置方式同卡片背景类似，在此不作赘述，其装扮效果如图5-138所示。

图5-138　头像挂件装扮效果

（3）主题皮肤

微博会员可在客户端使用专属的个性主题，主题包括微博客户端页面中的背景、按钮装扮。会员过期后，当前使用的会员专属个性主题将自动替换为默认主题，图5-139和图5-140所示为个性主题的装扮效果。

图5-139　背景装扮效果

（4）自定义封面图

开通会员后，用户可以在微博客户端通过"模板设置——个人主页封面图——自定义上传"操作上传本地图片并将其设置为主页封面图，上传的图片不超过9张。会员到期后，当前使用的自定义图片将自动替换为系统默认图片，但上传的图片将被保留，当用户再次开通会员时，可重新启用。

图5-140　按钮装扮效果

2.　身份特权

微博会员享有的装扮特权包括微博红名、专属标识、专属客服、专属昵称、优先推荐、会员月报、粉丝头条折扣和直播升级加速等8项。接下来逐项为大家介绍。

（1）微博红名

微博红名即用户在使用客户端微博时，昵称会变为耀眼的红色。由于普通用户的昵称为黑色，因而微博红名特权将使微博会员的昵称在动态流中更加醒目，如图5-141所示。

（2）专属标识

专属标识即在用户的首页、个人主页昵称后出现的会员标识，但标识在细节上会有所不同。如图5-142所示为在首页显示的会员标识，如图5-143所示则是在个人主页中显示的会员标识。

图5-141　微博会员和普通用户的昵称颜色对比

会员到期后，首页的会员标识不会立即消失，而是变为灰色，此时粉丝将无法看到此标识，当成长值降为0时，会员标识不再出现。成长值为0的用户，其个人主页的用户标识如图5-144所示。

图5-142　首页显示的会员标识

图5-143　个人主页显示的会员标识

图5-144　成长值为0的用户标识

（3）专属客服

专属客服是微博为年费会员（即会员包年用户）提供服务和帮助的客服团队。专属客服特权体现在两个方面：一是在提问客服页面，年费会员的提问将获得客服的优先受理；二是年费会员拨打4000-960-960通过身份认证后即可享受专属客服提供的服务和帮助，会员过期后，专属客服服务失效。接下来介绍提问客服的具体步骤。

步骤01 打开微博App，在"我"页面中，找到"客服"按钮，如图5-145所示，点击进入客服中心。

步骤02 在下方点击"提问客服"按钮，如图5-146所示，进入微博客服页面。

步骤03 在输入框中编辑问题，点击"发送"按钮向客服提问，等待客服回复，如图5-147所示。

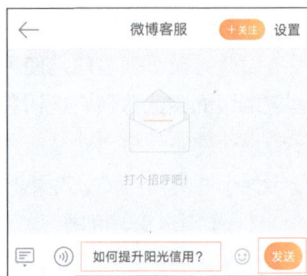

步骤04 收到回复后，点击回复中的链接即可查看回答，并为客服进行评价，如图5-148所示。

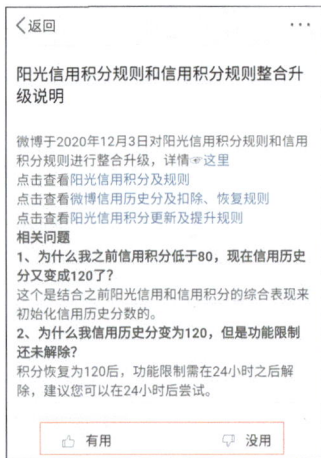

图5-145　客服入口

图5-146　点击"提问客服"按钮

图5-147　向客服提问

图5-148　查看回答并评价

（4）专属昵称

在微博平台，长期不使用且活跃度低的账号，其昵称会被陆续回收，其中长度为2~4字的优质昵称将被平台纳入"专属昵称"，供微博会员使用。抢昵称活动属于长期活动，微博会定期增加更多新昵称，如暂时搜不到喜爱的昵称可尝试每周定期查询。另外，成功抢占昵称后，用户原来使用的昵称可能会被其他用户抢占而无法找回，被抢占后如果再进行昵称修改，被抢占的昵称会重新回到活动中，其他用户可再次抢占。

需要注意的是，微博认证用户成功抢占昵称后不会及时生效，新申请的昵称需要经过48小时审核，如昵称和认证身份符合则自动修改成功，否则不成功。

接下来介绍抢占专属昵称的具体步骤。

步骤01 在会员详情页面，可以左右滑动查看全部特权，如图5-149所示。

步骤02 点击"专属昵称"按钮，如图5-150所示，进入专属昵称设置页面。

图5-149　滑动查看全部特权

图5-150　点击"专属昵称"按钮

步骤 03 选择喜欢的昵称，点击昵称即可进行抢占，在弹出窗口中点击"确定修改"按钮提交抢占申请，如图5-151所示。页面显示为如图5-152所示即代表昵称抢占成功。

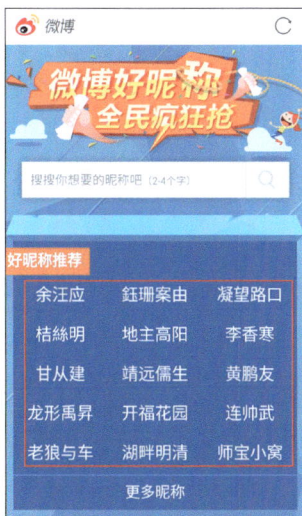

图5-151 修改昵称

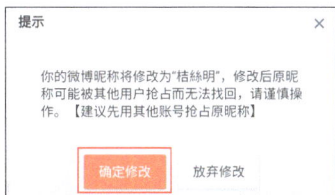

图5-152 操作成功

（5）优先推荐

开通微博会员后，用户将拥有更多机会出现在微博平台的各个推荐展示页面中，从而获得更多的曝光和涨粉机会。

（6）会员月报

会员月报是对会员的微博日常使用情况与兴趣内容进行总结的月度报告，能够帮助用户了解自己的使用习惯和各项数据，如图5-153所示。当月的会员月报可以在下一月度查看。

图5-153 会员月报

在微博手机客户端中，会员月报的功能入口可以在"用户中心"页面中找到，如图5-154所示。

图5-154 会员月报入口

（7）粉丝头条折扣

粉丝头条是新浪微博官方推出的轻量级推广产品。当用户为某条微博购买粉丝头条后，在24小时内，该微博将出现在所有粉丝信息流的第一位，以增加该微博的阅读量，扩大其影响力。微博会员在购买粉丝头条时可以享受9折优惠，但这一优惠仅针对粉丝数10万以下的会员。接下来介绍购买粉丝头条的具体步骤。

步骤 01 选择需要推广的微博，点击右上角的阅读量标识，如图5-155所示。

步骤 02 选择需要购买的金额，金额越高，所推送的粉丝数量就越多，如图5-156所示。不过，如果可推广粉丝数量不足，可选择的金额也会受到限制，如图5-157所示。

图5-155　点击阅读量标识

图5-156　选择购买金额

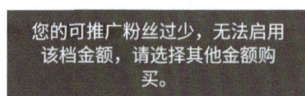
图5-157　禁止选择提醒

步骤 03 点击下方的购买金额可以查看订单明细，了解已享受的优惠金额，点击"去支付"按钮并完成支付流程，如图5-158所示，微博将被自动推送给粉丝。

（8）直播升级加速

微博会员在直播中赠送付费礼物能够获得10%的经验加速，会员到期后，等级成长将恢复为正常速度，会员期限内已经提升的等级经验仍然保留。

图5-158　查看订单明细并支付

5.3.2 享受功能特权与手机特权

除了身份特权和装扮特权，微博会员还可以享受9项功能特权，2项手机特权。接下来简单进行介绍。

1. 微博置顶

微博会员可以选择一条自己发布的微博（原创或转发皆可）并将其设置为置顶微博，置顶微博将显示在用户个人主页的首条，如图5-159所示。用户可以将优质内容整理成合集并置顶，从而增加往期内容的曝光量。另外，在置顶微博中，还可以对账号作简单介绍，让点进主页的其他用户能够快速了解账号定位。

图5-159　微博置顶

2. 后悔药

当用户升级为VIP3或成为年费会员后，已删除的微博可以使用后悔药这一特权重新找回。但找回微博还有三个限制条件：一是升级为VIP3或成为年费会员之前删除的微博不能通过此特权找回；二是仅好友圈可见和仅自己可见的微博，删除后不能找回；三是此功能只可找回24小时内删除的最近100条微博且每条微博只能找回1次。接下来介绍具体步骤。

步骤01 进入会员详情页面，点击"后悔药"按钮，如图5-160所示。

步骤02 选择需找回的微博，在其右下方点击"找回"按钮，等待提示窗口弹出即可，如图5-161所示。

图5-160　点击"后悔药"按钮　　　　　　　图5-161　点击找回微博

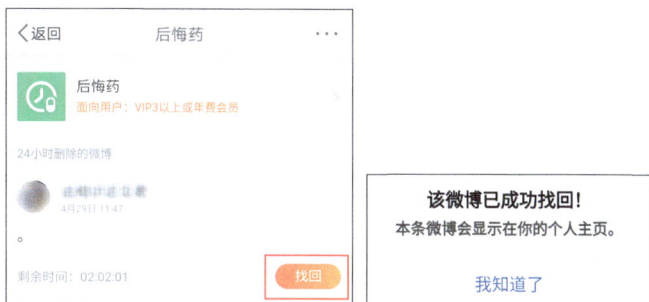

3. 微盘空间

会员开通或升级后，用户即可得到相应等级的微盘超大空间，会员过期后，此特权失效，微盘空间将恢复至标准空间（默认空间+任务奖励空间），微盘中的文件将继续保留，当微盘可使用空间小于微盘标准空间时，可继续上传保存文件。图5-162所示为各等级会员可获得的微盘空间上限。

特权名称	非会员	VIP1	VIP2	VIP3	VIP4	VIP5	VIP6	VIP7
微盘超大空间	2GB	会员：100GB	会员：100GB	会员：150GB	会员：300GB	会员：400GB	会员：1TB	会员：1TB
		年费：120GB	年费：120GB	年费：180GB	年费：350GB	年费：500GB	年费：1TB	年费：1TB

图5-162　微盘空间上限

4. 悄悄关注

用户对感兴趣的用户使用悄悄关注功能后将不会出现在被关注用户的粉丝列表中，被关注的用户也不会收到关注提醒。图5-163所示为各等级会员可获得的悄悄关注名额上限。

特权名称	非会员	VIP1	VIP2	VIP3	VIP4	VIP5	VIP6	VIP7
悄悄关注（人）	10	会员：15	会员：15	会员：15	会员：20	会员：20	会员：30	会员：30
		年费：20	年费：20	年费：20	年费：20	年费：20	年费：30	年费：30

图5-163　悄悄关注名额上限

悄悄关注特权需要在微博的网页端中使用，被关注用户将进入"悄悄关注"这一特殊分组，用户在手机端可以直接查看该分组。接下来介绍悄悄关注功能的使用方法。

步骤01 打开并登录微博网页端，进入需要关注的用户主页，将鼠标指针放置在▤按钮上，如图5-164所示。

步骤02 单击"悄悄关注"按钮即可成功关注该用户，如图5-165所示。

图5-164 进入用户主页

图5-165 单击"悄悄关注"按钮完成关注

5. 关注上限和分组成员上限提高

会员开通或升级后，用户的关注人数上限和分组成员人数上限将在24小时内提高至该等级的上限数，各等级的人数上限如图5-166和图5-167所示。会员到期后，超过2000人的关注和超过200人的分组保持不变，不影响用户的正常使用，而当用户需要关注新用户或在分组中添加新成员时，需要先调整关注和分组成员人数。

特权名称	非会员	VIP1	VIP2	VIP3	VIP4	VIP5	VIP6	VIP7
关注上限(人)	5000	会员：8000	会员：8000	会员：8000	会员：15000	会员：15000	会员：15000	会员：20000
		年费：15000	年费：15000	年费：15000	年费：20000	年费：20000	年费：20000	年费：20000

图5-166 关注人数上限

特权名称	非会员	VIP1	VIP2	VIP3	VIP4	VIP5	VIP6	VIP7
分组成员上限（人）	100	会员：200	会员：200	会员：500	会员：500	会员：500	会员：1000	会员：1000
		年费：1000	年费：1000	年费：1000	年费：1000	年费：1000	年费：1000	年费：1000

图5-167 分组成员人数上限

6. 屏蔽用户、关键词和来源

微博会员享有屏蔽特权，以便获得更加舒适的微博使用体验。屏蔽特权又分为屏蔽用户、屏蔽关键词和屏蔽来源3种。

屏蔽用户是指在微博首页屏蔽不想看到的用户。屏蔽后，系统将在用户的首页自动屏蔽对方的新微博，包括原创和转发。屏蔽用户的人数上限如图5-168所示。

特权名称	非会员	VIP1	VIP2	VIP3	VIP4	VIP5	VIP6	VIP7
屏蔽用户（人）	5000	会员：8000	会员：8000	会员：8000	会员：15000	会员：15000	会员：15000	会员：20000
		年费：15000	年费：15000	年费：15000	年费：20000	年费：20000	年费：20000	年费：20000

图5-168 屏蔽用户人数上限

屏蔽关键词是指在微博首页屏蔽带有某关键词且字数小于140字的所有微博，包括原创和转发。屏蔽关键词的数量上限如图5-169所示。

特权名称	非会员	VIP1	VIP2	VIP3	VIP4	VIP5	VIP6	VIP7
屏蔽关键词（人）	无	会员：10 年费：30	会员：10 年费：30	会员：10 年费：30	会员：30 年费：50	会员：30 年费：50	会员：30 年费：50	会员：50 年费：50

图5-169　屏蔽关键词数量上限

　　屏蔽来源是指在微博首页屏蔽某账号发的所有微博。所有等级的会员在有效期内的屏蔽来源功能将始终保持有效。

7. 自定义来源

　　自定义来源是指微博会员可以自主编辑微博来源处的手机描述，如图5-170所示。接下来介绍自定义来源的具体步骤。

图5-170　自定义来源

步骤 01 在主页右上方点击⚙按钮进入设置页面，在菜单栏点击"会员专属设置"按钮，如图5-171所示。

步骤 02 在"个性设置"模块中点击"微博来源 个性小尾巴"按钮，如图5-172所示。

图5-171　点击"会员专属设置"按钮

图5-172　点击设置微博来源

步骤 03 选择"自定义"这一来源类型，在输入框中输入自定义来源，注意长度不能超过5个汉字或10个英文、数字，如图5-173所示。

步骤 04 发布一条新微博，自定义来源将显示在新发布的微博上方，如图5-174所示。

图5-173　编辑自定义来源

图5-174　发布新微博

253

8. 修改昵称

非会员一年只能修改1次昵称，1-6级会员可以修改3次，7级或年费会员则拥有5次修改机会。用户修改昵称的规则如图5-175所示，1自然年即每年1月1日0点至12月31日24点。

身份	会员	增值服务包	每自然年昵称修改次数
非认证	非会员	——	1次
	1-6级会员	——	3次
	7级或年费会员	——	5次
橙V认证	非会员	——	1次
		粉丝服务包普通版	2次
	月付会员	——	2次
		粉丝服务包普通版	3次
	年费会员	——	4次
		粉丝服务包普通版	5次
		粉丝服务包豪华版	6次
	注意：每自然年内修改昵称次数**上限6次**（含认证前修改次数），同一产品重复购买**不重复增加次数**，已达到上限的帐号**无法**通过购买增值产品增加次数。		
政府/机构/媒体/公益/校园认证	——	——	1次
企业认证	——	——	1次
	——	中级商业服务包	3次
	——	高级商业服务包	4次

图5-175　修改昵称规则

除了可以通过开通会员、账号认证等方式增加修改次数，用户还可以在平台查询本年度昵称修改记录，合理使用有限的修改机会。接下来演示查询记录的具体步骤。

步骤01　在主页的功能面板中点击"客服"按钮，进入客服页面后，在下方点击"自助服务"按钮，如图5-176和图5-177所示。

图5-176　点击"客服"按钮

图5-177　点击"自助服务"按钮

步骤02　点击"修改昵称"按钮，在跳转的页面中点击"查看详细规则>>"按钮，如图5-178所示。

步骤03　点击"本年度昵称修改记录"按钮进入查询页面，如图5-179所示。

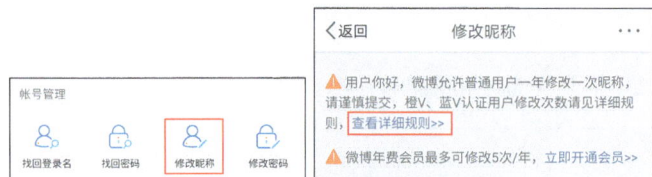

图5-178　点击查看详细规则

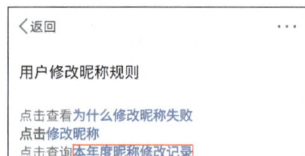

图5-179　点击开始查询

步骤04　提交查询反馈需要完整填写微博昵称、登录名、密码前三位、绑定手机号这4项基本信息，填写完毕后点击"提交"按钮，如图5-180所示。待出现如图5-181所示的弹窗后表示查询提交成功。

图5-180　填写信息并提交

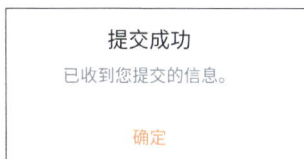

图5-181　提交成功提醒

步骤 05　在客服页面的下方点击"服务记录"按钮，可以查询提交反馈的记录并跟进平台处理进度，如图5-182所示。

图5-182　点击查询服务记录

9. 足迹红名

　　开通会员后，在手机客户端的单条微博的转发列表、评论列表、赞列表，以及消息页的@列表、评论列表、赞列表里，微博会员的昵称颜色为红色。图5-183所示为赞列表中会员和普通用户的ID颜色对比。

图5-183　赞列表的足迹红名特权

10. 超话补签卡

　　当超话忘记签到时，用户可以通过开通或续费会员的方式获取补签卡，补签超话30天内遗漏的签到。补签卡分为限时和不限时两种，限时补签卡从领取时间起31天内有效，到期后自动作废，不限时补签卡则没有此项限制。但需要注意的是，无论是限时还是不限时的补签卡都只能对最近30天内的漏签生效，补签卡可以在任意超话中补签，单日使用上限为15张。使用1张补签卡，用户可以额外获得4点经验值。

　　获取补签卡的途径有两种：一种是在超话补签页开通或续费会员获取补签卡奖励，另一种是在会员成长任务中领取。

　　在超话补签页中，用户每开通或续费1个月会员可立即获得1张不限时补签卡，若一次性开通或续费12个月会员（自动续费除外），用户还可以额外获得3张不限时补签卡。接下来介绍如何通过续费会员获取补签卡。

步骤 01　打开需补签的超话，在右上方点击"签到"按钮，在弹出窗口中点击"补签"按钮即可进入超话补签页，如图5-184所示。

图5-184 打开超话并点击签到

步骤 02 选择需要补签的日期，点击下方的"补签"按钮，如图5-185所示。系统将自动计算所需要的补签卡数量及当前需续费会员时长，在弹出窗口中点击"续费会员"按钮并完成会员充值流程，即可获得当前所需数额的补签卡，如图5-186所示。

图5-185 选择补签日期

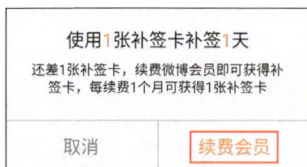

图5-186 点击续费会员

步骤 03 在补签页中选中需补签的日期，点击"补签"按钮即可使用补签卡，如图5-187所示。

图5-187 使用补签卡

在会员成长任务中，用户每个月都可以领取1张限时补签卡，但如果用户是在超话补签页中开通或续费会员的，则领取的为不限时补签卡。接下来介绍如何领取每月的补签卡奖励。

步骤 01 进入会员页面，在"成长体系"中点击"做任务"按钮，如图5-188所示，进入任务页面。

步骤 02 若本月符合领取超话补签卡的条件且尚未领取，则在"超话补签卡"这项任务右侧将显示
"去领取"按钮，点击即可领取，如图5-189所示。当页面跳转至如图5-190所示代表领取成功。

图5-188　点击进入成长任务　　　图5-189　点击领取超话补签卡　　　图5-190　领取成功提醒

5.3.3 微博会员的开通方法

　　开通微博会员后能够享受的权益在前面已经进行了比较详尽的介绍，在此不作赘述。接下来介
绍微博会员的开通方法。

步骤 01 打开并登录微博App，在下方点击"我"按钮切换页面，如图5-191所示。

图5-191　点击"我"按钮

步骤 02 在个人页面中点击"会员"按钮，如图5-192所示，进入会
员充值页面。

步骤 03 选择会员时长和支付方式，点击下方"xx元 续费VIP"按钮
即可进入支付页面，如图5-193所示。

图5-192　点击"会员"按钮　　　图5-193　会员充值页面

步骤 04 完成支付流程后，会员开通成功。

5.4 其他社交平台的功能特色

随着互联网的快速发展和人们表达欲望的日益旺盛，各种风格迥异的社交平台不断加入自媒体的战场。出于抢占市场和长期发展的需要，不同的社交平台往往会在运营模式和内容领域上求新求异。本节将介绍两款截然不同的新潮社交软件。

5.4.1 绿洲，移动时尚社交软件（微博旗下）

绿洲，是一款新浪微博出品的手机端时尚社交应用软件。绿洲旨在为用户提供一片记录美好生活的净土，帮助用户逃离社交荒漠，其发布形式以图文、短视频为主。接下来介绍绿洲的特色功能。

1. 水滴系统

水滴系统是绿洲社交网络的价值系统，是一个公平并合理反映参与者贡献的激励系统。水滴是绿洲内唯一的数字资产，是用户社交价值的体现。水滴可以用来拓展功能、兑换福利，还可以用来下载一些付费图片。

用户可以通过两个渠道获得水滴：一是自然增加，水滴每4个小时自动生成一次，7日内活跃值越高，生成的水滴越多；二是完成任务后领取，如填写邀请码、邀请好友。已生成的水滴若3天内未领取，则会蒸发。接下来以完成任务这一渠道为例，介绍获得水滴的具体步骤。

步骤 01 打开绿洲App，在首页右上角点击"水滴"按钮，如图5-194所示。

图5-194　点击"水滴"按钮

步骤 02 点击"填写邀请码"按钮，进入填写邀请码页面，在下方点击"快速得邀请码 点这里看看＞GO"按钮，如图5-195所示，进入互粉大厅。

图5-195　获取邀请码

258

步骤 03 在互粉大厅中，其他用户分享的邀请码都可以供我们使用，记住一个邀请码，回到填写邀请码页面将邀请码填写至输入框内，如图5-196所示。

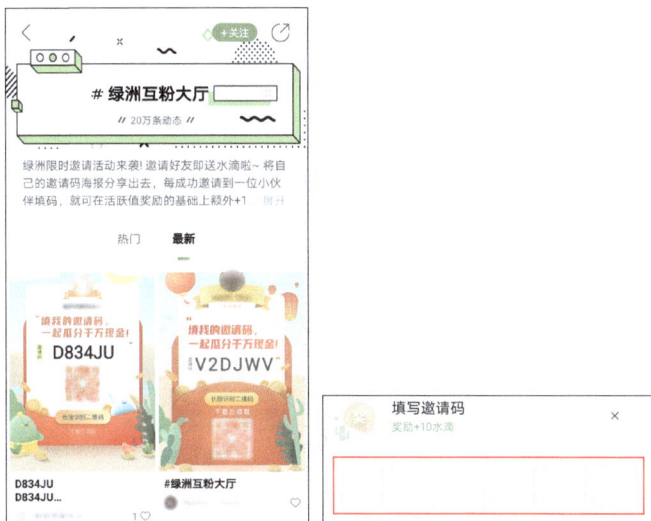

图5-196 在互粉大厅中获取邀请码，完成填写

步骤 04 填写完成后页面自动关闭，点击画面上方出现的按钮收取水滴，水滴的数值将自动增加10，如图5-197所示。

图5-197 收取水滴

2. 手记

使用手记功能可以快速将文字内容转换为图片，降低动态创作的成本，方便用户使用图片记录日常，分享生活。接下来介绍手记的使用方法。

步骤 01 打开绿洲App，在下方点击⊕按钮开始发布流程，如图5-198所示。

图5-198 点击开始发布

步骤 02 在下方选择"手记"这一发布类型，挑选合适的模板，点击"立即体验"按钮开始编辑内容，如图5-199所示。

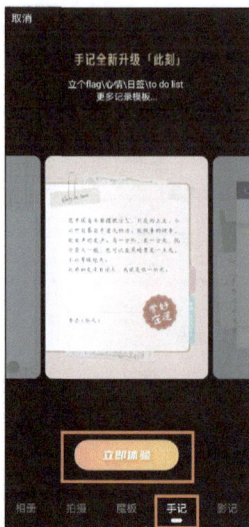

步骤 03 输入需要发布的文字内容，调整对齐方式，在右上角点击"去发布"按钮完成内容编辑，如图5-200所示。

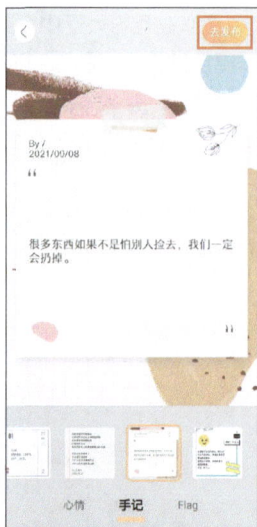

图5-199 选择手记模板

图5-200 输入文字内容，调整对齐方式

步骤 04 在输入框中填写标题，点击"#主题"按钮，在热门主题中选择与内容相关的主题，点击主题名称即可完成添加，如图5-201和图5-202所示。

图5-201 编辑标题

图5-202 添加主题

步骤 05 在右上角点击"发布"按钮，首次发布动态需要设置图片下载是否需要付费，自主设置即可，确认后还可以在设置中修改，如图5-203和图5-204所示。图5-205所示为手记发布成功页面。

图5-203 点击发布动态

图5-204 设置图片付费

图5-205 成功发布手记

5.4.2 LOFTER，兴趣社平台（网易旗下）

　　LOFTER是网易公司推出的一款轻博客产品，于2012年3月上线。它专注于为用户提供简约、易用、有品质、重原创的博客工具、原创社区，以及有品质的手机博客应用。LOFTER支持多样化的内容发布形式，除了纯文字、图文、视频等基本形式，平台还推出了直播功能，不断拓展平台运营的边界。接下来介绍LOFTER的特色功能。

1. 订阅标签

　　创作者为发布的内容添加特定标签后，该内容就可以显示在特定标签中，关注此标签的用户就能收到内容更新的提醒，从而为该内容增加曝光度。标签是LOFTER用户用以划分内容领域、兴趣圈子的重要功能。接下来介绍标签功能的使用方法。

步骤01 打开LOFTER App，进入发现页面，点击 Q 按钮即可进入搜索页面，如图5-206所示。

步骤02 输入搜索关键词，在下方关联选项中点击前端带有"#"符号的选项可以直接进入标签页，如图5-207所示。

步骤03 在右上角点击"+订阅"按钮即可订阅该标签，如图5-208所示。

图5-206　点击即可进入搜索页面　　图5-207　输入搜索关键词　　图5-208　订阅标签

步骤04 回到首页，在上方点击"订阅"按钮即可进入订阅页面，如图5-209所示。

步骤05 在订阅页面中可以查看已订阅标签的更新动态和日榜信息，如图5-210所示。

图5-209　点击"订阅"按钮　　图5-210　订阅页面

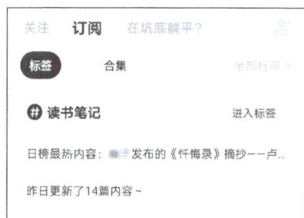

2. 合集

　　收藏合集后，作者一旦更新合集，用户都可以收到提醒。合集的更新动态也可以在订阅页面中查看。

　　接下来介绍作创作者如何创作自己的合集。

步骤01 打开LOFTER App，在下方点击"我的"按钮切换页面，点击个人面板即可进入个人主页，如图5-211和图5-212所示。

图5-211　点击进入"我的"页面　　图5-212　点击即可进入个人主页

步骤 02 找到"合集"模块，点击"创建合集"按钮即可开始合集的创建流程，如图5-213所示。

步骤 03 在输入框中填写合集的名称和简介，合集名称长度不超过15个字，简介长度不超过80个字，如图5-214所示。

图5-213　创建合集

图5-214　编辑合集名称和简介

步骤 04 点击"添加标签"按钮，在输入框中输入需要添加的标签名称，多个标签之间以逗号或换行分隔，输入完毕后点击"完成"按钮即可保存到合集设置中，如图5-215所示。

图5-215　添加标签

步骤 05 点击上传或选择默认封面，点击"创建"按钮即可完成合集的创建，如图5-216所示。

步骤 06 返回首页，在下方点击➕按钮，选择需要发布的内容形式即可进入内容编辑页面，如图5-217和图5-218所示。

图5-216　设置合集封面完成创建

图5-217　发布入口

图5-218　选择发布的内容形式

步骤 07 点击"加入合集"按钮，选择刚才创建的合集，所发布的内容将自动被添加至合集，如图5-219所示。

图5-219　加入合集

第 **6** 章

微信公众号操作指南

微信公众号已经成为实现自媒体运营的一大主战场，不少作者更是通过发布公众号内容成功变现甚至打造了属于自己的品牌。本章将对公众号从注册到运营过程中需要用到的各项功能进行讲解，让接触公众号的读者都能对它有初步的了解。

6.1 公众号的注册与认证

公众号是一个基于微信的自媒体平台，是很多自媒体文案人员的主战场，要想写好微信公众号的文案，就需要对公众号的基本知识和操作进行了解。本节将讲解微信公众号的平台定位、注册流程及基本功能设置等的操作步骤。

6.1.1 认识微信公众号

公众号是微信公众平台的简称，是一个开放的运营平台。近年来，互联网市场逐步从"产品驱动"走向"运营驱动"，微信公众号凭借独特的运营优势成为了实现自媒体运营中的一大主战场，不少作者更是通过发布公众号内容成功变现甚至打造了属于自己的品牌。微信公众号这样一个开放的运营平台能成为万千用户的"宠儿"，必然有其独特的运营优势。公众号的运营特点可以总结为两点：内容为王，用户至上。

优质的内容是公众号赖以生存的源泉。与其他以搜索引擎为驱动的自媒体平台不同，公众号并非依靠算法向用户推送内容，用户除了通过关注公众号获取信息，还能通过查看好友的转发与分享获取公众号的相关资讯，如图6-1所示。这就意味着，公众号需要创造出高质量的内容去获得读者认可，才有机会被更多读者关注。

公众号的另一个立身之本在于用户体验。用户通过公众号不仅能获取各式各样的资讯，还能使用不同的功能和服务，如某公众号提供的扫码点餐功能，如图6-2所示。

随着微信公众号版本的更迭，用户的存在感和话语权越来越强，从而影响公众号传播推广的效果。例如，以前公众号每日发布的推送，用户都会收到相应的提示或直接收到推送的内容，微信更新后，只有用户常读的公众号或设置为星标的公众号才能将推送内容展示在"订阅号消息"中，如图6-3所示。

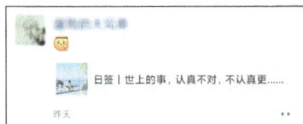

图6-1　好友分享至朋友圈的公众号内容

图6-2　公众号提供的扫码点餐功能

图6-3　常读与星标公众号推送的消息

6.1.2 微信公众号的注册

微信公众号的注册方法十分简便，具体流程可以概括为：注册—选择类型—登记—填写公众号信息。对于初次接触公众号的用户，在注册时可能会遇到一些问题，参考下面的具体步骤，可以完成公众号的注册。

1. 填写基本信息

注册公众号时，必须填写电子邮箱、验证码、密码等基本信息，因此在注册前需要准备一个可用的电子邮箱，然后参考下列步骤完成公众号的注册。

步骤 01 打开浏览器搜索微信官网，进入官网页面，单击"公众号"按钮，进入微信公众平台页面，单击右上角"立即注册"进入注册页面，单击"订阅号"按钮，如图6-4所示，进入基本信息填写的页面。

图6-4 微信公众平台页面

步骤 02 在基本信息页面填写邮箱并单击下方的"激活邮箱"按钮，如图6-5所示，单击"发送邮件"按钮。在邮箱中找到来自"weixinteam"的邮件，打开获取6位数字的验证码，并将其填入信息表内，如图6-6所示。

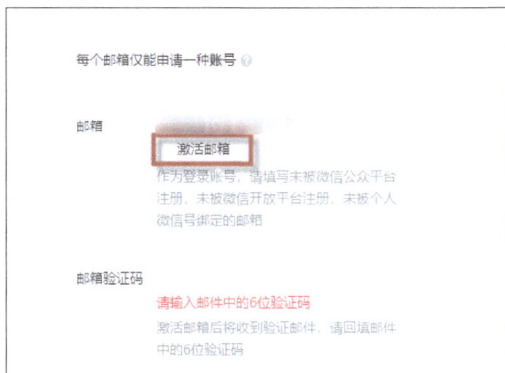

图6-5 填写邮箱并激活

图6-6 验证码邮件

步骤 03 填写并确认密码，微信公众号密码长度最短8位，可以使用字母、数字、英文符号，为了确保账号安全，建议在设置密码时采用字母、符号与数字混合的方式。

步骤 04 填写密码后需要在下方"确认密码"一栏中再次输入密码，注意两次输入的密码须保持一致。接下来，勾选"我同意并遵守《微信公众平台服务协议》"，然后单击"注册"按钮，即可完成公众号基本信息的填写，如图6-7所示。

特别注意：

（1）一个邮箱号只能注册一个公众号；

（2）在注册时要牢记填写的密码，为确保账号安全，密码不宜过于简单；

（3）注册前确认已勾选同意服务协议，否则无法完成注册。

图6-7 填写公众号的基本信息

2. 选择注册地并确认账号类型

注册公众号时需要充分考虑账号的具体功能，选择合适的类型进行注册，具体操作如下。

步骤 01 完成基本信息填写后，单击"注册"按钮进入选择类型的页面，选择注册地并单击"确定"按钮，如图6-8所示。

图6-8 选择注册地

步骤 02 选择账号类型，在下方单击"选择并继续"按钮，如图6-9所示。需要注意的是，账号的类型一旦选择就不可以再更改，选择时可以单击"了解详情"按钮获取更多关于该类型账号的介绍信息，确认核实账号的功能，以免注册类型错误。

图6-9 选择账号类型

步骤 03 在弹出的确认账号类型选择的页面，单击"确定"按钮，即可完成选择类型的相关操作，并可以进入信息登记的页面，如图6-10所示。

图6-10 确认账号类型

3. 完成信息登记

信息登记是为公众号选择一个主体类型。主体类型的不同会导致公众号的功能权限不同，以公众号认证功能为例，该项功能仅对非个人主体类型的公众号开放。因此在选择主体类型前，要了解不同主体类型的公众号在功能使用上的差异，另外，还需要准备好相应的资料以便进行主体信息的登记。具体登记的步骤如下。

步骤 01 完成账号类型选择后，进入选择账号主体类型的页面，在页面下方选择账号主体类型，如图6-11所示。

图6-11 选择账号的主体类型

步骤 02 选择对应主体类型后，下方会出现需要填写的信息，依据选择的主体类型进行信息的填报。图6-12至图6-15分别为政府、媒体、企业和其他组织的主体信息填报，按照真实情况填写。主体类型为个人的申请人即视为管理员，只需进行管理员信息的登记和验证即可。

图6-12 政府主体信息登记

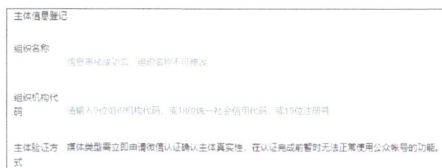

图6-13 媒体主体信息登记

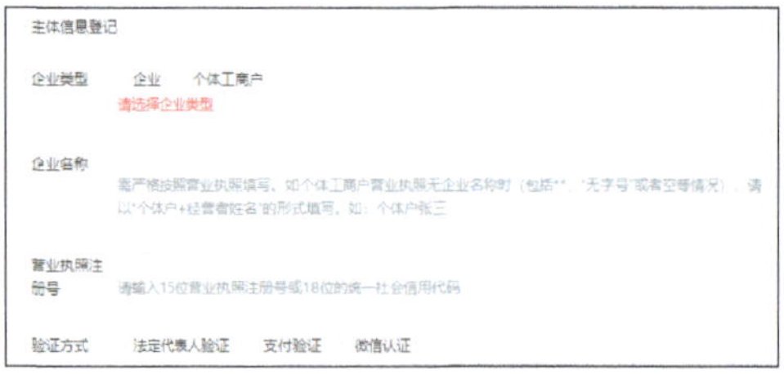

图6-14　企业主体信息登记

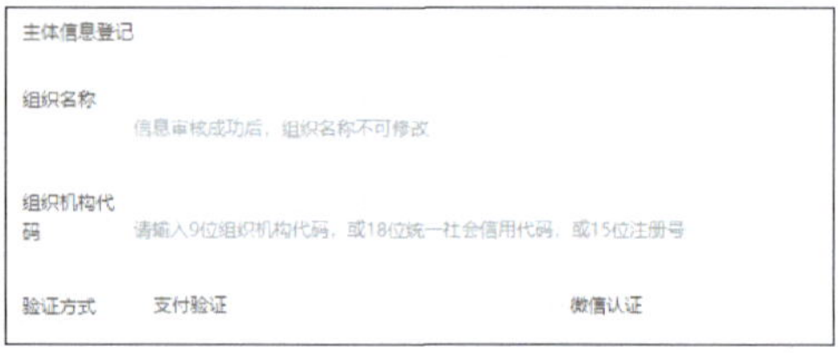

图6-15　其他组织信息登记

步骤03 完成主体信息登记后，进行管理员身份信息登记，填写手机号码并进行手机验证，然后通过微信扫描二维码完成身份验证，如图6-16所示。一个手机号只能注册5个公众账号。

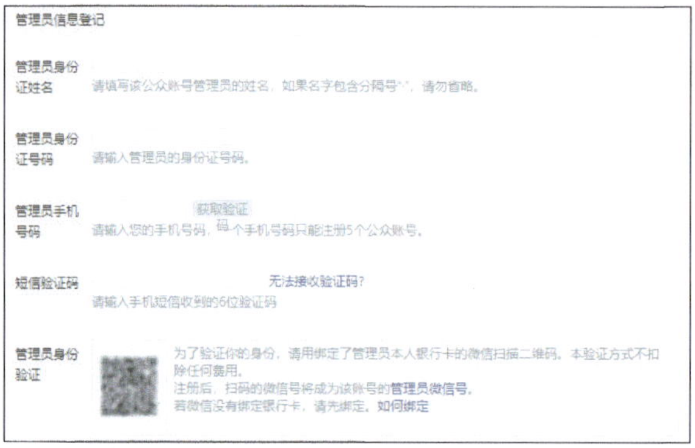

图6-16　管理员身份信息的登记与验证

步骤04 可以选填创作者信息，对于在其他平台上有创作经验的可以填写过往创作平台和创作内容相关信息。将所有信息填写完整，确认无误并通过身份验证后，单击"继续"按钮，确认信息登记的所有操作，如图6-17所示。

图6-17　填写创作者信息

4. 填写公众号信息

填写公众号信息是为了明确公众号的基本情况，如名称、所提供的功能服务等，这些信息能够帮助用户在阅读文章前对公众号有一定的了解。填写公众号信息的具体操作如下。

步骤 01 在公众号信息页面，填写账号名称、功能介绍和运营地区，如图6-18所示。

步骤 02 填完后单击"完成"按钮，出现图6-19所示的页面，单击"前往微信公众平台"按钮即完成了所有公众号的注册操作。

图6-18　填写公众号信息

图6-19　完成公众号的注册

6.1.3 为公众号开通认证

认证是指微信公众平台为了确保公众号信息的真实性和安全性而提供的认证服务。该认证申请目前只针对主体类型为非个人的账号（除2014年8月24日前注册成功且条件满足的公众号）。另外，除政府及部分组织免收认证费用外，其他主体类型的公众号在开通认证时都需要缴纳300元/年的认证费用。

认证能够展现账号的真实性、权威性。认证完成后，粉丝可以通过公众号上的"V"标识对账号进行辨认，还能够在页面中查看该公众号的相关资质。接下来介绍公众号认证的具体步骤。

步骤 01 进入微信公众平台登录公众号，在"设置"菜单栏中单击"公众号设置"按钮，然后在"认证情况"一栏右侧单击"申请微信认证"按钮，如图6-20所示，进入微信认证页面，单击"开通"按钮并同意相关协议。

图6-20　申请微信认证

步骤 02 填写认证资料并上传，等待审核通过。由于不同主体类型的账号上传的资料有所差别，在进入资料填报页面前，将出现图6-21所示的公众号认证提醒，可以根据提醒内容检查事先准备的资料。

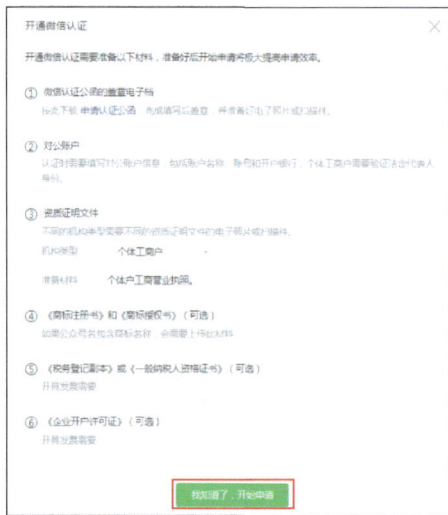

图6-21 公众号认证提醒

步骤 03 写好发票信息，通过微信扫描二维码完成认证费用的支付。付款完成并通过材料验证后，在认证页面可以看到图6-22所示的内容。

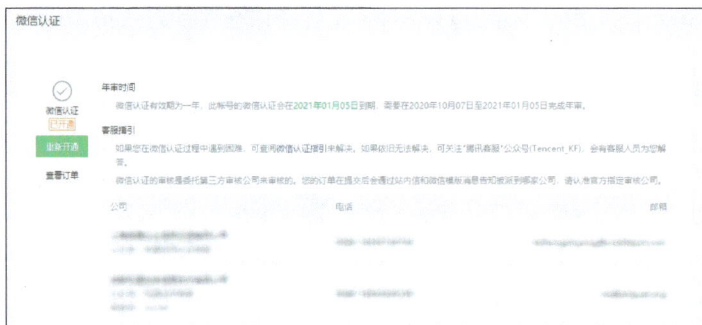

图6-22 开通认证后的页面显示

6.1.4 基础资料的设置

公众号注册完成后，可以在后台修改公众号的基本信息，这些信息会显示在公众号的详情页上，帮助用户了解公众号的具体定位。

公众号可设置的基础资料包括头像、名称、二维码、微信号、介绍和所在地，接下来将具体介绍公众号基础资料设置的相关内容。

1. 头像设置

合适的头像可以增加公众号的辨识度，树立起一个良好的公众号形象。头像的设置步骤如下。

步骤 01 登录微信公众平台，在菜单栏中单击"设置与开发"按钮，单击"公众号设置"按钮，如图6-23所示，进入设置页面。

步骤 02 单击头像，弹出修改头像的对话框，再单击头像框，如图6-24所示，从文件中选择头像图片，完成公众号头像的更换。

图6-23 单击"公众号设置"按钮

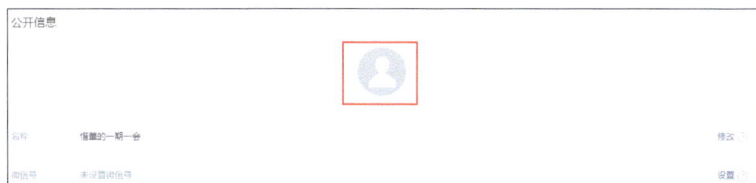

图6-24 单击头像框

2. 修改名称

根据账号主体类型的不同，公众号名称的修改规则有所差异。个人类型的公众号一年内可以修改两次公众号名称，企业、媒体、政府和其他组织可以在微信认证过程中有一次重新提交名称的机会，修改的名称必须符合命名规则。注意，公众号名称不能与其他账号名称重复。

步骤01 在公众号设置页面中选择"账号详情"模块，单击名称右侧的"修改"按钮，如图6-25所示。修改公众号名称需要身份验证，使用账号管理员微信扫描二维码，单击"下一步"按钮，如图6-26所示。

图6-25 单击"修改"按钮

图6-26 管理员身份认证

步骤02 阅读相关名称修改的协议，单击下方"同意并进入下一步"按钮，如图6-27所示。

图6-27 同意协议

步骤03 输入修改名称并单击"确定"按钮，在确定修改名称的页面中核对修改的名称，确认无误后单击"确定"按钮，即可完成对公众号名称的修改，如图6-28和图6-29所示。

图6-28　输入修改公众号名称

图6-29　确认修改

3. 设置微信号

设置微信号的目的是让用户通过微信号搜索找到公众号，对公众号的推广宣传来说十分有利。微信号设置方法如下。

步骤 01　在公众号设置页面中单击"微信号"右侧的"设置"按钮，使用管理员微信扫描二维码进行验证，如图6-30和图6-31所示。

图6-30　单击"设置"按钮

图6-31　管理员验证

步骤 02　在输入栏内输入想要设置的微信号，如图6-32所示。微信号可由6~20个字母、数字、减号、下划线组成，必须以字母开头。

步骤 03　确认微信号的设置，如图6-33所示。一般一个自然年内只能修改一次微信号。

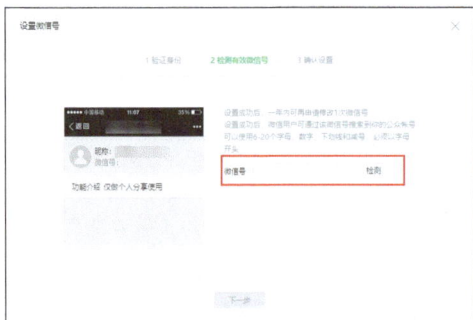

图6-32　输入微信号

图6-33　确认设置

4. 下载二维码

二维码用于推广公众号，可以直接从微信公众平台获取。下面简单讲解二维码的获取方法。

步骤 01 在公众号设置页面中单击"下载二维码"按钮，选择下载二维码的尺寸，并单击右侧的下载链接，如图6-34和图6-35所示。

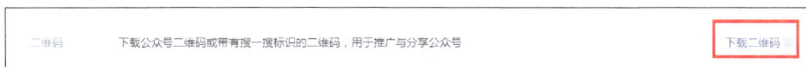

图6-34 单击开始下载二维码

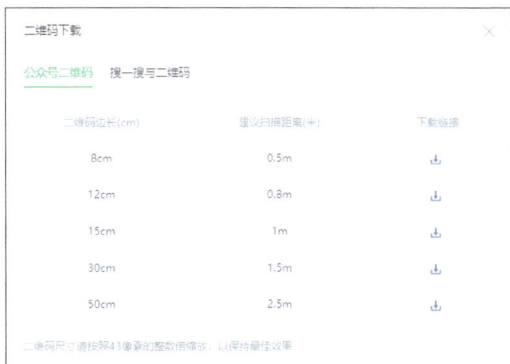

图6-35 公众号二维码下载

步骤 02 在二维码下载页面中，单击"搜一搜与二维码"按钮，如图6-36所示。

步骤 03 单击页面下方的"线下物料素材"按钮，如图6-37所示，就能下载公众号与搜索框结合的物料图片源文件及物料设计规范。

图6-36 单击按钮进入下载页面

图6-37 搜一搜与二维码

5. 公众号介绍

介绍可以让读者通过简短的文字了解公众号的具体定位，公众号介绍一个月内最多可以申请修改5次。公众号介绍的修改方法如下。

步骤 01 在公众号设置页面中单击"介绍"右侧的"修改"按钮，输入公众号的功能介绍，长度为4~120字，单击"下一步"按钮，如图6-38和图6-39所示。

步骤 02 确认修改，如图6-40所示。等待审核，审核时间为3个工作日。

介绍　　　　一小片为热爱阅读和写作的开朗的灵魂自留地、你我共同的戴尔小国。　　　　修改 ⑦

图6-38　单击"修改"按钮

图6-39　输入介绍

图6-40　确认修改介绍

6. 设置所在地

公众号设置位置能增强自身的地域特质，凭借这种地域优势，公众号内容在地域范围内能得到快速传播。公众号位置的设置方法如下。

步骤 01 在公众号设置页面中找到"所在地址"一栏，单击右侧的"设置"按钮，输入具体位置，并单击"搜索"按钮，如图6-41和图6-42所示。

图6-41　设置所在地址

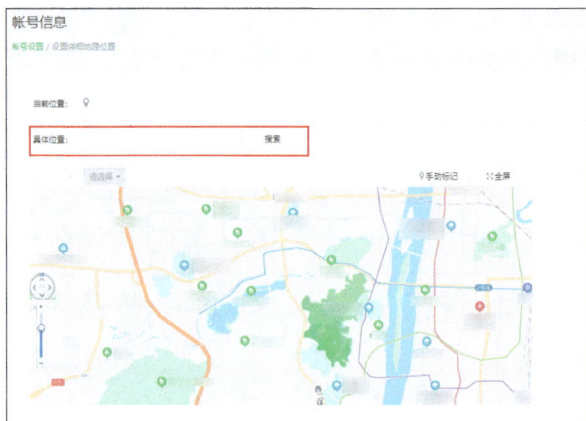

图6-42　输入公众号所在地

步骤 02 在搜索栏下方的地图中选择具体位置，单击"设为我的位置"按钮，即可完成位置设置，如图6-43所示。

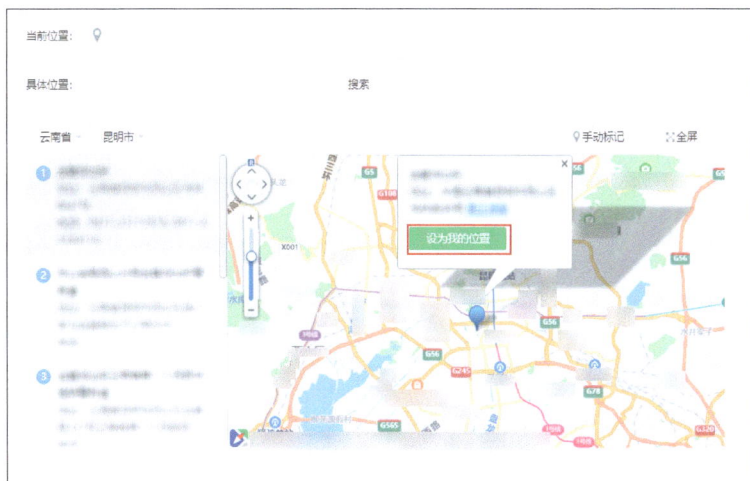

图6-43　单击"设为我的位置"按钮，完成设置

6.2 公众号的内容发布

内容是公众号运营的基础，就像产品一样，内容的质量直接影响读者对公众号的评价，只有确保了内容质量，才能赢得好口碑。同时，创作者要在每一次创作中总结经验，掌握更多公众号内容创作的技巧，不断提高公众号内容创作水平。本节将围绕公众号的内容创作与发布展开介绍。

6.2.1 发布不同形式的公众号内容

公众号的内容类型十分丰富，且每种类型各有特色，在创作公众号内容时，可以根据具体需要选择适合的内容类型。在微信公众号内能够发布的内容类型主要分为以下4种。

1. 图文消息

图文消息是较为常见的公众号内容类型，一般由图片和文字组成，如图6-44所示。创作者可以借助这样的形式尽情表达、肆意书写，还可以通过群发功能将编辑好的图文消息推送给关注公众号的每一位粉丝。发布图文消息是提高公众号关注度的重要手段，它能够建立创作者与读者情感交流的渠道。

图6-44　图文消息

2. 图片消息

与图文消息不同，图片消息的侧重点在于图片的分享，如图6-45所示。图片消息中可供编辑的文字数量被限制在140字以内，一般用来写图集推荐、旅游心得等。图片消息适用于图片分享，尤其对于一些有图片原创能力的创作者而言，图片消息能够有效提升公众号的吸引力和流量转化率。

3. 视频消息

随着生活节奏日益加快，人们对文字内容的接纳程度逐渐降低，表现能力有限的图片和文字已经不能再满足人们的需要，人们更倾向于从直观便捷的视频中获取信息。如此一来，公众号的视频内容就成了很多自媒体人的创作核心，如图6-46所示。

图6-45　图片消息

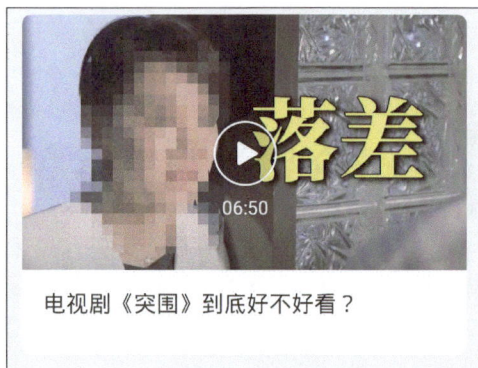

图6-46　视频消息

4. 音频消息

音频消息是在公众号内发布的一段配以140字以内简短说明的音频。通过声音进行信息的传达，相较于视频而言缺乏一定的表现力，因此一般公众号内很少发布音频消息，很多公众号会选择在图文消息中插入音频作为文案的背景音乐。但音频消息也有适用的情景，如一些专门提供声音素材的公众号，仅需要上传音频并加以说明即可；又如强调音频内容、音乐欣赏和音乐推荐的公众号，会使用这种类型的内容，如图6-47所示。

图6-47　音频消息

6.2.2 内容的排版与设置

对于一篇优质的公众号文案，只有高质量的文案内容还不足以满足读者的阅读需求，好的文案内容只是制胜的第一步，而迈向成功的第二步还需要从文案的排版细节入手。接下来将从文字排版的角度，介绍公众号文案应该如何优化文字的细节，让读者从字里行间感受到阅读带来的愉悦和舒适。

1.　字体的选用

字体是文字外在的形式特征，是文字设计中重要的一环，不同的字体呈现的视觉效果不同，给读者带来的感受也不同。在选择公众号文案的字体时，要重视字体带给读者的观感。字体可以分为中文字体、英文字体、手写体和其他字体，接下来分别做简单介绍。

（1）中文字体

通常来说，在中文字体中，字号相同、字体不同的文字大小会略有不同，文字的笔画也有差别。字体各有特色，宋体是常用的一种印刷字体，特点是横轻竖重，字形端正；楷体笔锋错落有致，古朴秀美，典雅端庄；隶书字体扁平，整体字势向左右舒展，棱角圆润，笔画间有明显的粗细变化；黑体笔画粗壮，横竖匀称，笔画比宋体、楷体较粗，字体突出醒目。

（2）英文字体

除了中文字体，英文字体的样式也有考究。这里简单介绍一些英文字体在观感上的差异。

Centaur（半人马）是罗马字体中的一种，具有浓厚的历史气息，特点是字母的衬线呈倾斜的角度，如图6-48所示。

例句：I've been thinking about you（Centaur）

图6-48　Centaur字体

Franklin Gothic（富兰克林哥特）在无衬线字体中具有非常高的人气，字体以夸张怪诞的粗犷形态示人，给人很强的视觉冲击力，是一种强硬而醒目的字体。图6-49所示是Franklin Gothic字体衍生的不同变体。

例句

I've been thinking about you（Franklin Gothic Medium）

I've been thinking about you（Franklin Gothic Cond）

I've been thinking about you（Franklin Gothic Heavy）

图6-49　Franklin Gothic字体的不同变体

（3）手写体

手写体涵盖的范围十分广泛，五花八门的手写体各成一派并拥有各自的特色，手写体花样多变、风格各异，能够适应各种各样文案风格的需要。

（4）其他字体

公众号的文字一般是以手机屏幕作为承载的媒介，文字一定要清晰醒目，因此在正文字体上，微信公众平台以微软雅黑字体为参考标准，以"Microsoft YaHei UI"作为基础的文字输入字体。但为了公众号排版的美观，很多公众号也会通过使用一些编辑器，在文案字体上寻求一些变化，如图6-50所示。

不念过去，不畏将来

你我各自分开，于更高处相见 02

图6-50　编辑器中风格迥异的文字

无论通过使用编辑器还是代码，或是其他方式来改变公众号文案的字体，都需要注意字体的添加和修改并非越多越好。一般正文的字体应当保持一致，偶尔可以使用粗体字或斜体字去强调正文中的部分内容，文案小标题的字体可以与正文有所区分，但要做到统一，一般一篇公众号文案中的字体种类不宜超过3种。

字体的变化是为了突出文案的重点，给读者的阅读带来便利，优化阅读体验，过于花哨的字体反而会引起读者反感。

2. 合适的字号大小

公众号文案较多呈现在手机屏幕上，因此在编辑文字时要以屏幕观感为指导，实现屏幕文字的可视化。一般文字的字号大小需控制在14px~18px，"px"是像素单位的缩写，像素单位可代换为Word文档中文字字号的大小单位，如"14px"相当于Word中的五号字。一般来说，文案的分段标题、正文和标注的字体应该有所差别。

在微信公众平台中可以直接调整文字的字号大小，但因为受到平台的限制，字号的大小并非自由设置，而是在给出的大小范围中适当选择并使用，如图6-51所示。

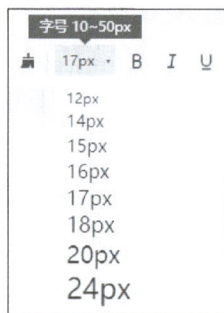

图6-51　修改字号

3. 字间距的变化

字间距是指文案中每个文字之间的距离，字间距的大小会影响整行文字或整段文字的密度。图6-52所示为不同字间距的比较，第一段文字为默认字间距，第二段文字对字间距进行了加宽处理，第三段文字对字间距进行了紧缩处理，可以看出字间距不同，文字的观感也会产生相应的变化。

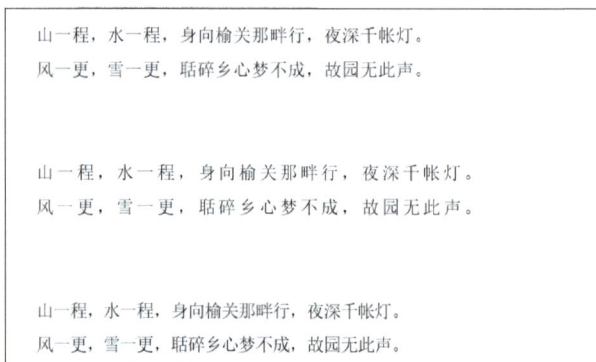

图6-52　不同字间距的比较

通过观察可以发现，文字与文字之间设置一定的间隔，既能让文字显得清晰，提高可读性，还能增加阅读的呼吸感，让读者更容易接受。在微信公众号中，可直接设置字间距，如图6-53所示。

图6-53 选择字间距大小

字间距要根据文案内容篇幅、图文位置、行文风格等进行设置，大多数情况下，字间距建议设置在1px~1.5px，最大不宜超过2px，选择字间距的1.5倍为最佳。但是微信公众平台自带的字间距仅有0.5倍、1倍、2倍这3种，若需要设置其他倍数的间距，就必须借助文字编辑器。

4. 段落的长度与对齐方式

公众号文案的分段其实并不影响文案内容的完整呈现，分段其实是出于对读者阅读体验的照顾，站在读者的视角来看，分段可以减轻文字带给人的压迫感，让文案层次分明，突出论述的核心。

公众号文案的每个段落都要注意控制长度，一般每个段落的长度不宜超过一个屏幕，段落前后可以通过穿插图片来丰富页面的内容。文案内容较多时可以重新规划文案段落，每个段落内容在4行~6行为最佳。

除了制定合理的段落长度，还要选择段的对齐方式。段落对齐方式要根据读者的阅读习惯来设定，除了参考段落的长度，还需要注意观察段落间的结构及图片的插入位置。图6-54所示为微信公众号中的对齐方式。

图6-54 对齐方式

在公众号文案的排版中，如果段落文字长度较短，句式简洁，可以单句成行，选择居中对齐的方式调整段落，让文字内容居中靠拢，为两端留出空白，使版面干净清爽。在遇到段落文字内容较多的情况时，建议采用两端对齐的方式，使文字页面两侧更加工整。另外，对齐方式同样可以作用于插入文案中的图片。除了特定内容的排版需要，一般一篇公众号文案中段落的对齐方式不会超过两种，如果使用的对齐方式过于复杂，会降低读者阅读的流畅感，使读者失去阅读耐心。

5. 设置行间距与页边距

　　文案的留白效果可以通过多种途径实现，设置行间距、页边距都是不错的方法。设置适当的行间距能让文案具备良好的可读性，会让读者产生舒适的阅读感受。行间距的大小需要在排版时反复拿捏，间距过大，文案会显得松散，间距过小，密密麻麻的文字容易导致读者阅读疲倦，即使再有趣的内容也难以被读者接受。

　　首先在素材管理中编辑一篇图文消息，然后选中需要调整行间距的文字，在工具栏中找到行间距按钮 ≣·。单击按钮并在下方选择行间距的倍数，公众号内可设置的行间距共7种，如图6-55所示，默认行距为1倍。

图6-55　行间距按钮

　　行间距的选择依据主要是文字大小和段落篇幅。一般情况下，推荐行间距保持在1.5倍~1.75倍，这样既可以保持段落的整体性和连贯性，还可以优化文字的视觉效果。如有特殊的排版需要，可以根据具体情况调整行间距，但要注意在设置后进行预览，不断调整行间距。

　　在一个段落结束，另一个段落开始前，如果不插入图片、分隔符号来衔接两个段落，则需要增加段落间的间距，拉开段落文字的距离，使段落层次分明。

　　图6-56所示是设置段前距离与段后距离的按钮。段前距离是指本段落开始前，与上一个段落之间的距离；段后距离是指本段落结束后，与下一个段落之间的距离。具体设置情况要根据文案段落结构和图文分布情况而定。

图6-56　设置段前距离与段后距离的按钮

　　除了调整行间距与段落间距的功能，公众号图文编辑的菜单栏中还提供了其他功能，用于调整段落在页面中的边距效果。与一般的文档、文案编辑器不同，在微信公众平台内不能直接设置文案的页边距，而是通过缩进的方式来控制页边距。图6-57所示为首行缩进和两端缩进的功能按钮。

图6-57　首行缩进和两端缩进按钮

　　首行缩进是将段落的第一行文字向右缩进一定的距离，其他各行保持不变。在公众号内编辑文案时，每个段落首行缩进的距离是固定的，都是缩进两个字符的距离。设置首行缩进后的段落效果如图6-58所示。

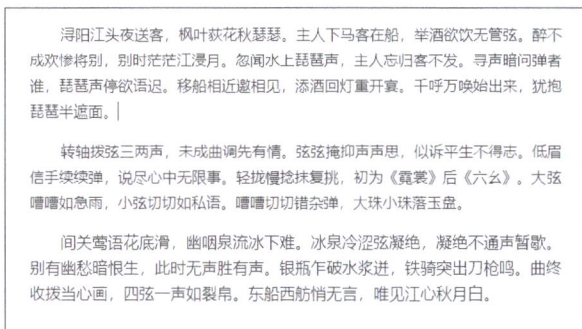

浔阳江头夜送客，枫叶荻花秋瑟瑟。主人下马客在船，举酒欲饮无管弦。醉不成欢惨将别，别时茫茫江浸月。忽闻水上琵琶声，主人忘归客不发。寻声暗问弹者谁，琵琶声停欲语迟。移船相近邀相见，添酒回灯重开宴。千呼万唤始出来，犹抱琵琶半遮面。

转轴拨弦三两声，未成曲调先有情。弦弦掩抑声声思，似诉平生不得志。低眉信手续续弹，说尽心中无限事。轻拢慢捻抹复挑，初为《霓裳》后《六幺》。大弦嘈嘈如急雨，小弦切切如私语。嘈嘈切切错杂弹，大珠小珠落玉盘。

间关莺语花底滑，幽咽泉流冰下难。冰泉冷涩弦凝绝，凝绝不通声暂歇。别有幽愁暗恨生，此时无声胜有声。银瓶乍破水浆迸，铁骑突出刀枪鸣。曲终收拨当心画，四弦一声如裂帛。东船西舫悄无言，唯见江心秋月白。

图6-58　首行缩进效果图

　　两端缩进是将每行文字左右同时缩进相同的距离，以此拉开文字与页面两边的距离。两端缩进的距离可以根据文案排版的需要自行设置，与对齐方式一样，缩进的设置同样也可以作用于图片。图6-59所示是段落两端缩进的前后对比图。

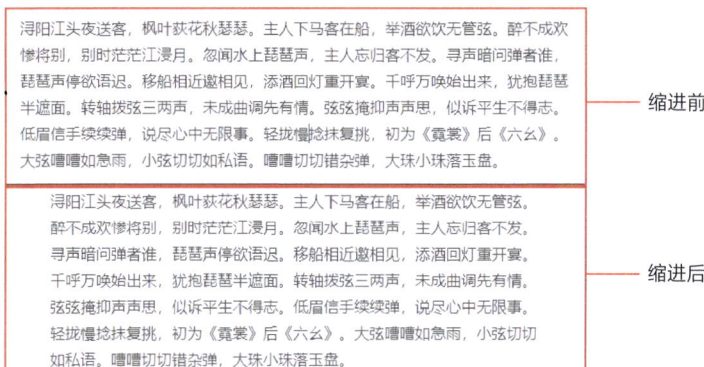

缩进前

缩进后

图6-59　段落两端缩进32px的前后对比图

　　公众号图文编辑功能栏中的两端缩进选项有8px、16px、32px、48px，为了能给文案页面留白，同时兼顾文案排版的美观性，推荐两端缩进选择16px。如果要实现更加灵活的缩进效果，就需要借助编辑器或修改代码才能完成。

6.2.3　提高内容的丰富度与互动感

　　公众号只依靠发布传统的图文内容已经不足以吸引读者了，读者更希望与公众号建立起交流和联系，从公众号中收获更好的互动体验，而从公众号的角度来看，与读者互动能保持公众号的活跃度。以下介绍利用不同的平台或工具丰富公众号互动内容的方法。

1. 在公众号中添加H5页面

　　H5是一系列制作网页互动效果的技术集合，即移动端的Web页面。在公众号文案中添加H5页面可以打破阅读限制，为用户展现动画效果，还能够实现更多的互动功能。图6-60所示是某公众号发布的一篇带有H5链接的文案，在文案图片中链入了一个H5页面，它以互动动画的形式，随着读者对屏幕的

图6-60　一篇带有H5链接的文案

上下滑动，不断加深代入感，使音乐、动画、图片、文字融为一体，更容易打动读者。

　　H5的制作同样可以使用一些简单的编辑工具，制作的过程与使用在线制图工具类似，操作简便高效。图6-61所示为H5在线编辑工具"易企秀"的编辑页面，该编辑器的用法与公众号文案编辑器的用法类似，不同的是它可以在选中的每一个要素上添加动画效果。

　　为H5组件设置动画，如图6-62所示，能使文字和图片产生不同的动画效果，也能实现与读者的交互。

图6-61　"易企秀"的编辑页面

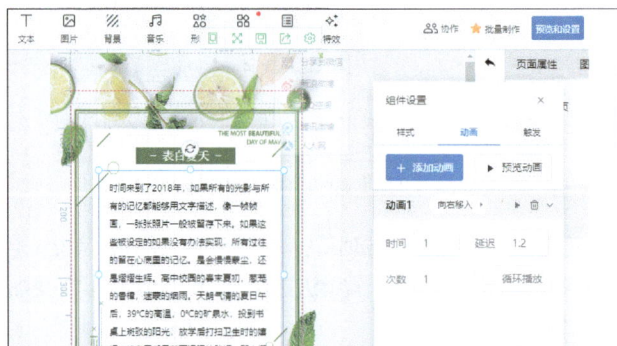

图6-62　H5组件的动画设置

　　H5页面在公众号中的添加方式有两种：一种是复制已经成功发布的H5页面链接，在公众号文案排版中添加该链接，引导读者单击链接来观看H5页面；另一种是H5页面在发布后会生成一个二维码，在公众号文案中添加该二维码，引导用户扫码观看即可，如图6-63所示。

图6-63　H5页面发布后生成的二维码与链接

2. 利用问卷进行深度调查

在公众号中开展问卷调查可以是出于调动读者积极性，让读者在公众号中获得参与感的目的，也可以是出于了解用户偏好、收集用户意见的目的。尽管在公众号中依靠添加表单的方法能够实现数据的采集，但对于体量较大、采集项目较多的情况，借助其他专业的问卷工具能达到事半功倍的效果。接下来以问卷星这一工具为例，介绍制作问卷调查类公众号文案的方法。

步骤 01 打开浏览器进入问卷星网站，注册登录后单击"创建问卷"按钮进入问卷创建页面，如图6-64所示。

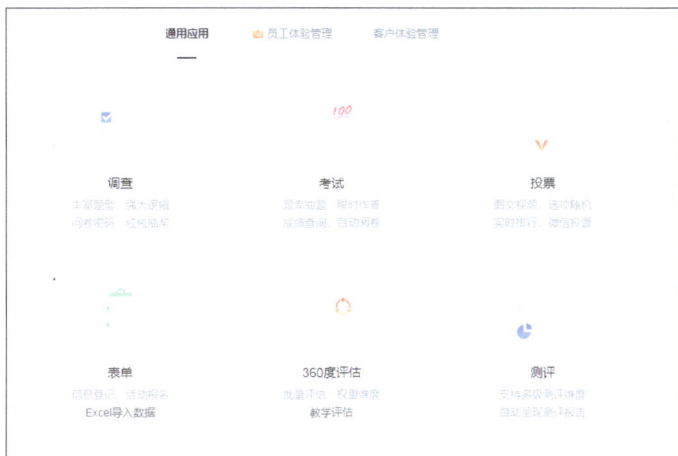

图6-64 问卷创建页面

步骤 02 选择一种适合的问卷形式，在弹出的创建调查问卷页面中填入问卷的标题，单击"立即创建"按钮，如图6-65所示。

步骤 03 单击标题下方的"添加问卷说明"按钮，在弹出的页面中输入本问卷调查的标题、说明等内容，如图6-66所示，完成后单击"确定"按钮。

图6-65 输入标题并创建问卷

图6-66 填写问卷说明

步骤 04 创建的问卷中需要批量添加题目，题目以单选题、多选题和单行文本题3种形式出现，如图6-67所示，此时需要根据具体情况选用不同的题目形式。

步骤 05 选择需要的题目形式，编辑问题和选项，如图6-68所示。题目的字号、字体、颜色等可以在工具栏中进行设置，题目中可以插入图片、音频、视频和链接，题目和选项的形式可以具体设置并填写相关说明，选项中也可以插入图片（图片大小不得超过4MB）。

图6-67　3种不同的问题形式

图6-68　编辑题目和选项

步骤06 完成所有问题的编辑后，在页面上方单击"完成编辑"按钮，在跳转的页面中单击"发放问卷"按钮，即可将问卷发布，如图6-69和图6-70所示。

图6-69　完成编辑

图6-70　发布问卷

步骤07 发布后的问卷会生成一个二维码和一个链接，可以直接在微信公众号中使用，如图6-71所示。

步骤08 相较于表单对数据的收集，问卷星的优势在于能将收集的数据进行统计，并按照不同的算法对数据做出分析。在发布问卷的页面中，单击"分析&下载"按钮，可以查看数据详情和数据分析的结果，如图6-72所示。

图6-71　问卷生成的二维码和链接

图6-72　查看数据分析

3. 发起投票活动

投票是公众号中常见的互动形式，一般用于评选性质的内容。相较于问卷调查，投票活动的操作复杂程度较低，读者只需从所给的选项中进行选择，数据方面也只需进行票数上的统计，因此借助微信公众平台的投票功能就可以轻松完成，而且通过这种方式添加的投票不需要借助跳转链接和扫描二维码，它能直接显示在公众号文案中，更加方便直观。在公众号文案中插入投票的具体步骤如下。

步骤01 新建一篇图文消息，编辑好图文内容后在需要插入投票的位置单击，如图6-73所示。

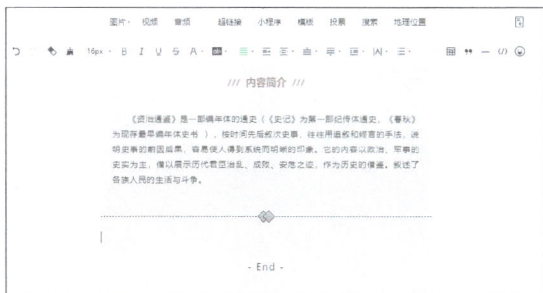

图6-73 在需要插入投票的位置单击

步骤02 单击页面上方菜单栏中的"投票"按钮，如图6-74所示，进入发起投票页面并单击"新建投票"按钮，如图6-75所示。

图6-74 单击"投票"按钮

图6-75 新建投票

步骤03 跳转到投票管理页面，设置投票名称、截止时间，并编辑好问题和投票的选项，如图6-76所示。选项中可以插入图片，建议图片尺寸为300px×300px，大小不超过1MB。

图6-76 投票的设置与编辑

步骤 04 将投票设置保存后进入发布投票的页面，注意发布后的投票不得再次编辑，在发布前需要认真核对投票内容，确认无误后单击"发布"按钮，完成投票的发布，如图6-77所示。

图6-77　发布投票

步骤 05 回到图文编辑页面，选择新建的投票，单击"确定"按钮将投票插入文案中，如图6-78和图6-79所示。

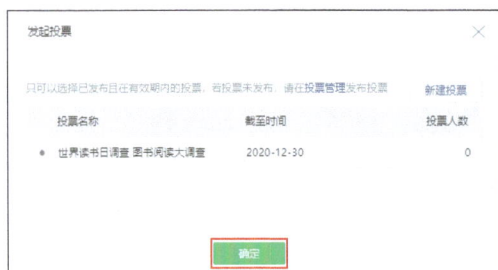

图6-78　选择投票

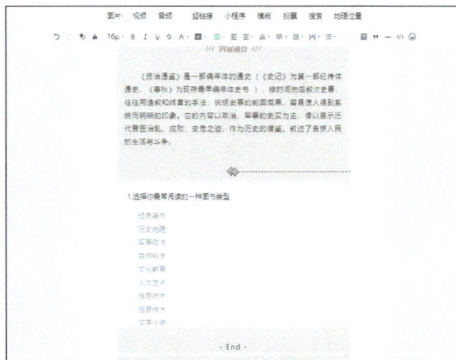

图6-79　在文案中插入投票

6.2.4 为不同内容添加话题标签

公众号话题标签功能是由原专辑模块升级而来的，将若干篇公众号文章整理成集的功能，其作用是方便创作者对历史内容进行管理、归类，也便于用户在阅读时查找需要的内容。

创作者可以为自己的原创内容添加话题标签，添加后该内容页面顶部会出现对应的话题标签，用户单击话题标签即可查看所有添加了该标签的内容。每篇文章至多添加3个话题标签，话题名称每天至多修改1次。接下来介绍添加话题标签的具体步骤。

步骤 01 打开并登录公众号平台，在菜单栏中找到"功能"模块，单击其下方的"话题标签（原专辑）"按钮，如图6-80所示，进入话题标签功能页面。

步骤 02 单击"创建话题"按钮，选择需创建的话题类型，话题类型包括图文话题、视频话题和音频话题3种，如图6-81所示。

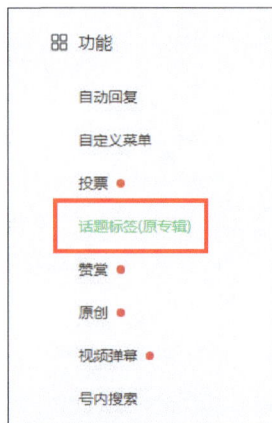

图6-80　单击"话题标签
（原专辑）"

图6-81　单击创建话题

步骤 03　在输入框中输入话题名称和话题简介，话题名称长度不能超过30个字，话题简介长度不能超过200个字，如图6-82所示。

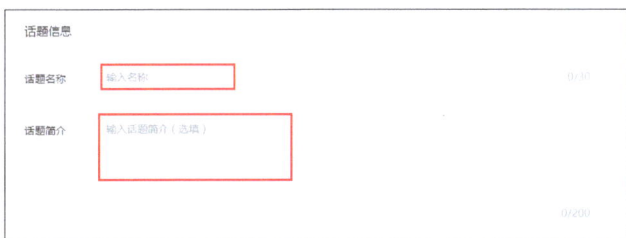

图6-82　输入话题名称与简介

步骤 04　单击"添加"按钮，为话题选择添加的内容，如图6-83和图6-84所示。单击页面右下角的"发布"按钮，完成话题的创建，如图6-85所示。

图6-83　单击"添加"按钮

图6-84　添加话题内容

图6-85　完成话题创建

　　创建话题后，可以在编辑图文消息时选择所属话题，图文消息群发成功后，该篇图文内容会自动加入对应话题中。话题内容的排列方法有两种：第一种是常见的是倒序排列，在选择倒叙排列时，公众号最近更新的内容会显示在话题内容的最上方；第二种是正序排列，在选择正序排列时，公众号新添加的内容会显示在话题页面的末尾。另外，话题还支持复制链接，链接可以插入文案中，也可以配置到自定义菜单中。

　　用户在查阅话题时可以将其分享给好友，也可以直接分享至朋友圈。话题显示的阅读量是所有内容的总阅读量，单篇文案阅读量最大统计为"10万+"。

6.3 公众号基础功能的使用

　　要想打造受读者喜爱的公众号，让读者对公众号有深刻的第一印象，这就要依靠公众号中一些基础设置来实现。本节主要讲解公众号的基础功能设置。

6.3.1 页面模板的制作

　　公众号的页面模板功能可以对历史文章进行分类整理，生成一个页面模板，并绑定到公众号自定义菜单中，方便订阅用户查阅公众号内容，增加文章阅读量。接下来介绍如何制作页面模板。

步骤 01 打开并登录公众号平台，在菜单栏中找到"功能"模块，单击其下方的"话题标签（原专辑）"按钮，如图6-86所示。

步骤 02 在选中的页面模板下方单击"选择"按钮，即可进入模板编辑页面，如图6-87所示。

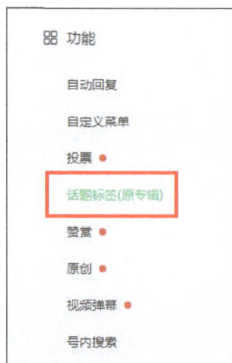

图6-86　单击"话题标签"（原专辑）按钮

图6-87　单击"选择"按钮

系统为创作者提供了4类页面模板,分别是列表模板、综合模板、可播放视频的视频模板和不可播放视频的视频模板。其中前两类页面模板适用于图文内容,后两类模板则适用于视频内容,如图6-88和图6-89所示。

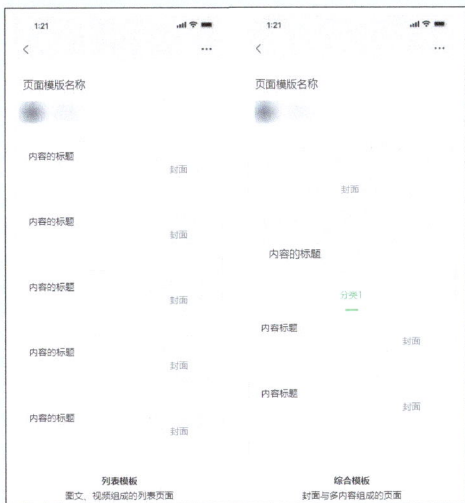

图6-88　适用于图文内容的页面模板

图6-89　适用于视频内容的页面模板

6.3.2 设置自定义菜单

　　菜单是公众号交互界面的重要组成部分,用户可以通过单击菜单按钮使用公众号提供的各项功能。按照层级的不同菜单可划分为一级菜单和子菜单,不同层级的菜单在设置要求上有所差别。菜单设置的主要步骤如下。

图6-90　单击按钮进入页面

步骤 01　登录微信公众平台,在功能栏内单击"自定义菜单"按钮,进入"自定义菜单"页面,如图6-90和图6-91所示。

图6-91　自定义菜单设置页面

步骤 02 单击左下角的"+"按钮可以创建一级菜单与子菜单，如图6-92所示。一级菜单最多可以创建3个，每个一级菜单下最多可以创建5个子菜单。

步骤 03 对菜单进行设置，单击想要设置的一级菜单或子菜单，设置页面如图6-93所示。在菜单名称栏中更改菜单的名称，一级菜单名称字数不超过4个汉字或8个字母，子菜单名称字数不超过8个汉字或16个字母，菜单名称的输入仅支持中英文和数字，不得使用其他字符。

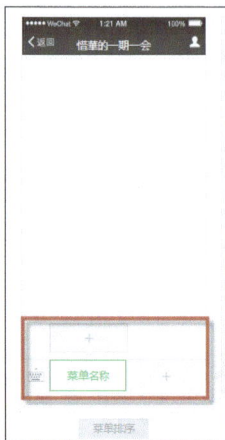

图6-92　创建一级菜单 与子菜单

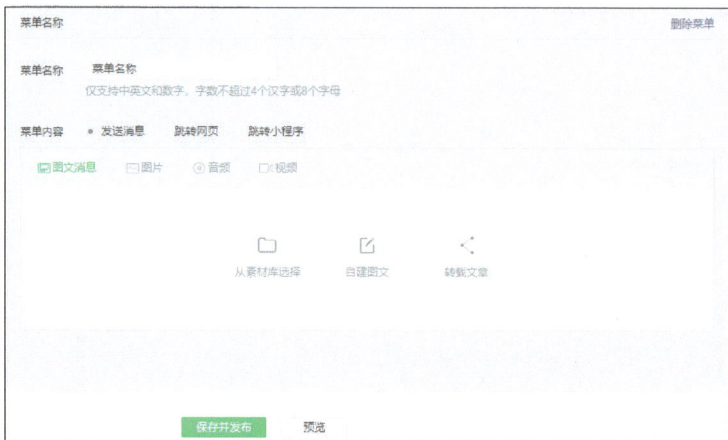

图6-93　菜单设置页面

6.3.3 个性化的自动回复

自动回复是指通过设置内容或关键词规则，无须人工就能快速回复用户的功能。自动回复分为被关注回复、收到消息回复和关键词回复3类。

1. 被关注回复

被关注回复可以理解为与初次关注公众号的用户打招呼。作为与粉丝的第一次交流，回复的内容可以是多种类型的，既可以是文字，又可以加入图片、音频等个性化十足的内容，为用户留下良好的第一印象。被关注回复的设置方法并不复杂，在菜单的功能栏中单击"自动回复"按钮，单击页面上方的"被关注回复"按钮并添加内容即可，如图6-94所示。

图6-94　设置被关注回复

2. 收到消息回复

由于新粉丝对公众号的了解程度和喜爱程度有限，他们的忠诚度不高，黏性有限，因此实时回复粉丝的消息就显得十分重要。另外，很多公众号出于为用户服务的目的，也需要设置收到消息自动回复。收到消息自动回复的设置方法与前面提到的设置被关注回复的方法相同，但功能上存在一定区别。被关注回复仅会在用户关注时出现一次，收到消息回复是在一定时间段内只要接收到用户消息就能重复触发回复，回复的内容是相同的。若需要回复用户不同的内容，则需要进行关键词回复的设置。

3. 关键词回复

关键词回复就是通过识别用户消息里的关键词，根据设置好的关键词回复规则回复用户相对应的内容。下面介绍关键词回复的具体设置方法。

步骤 01 在"自动回复"功能中单击"关键词回复"按钮，单击"添加回复"按钮，如图6-95所示。

图6-95 单击"添加回复"按钮

步骤 02 在规则名称栏中输入回复规则的名称，然后选择全匹配或半匹配并输入关键词，如需增加识别的关键词，可单击输入栏后面的添加按钮。

步骤 03 选择回复内容的形式，文字、图片及音频都可以作为回复内容。回复内容可增加多条，在有多条回复内容时，可以根据需要设置回复全部内容或是随机回复。设置完成后的页面如图6-96所示。

图6-96 设置关键词回复

291

设置完成后单击"保存"按钮，在公众号内预览设置效果。以用户视角打开公众号，在对话框内输入前面预设好的关键词，聊天界面中将出现自动回复的图片，如图6-97所示。

图6-97　关键词自动回复

　　关键词的匹配方式分为全匹配和半匹配两种。设置为全匹配时，只有当用户发送完整的关键词，才会出现自动回复；设置为半匹配时，用户发送的关键词中含有部分文字或单词都能触发自动回复。因此在设置关键词回复时，首先要清楚需要实现什么样的回复效果，然后通过试验去对比效果，选择更适合的关键词匹配方式。

　　这里还要补充自动回复中链接的引入方法。在自动回复中引入链接可以让公众号的功能更加灵活。引入链接的主要方法有两个：第一个是在设置回复内容时输入完整的链接地址，当触发自动回复时，回复内容为该链接，用户单击链接即可跳转页面；第二个是在设置回复内容时套用超级链接HTML代码"<a href="链接地址">要显示的文字</a>"，如图6-98所示。这样一来就能让文字带有链接的效果，但要注意此方法不适用于关键词类型的回复。图6-99所示是使用文字链接的效果展示。

图6-98　为回复的文字添加链接

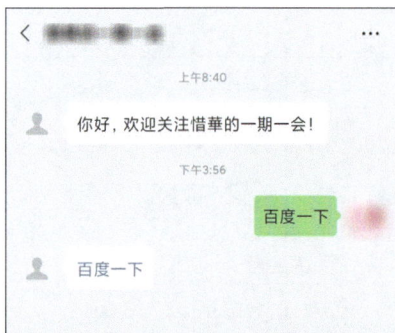

图6-99　文字链接的效果展示

6.3.4 开启原创保护

对公众号而言，原创不仅是创作能力的体现，也能避免版权争议，从而获得平台的大力推广。为了鼓励原创，平台也推出了相关功能，以保证公众号的原创权益，如原创声明和侵权投诉。接下来分别介绍这两项功能。

1. 开启原创声明

原创管理是平台为内容原创者提供的一项功能，开通该功能后微信公众平台会对原创内容添加"原创"标识，当用户在微信公众平台发布已进行原创声明的作品时，系统会为其注明出处。另外，一些其他功能的使用也需要以原创为前提，如赞赏功能和专辑功能等，微信公众平台希望以此来鼓励公众号运营者创作更多有价值的原创内容。下面以图文消息为例，简单介绍发布带有原创声明的公众号内容的步骤。

步骤01 登录微信公众平台，在菜单栏中单击"图文素材"按钮，如图6-100所示，进入图文素材管理页面。

图6-100 单击"图文素材"按钮

步骤02 选择一篇编辑好的原创图文素材，单击"编辑"按钮，如图6-101所示，进入图文编辑页面。

图6-101 进入图文编辑页面

步骤03 在图文消息的末尾找到"原创"标识，单击下方的"声明原创"按钮，如图6-102所示，进入声明原创的页面。

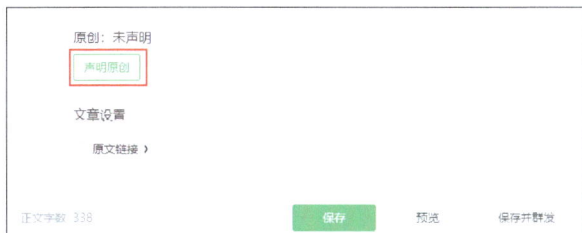

图6-102 为图文消息添加原创声明

步骤04 勾选同意原创声明的相关协议并单击"下一步"按钮，如图6-103所示。

步骤05 填写原创声明信息，如图6-104所示。选择是否开启赞赏功能，可以通过绑定公众号赞赏账户进行收款。此外，还需要标明原创作者，并对该图文消息进行分类，以便系统将该消息推送给读者。最后，可以设置文案白名单。信息设置完毕后单击"确定"按钮。

图6-103　勾选协议并单击"下一步"按钮

图6-104　填写原创声明信息

步骤 06　回到图文消息编辑页面,将设置好原创声明的消息保存并群发,如图6-105所示。

步骤 07　在"群发消息"页面中设置群发信息,包括群发时间、用户标签、用户性别和用户所在国家,如图6-106所示。完成设置并确认无误后单击"群发"按钮,即可向特定的用户群体发送图文消息。

图6-105　保存并群发消息

图6-106　设置群发对象

步骤 08　确认群发消息,并使用管理员微信号扫码验证,如图6-107和图6-108所示。

图6-107　确认群发

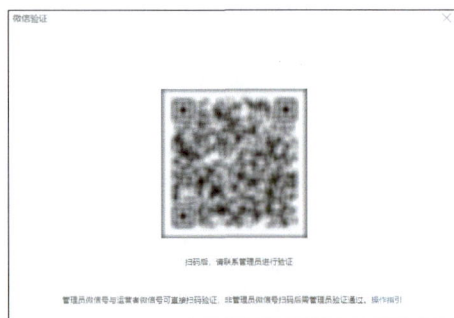

图6-108　微信扫码验证

以上是原创内容的发布流程，公众号运营者可以根据需要，对所有发布过的原创内容进行管理，具体的功能操作如下。

步骤 01 在公众号首页的菜单栏中单击"原创管理"按钮，如图6-109所示，进入原创管理页面。

图6-109　单击"原创管理"按钮

步骤 02 在操作栏内单击"转载设置"按钮，如图6-110所示，进入设置页面对原创内容的转载进行设置，可选择授权为"单篇可转载账号"或"长期可转载账号"，如图6-111所示。

图6-110　原创管理功能页面

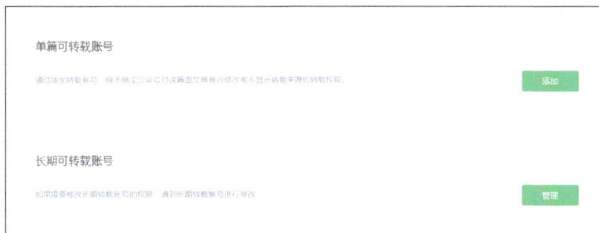

图6-111　转载设置

步骤 03 输入授权转载的公众号名称或微信号，如图6-112所示。

步骤 04 在添加可转载账号时，可在页面上设置转载账号的权限。以长期可转载账号为例，如图6-113所示，单击转载权限旁的 ✎ 按钮，在下方的权限中一般默认转载是可修改图文的，另外，还可以选择是否允许转载账号不显示转载来源。

图6-112 添加可转载账号

图6-113 转载账号的权限设置

2. 侵权投诉

尽管微信公众平台一再鼓励原创，但公众号内容被侵权的情况还是时有发生。当遇到侵权情况时可参考以下步骤进行维权。

步骤 01 先确认对方存在什么样的侵权行为，可以通过截图等方式及时保留相关侵权的证据材料。在微信公众平台登录公众号，进入首页后，在页面的底部单击"侵权投诉"按钮，如图6-114所示，进入申请投诉侵权的页面。

图6-114 单击"侵权投诉"按钮

步骤 02 在侵权投诉页面查看相关的投诉指引，明确投诉的途径后单击下方"申请侵权投诉"按钮，如图6-115所示。

步骤 03 查看填写说明，填写投诉主体资料，并上传相应的证件图片，如图6-116所示。

图6-115 单击"申请侵权投诉"按钮

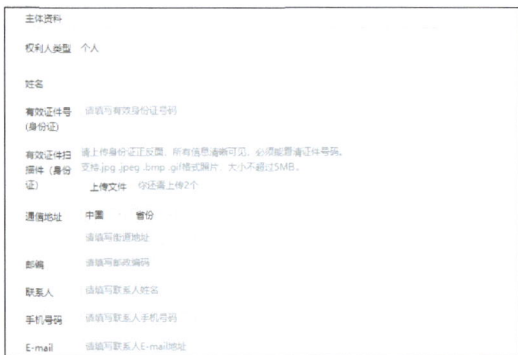

图6-116 填写投诉主体资料

步骤 04 填写投诉内容，根据侵权种类不同选择对应的投诉分类，并提供相应的侵权材料。以内容未经授权为例，需要提供侵权方的侵权内容链接，要对侵权行为做简短的描述，如图6-117所示。

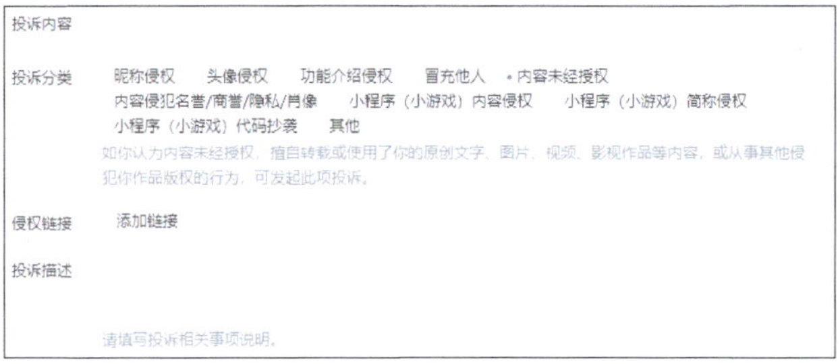

图6-117 填写投诉内容

步骤 05 上传证明材料，根据不同的侵权行为，将有效证明材料以扫描件图片的形式上传，并单击"确认身份并下一步"按钮，如图6-118所示，预览后提交即可。

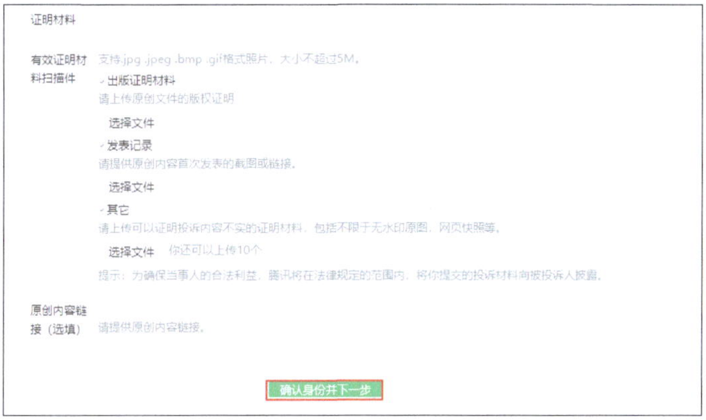

图6-118 上传证明材料

步骤 06 提交侵权投诉后，微信公众平台会在7个工作日内处理完毕。在侵权投诉的"提交记录"页面中可以查看投诉状态，如图6-119所示。

图6-119 查看投诉状态

在投诉提交完成后，微信公众平台会通知被投诉方，被投诉方有机会承认侵权，并自行删除侵权内容，经平台核实侵权行为确实存在的，系统会清除侵权的内容。如平台核实存在严重侵权行为的，可能会对侵权账号功能进行封禁处理或做出直接注销账号的处罚。

对于被投诉人而言，如果对侵权的判定存在异议，可以在收到侵权通知后发起申诉，具体步骤如下。

步骤 01 登录微信公众平台，单击首页底部的"侵权投诉"按钮，如图6-120所示，进入申请投诉侵权的页面。

图6-120 单击"侵权投诉"按钮

步骤 02 在申请投诉侵权页面中，单击"我要申诉"按钮，如图6-121所示。进入侵权投诉指引页面后，单击下方的"申请侵权投诉反通知"按钮，如图6-122所示。

图6-121 单击"我要申诉"按钮

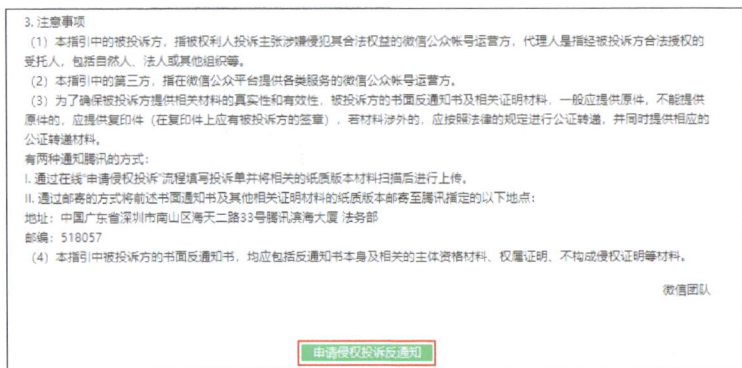

图6-122 单击"申请侵权投诉反通知"按钮

步骤 03 填写申诉人主体资料、申诉内容、证明材料（具体填写的内容与投诉资料内容一致）等信息，在填写申诉内容时，需要填写被投诉的单号或链接并阐述申诉理由。填写完成所有资料后，预览并核查填报内容，确认无误后打印通知书，在通知书上盖章、签名。上传并提交通知书扫描件图片即可完成申诉的相关操作。

6.4 数据统计与用户管理

　　每一个公众号都希望依靠内容收获更多的流量和粉丝，同时，如何对当前数据进行分析，有效管理粉丝用户，这也是每位创作者必须要做的功课。本节将从数据统计和用户管理两个方面进行介绍。

6.4.1 查看统计数据

　　公众号各方面的数据可以在"统计"功能中查看，如图6-123所示。统计数据能够帮助创作者了解公众号的运营情况，从而调整运营方向。接下来介绍一些与统计数据相关的指标，帮助创作者学习如何合理利用统计数据。

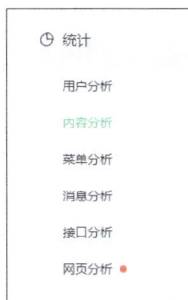

图6-123 "统计"功能

1. 浏览量与点赞数的比例

浏览量与点赞数的比例是衡量内容质量的指标。要评价一个公众号的受欢迎程度，就要先观察公众号文案的浏览量，浏览量能体现出公众号内容的价值。而点赞数是体现在读者阅读文案后通过点击标识表达对文案内容的认可和欣赏程度。

微信公众号文案的"点赞"按钮历经了3个阶段。最初是"点赞"按钮，随着版本的升级，"点赞"被更名为"好看"，与之相应的增添了新的功能，即可以去查看好友标记过的"好看"文案。在此之后，"好看"又更名为"在看"。图6-124所示是公众号文案"在看"情况的图片，读者通过点击"在看"按钮可以轻松完成阅读分享。

点赞数反映了读者对文案的喜爱程度，站在数据分析的角度，用浏览量与点赞数之比来反映读者对文案质量的评价。观察图6-124可以发现，这篇公众号文案的阅读量为4446，点赞数为46，二者之比约为1%。

图6-124 公众号文案"在看"显示

2. 回复与转发

公众号的留言区是给每位读者提供的分享、交流的平台。图6-125所示是读者留言的图片，读者在各抒己见的同时，不同的留言也为文案带来了话题度。回复读者的留言，是创作者与读者最好的互动，通过更多的交流可以将读者转变为自己的粉丝，提高读者对公众号的关注度。

图6-125 读者留言

对公众号文案的转发是基于读者认可的一种分享行为。对于公众号而言，依靠读者的大量转发可以得到更多的浏览量，通过这种"一传十，十传百"的形式，在实现了"涨粉"目标的同时也提高了公众号的知名度。

3. 网络浏览量的转化率公式

转化率是指某一反应物转化的百分比。对于公众号而言，转化是指公众号内读者从文案浏览转变为对公众号进行关注，成为公众号粉丝的这一过程。在一定时间范围内，转化率的计算公式为：转化率=（关注公众号的人数/文案浏览人数）×100%。

6.4.2 查看留言消息

留言消息是用户对公众号发表看法、提供意见的重要途径，创作者应当重视用户的留言消息，并及时回复一些有意义的评论，提高同用户的互动频率。查看留言消息的具体步骤如下。

步骤 01 打开并登录微信公众平台，在左侧菜单栏中找到"管理"这一项，单击下方的"消息"按钮，如图6-126所示。

步骤 02 设置"最新消息时间"和"排序"这两项筛选条件，查看对应的留言，如图6-127所示。

图6-126　单击"消息"按钮

图6-127　查看留言

6.4.3 修改用户备注与标记

修改备注有两种方式：第一种是直接单击用户头像右侧的"修改备注"按钮，修改备注信息，如图6-128所示；第二种是将鼠标指针放置在用户头像上方，在弹出的信息窗口中单击"备注"一栏右侧的 按钮，修改备注信息，如图6-129所示。

图6-128　单击修改备注

图6-129　在信息窗口中修改备注

标记是指为关注公众号的用户设置不同的标签，这一功能可以帮助创作者更好地管理用户。"星标用户"这一分组是系统创建的默认分组，创作者可以将与公众号互动较为频繁的用户标记为星标用户，方便辨认。标记用户的具体步骤如下。

步骤01 打开并登录微信公众平台，在左侧菜单栏中找到"管理"这一项，单击下方的"用户管理"按钮，如图6-130所示，进入用户管理页面。

图6-130　单击"用户管理"按钮

步骤02 单击"+新建标签"按钮，在输入框中输入新建标签的名称，单击"确定"按钮即可完成新分组的创建，如图6-131和图6-132所示。

图6-131　新建标签　　　　　　图6-132　编辑标签名称

步骤03 单击用户头像右侧的"无标签"按钮并勾选需要为该用户添加的标签，单击"确定"按钮即可完成标记，如图6-133所示。

图6-133　为用户设置标签

6.5 其他打造私域流量的途径

本节将介绍3个具备打造私域流量这一功能的平台，即微信朋友圈、微信视频号和企业微信。虽然与微信公众号同为微信的关联产品，但它们无论是在功能上还是在运营方式上都与微信公众号有着很大的区别。接下来将逐一介绍他们的基本特点及打造私域流量的方法。

6.5.1 微信朋友圈

朋友圈是微信上的一个社交功能,于2012年4月19日微信4.0版本更新时正式上线,位于发现页面的第一位,如图6-134所示。用户可以通过朋友圈发表文字、图片和视频,同时可通过其他软件将文章或者音乐等内容分享到朋友圈。

图6-134　朋友圈入口

微信朋友圈最大的特色在于交流的私密性,用户对好友发布的朋友圈动态进行"评论"或"赞"的操作后,非好友用户是无法查看的,即只能看相同好友的评论或赞。

在微信朋友圈,用户可以快速拍摄并发布视频动态,以便及时记录生活中的点滴故事,视频时长不超过15秒。接下来介绍拍摄视频的具体步骤。

步骤01 打开微信朋友圈,在右上方点击◎按钮,选择"拍摄"这一发布类型,如图6-135所示。

步骤02 长按●按钮即可进行视频的拍摄,绿色进度条代表视频的拍摄进度,进度条跑完一圈代表拍摄的限制时长,即15秒,注意不要超过这个时长,拍摄完毕后松开手指,如图6-136所示。

图6-135　点击发布动态

图6-136　长按拍摄视频

步骤 03 在编辑页面中，用户可以使用下方各项工具对视频进行编辑。点击🎵按钮，为视频选择合适的背景音乐，关闭视频原声可以避免背景声过于嘈杂，如图6-137所示。

图6-137　添加背景音乐

步骤 04 点击"完成"按钮结束编辑，在输入框中输入想法，点击"发表"按钮即可完成视频动态的发布，如图6-138所示。

图6-138　完成编辑，发布动态

6.5.2 微信视频号

微信视频号是腾讯旗下的一个短视频内容分享平台，于2020年1月22日正式开启内测。其内容以图片和视频为主，可以发布长度不超过1分钟的视频，或者数量不超过9张的图片，还能带上文字和公众号文章链接，而且不需要在PC端后台操作，可以直接在手机上发布。同时它支持用户通过点赞、评论进行互动，也可以转发到朋友圈、聊天场景，与好友分享。

微信视频号不同于订阅号、服务号，它是一个全新的内容记录与创作平台，也是一个了解他人、了解世界的窗口。微信视频号入口的位置也与其他平台不同，它在微信的发现页内，就在朋友圈入口的下方。接下来介绍视频号的一些特色功能。

1. 好友点赞内容

微信视频号极具特色的功能就是系统会自动推送好友点赞的内容，实现以好友关系为纽带的内容共享。用户打开微信视频号后点击上方的"朋友"按钮可以切换到朋友页面，推送内容的下方会显示"XX赞过"字样，如图6-139所示。

图6-139　朋友赞过功能

2. 快速分享至聊天窗口

视频号内容的分享可以链接至微信的聊天窗口，用户可以将有趣的内容快速分享给好友。接下来演示具体步骤。

步骤 01 打开微信视频号，在视频下方点击 ↗ 按钮，如图6-140所示。

图6-140 点击分享内容

步骤 02 选择分享的对象，点击"发送"按钮即可将视频发送给好友，如图6-141所示。

步骤 03 回到微信页面，分享内容在聊天窗口中的显示状态如图6-142所示，用户可以继续发送自己对视频的想法。

图6-141 发送视频给好友

图6-142 聊天窗口中的分享内容

6.5.3 企业微信

企业微信是腾讯微信团队打造的一个企业通信与办公工具，具有与微信相同的沟通体验，丰富的OA（即Office Automation，办公自动化）应用和连接微信生态的能力，可帮助企业连接内部、生态伙伴、消费者，具有专业协作、安全管理、人即服务等特点。

企业微信能够导入外部通讯录并接入多种邮箱，实时处理工作通知，同时实现内部通信和对外通信，内部通信能够使员工间保持高效交流，方便对接工作，确保工作在协同合作下有序进行，对外通信时则向客户展示统一的企业身份，彰显服务的专业性。

除了企业通信功能，企业微信还具备多样化的移动办公工具，多人会议、企业支付、日程、工作汇报等功能都有助于完成日常工作，连接微信、小程序让企业微信更具开放性，为移动办公拓展了边界。

接下来简单介绍企业微信的一些基本功能，探索企业微信在组建团队、实现通信与对外服务方面的方法与技巧。

1. 创建个人团队

　　使用企业微信时，作为员工个人不仅可以创建企业团队，还可以创建个人团队。个人团队不具备运营功能，但同企业团队一样可以进行移动办公。接下来介绍如何创建个人团队。

步骤01 打开企业微信App，点击"微信登录"按钮选择使用微信账号登录，绑定微信能够方便企业微信同步通讯录好友。在注册信息页面中输入手机号码，选填工作邮箱，点击"下一步"按钮即可完成注册，如图6-143所示。

图6-143　注册并登录

步骤02 点击"企业没有使用企业微信 全新创建"按钮进入创建团队页面，点击"个人组建团队"按钮即可开始个人团队的创建，如图6-144所示。

图6-144　创建个人团队

步骤 03 填写团队名称和创建人姓名这两项信息，点击"完成"按钮即可完成团队创建，平台将自动推送通讯录中的好友，点击"跳过"按钮即可忽略自动推送的内容，如图6-145所示，进入个人团队页面。

图6-145　编辑团队信息

团队成员可以通过3种方式手动添加，即"微信邀请成员""从微信/手机通讯录中添加""手动输入添加"。前两种方式都是在外部通讯录中直接选择需要添加的用户进行邀请，手动输入添加则是通过输入成员的姓名和手机号进行搜索然后发送邀请信息。接下来以手动输入添加为例演示添加团队成员的具体步骤。

步骤 01 在团队页面点击"+ 添加成员……"按钮，选择"手动输入添加"这一添加方式，如图6-146所示。

图6-146　选择添加成员的方式

步骤 02 在右上方点击"完整输入"按钮切换输入模式，如图6-147所示，进入完整输入页面。

图6-147　点击"完整输入"按钮

小提示

手动输入模式包括快速输入和完整输入两种，前者可以快速添加成员并邀请，后者则可以完成更加详细的信息录入，如职务设置等。

步骤 03　填写成员的基本信息，输入框内显示"必填"字样的为必填项，显示"选填"字样的为选填项，如图6-148所示。

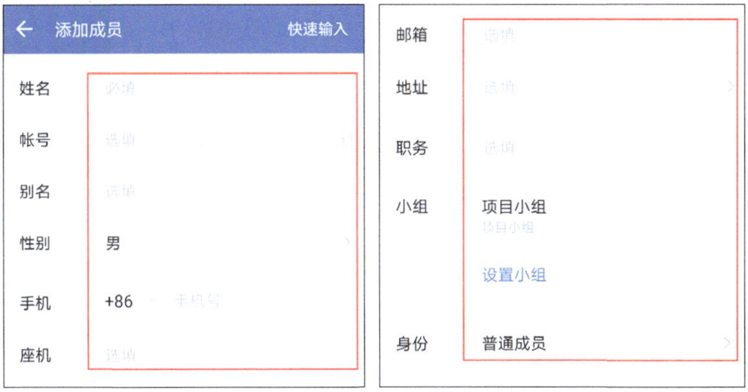

图6-148　填写成员基本信息

步骤 04　在"对外信息"模块中点击"对外职务"按钮，用户可以自行选择"同步公司内职务"或"设置专属对外职务"，如图6-149所示。

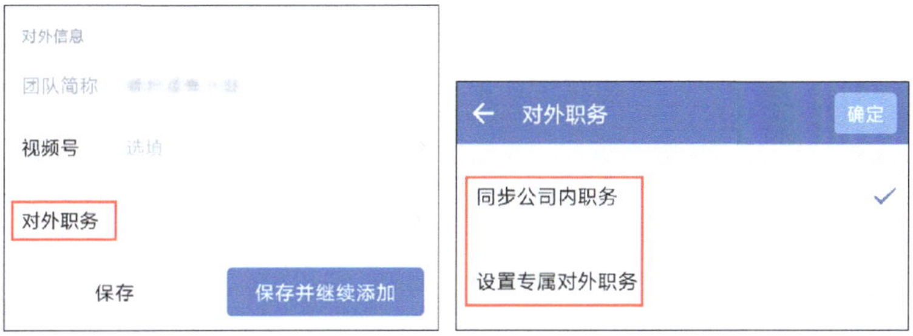

图6-149　设置对外职务

步骤 05　勾选"保存后自动发送邀请通知"，点击"保存并继续添加"按钮即可向该成员发送邀请通知，并进入下一位成员的添加步骤，如图6-150所示。

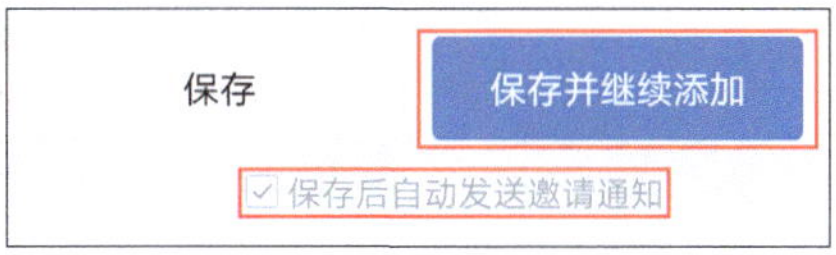

图6-150　保存并继续添加

2. 添加外部联系人

　　在企业微信平台添加外部联系人，可以更加方便地管理客户。添加外部联系人有5种方式，分别为"面对面添加""搜索手机号添加""从微信好友中添加""扫一扫添加""将名片分享到微信"。接下来以"从微信好友中添加"这一方式为例演示添加外部联系人的具体步骤。

步骤 01　在团队页面中点击"外部联系人"按钮，如图6-151所示。

步骤 02　在右上方点击"添加"按钮，如图6-152所示。选择"从微信好友中添加"这一添加方式，如图6-153所示。

图6-151　点击"外部联系人"按钮

图6-152　点击"添加"按钮

图6-153　点击"从微信好友中添加"按钮

步骤 03 选择需要添加的微信通讯录好友，点击头像右侧的"添加"按钮，如图6-154所示。

图6-154　点击"添加"按钮

步骤 04 编辑邀请信息内容，点击"发送添加邀请"按钮即可发送邀请，如图6-155所示。邀请信息及名片将通过微信私聊窗口发送给被邀请的用户，如图6-156所示。

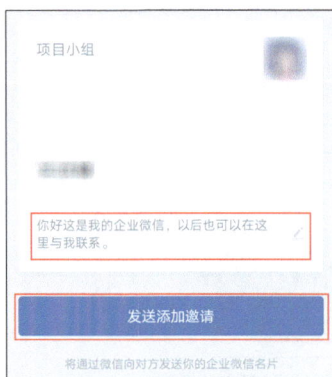

图6-155　发送邀请信息

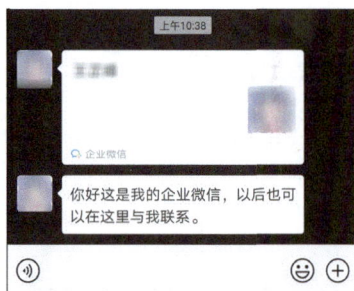

图6-156　用户收到的邀请信息